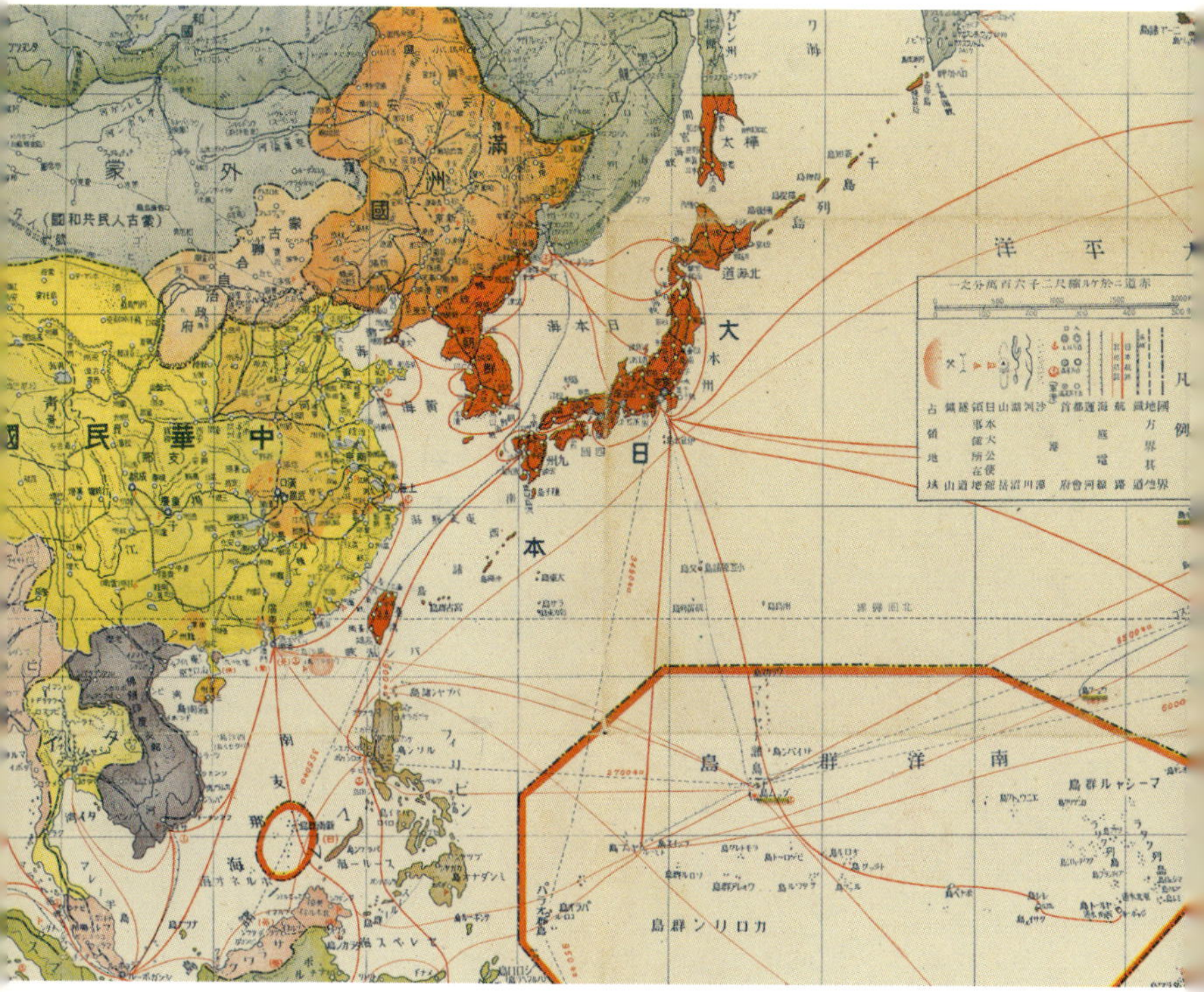

1．**大日本帝国地図**　大衆誌『キング』（1940年）の折り込み地図。大日本帝国は濃い橙色、満洲国は薄い橙色で示されている。

3. 大陸をめざす八咫烏　このたばこパッケージの状態はあまりよくないが、前方を飛んでいる八咫烏に導かれて、アジア大陸を目指している神武天皇の図柄は、紹介しておく価値があるだろう。「たばこと塩の博物館」所蔵。

2. 金鵄　古代の神話=歴史によると、皇軍が苦しい戦いを強いられたとき、神武天皇の弓に金鵄がとまり、敵軍を恐れさせ、それによって皇軍は大勝利を収めることができたという。当時、金鵄の図柄は、たばこの箱から鉄道の広告にいたるまで、ありとあらゆる製品に使われていた。

4. 韓国併合　『主婦之友』の付録「国史双六」の33番目の場面。朝鮮の人々が紀元二千五百七十年の併合を歓迎している様子が描かれている。

5. 神武天皇の生涯　大日本愛国絵本会が1940年に発行した国史絵本には、神武天皇が東征で海を渡るところ、神武天皇の弓にとまる金鵄、神武天皇の即位が描かれている。榎本進一郎『紀元二千六百年記念』（大阪、大日本愛国絵本会、1940）による。

7. 建国奉仕隊の旗　旭日と八咫烏の図柄が印象的だ。

6. 国民政府、満洲国と日本との同盟　1940年に講談社から発行された絵本『皇紀二千六百年奉祝記念国史絵巻』から。日本の少年と中国の少女が握手し（少女のもつ旗は汪兆銘政府のもの）、うしろでは満洲国の少年がそれを見守っている。

8.「奉祝国民歌 紀元二千六百年」のレコード・ジャケット　著者撮影。

9. 肇国創業絵巻の広告　高島屋の広告。1939年4月に開かれた高島屋主催の「肇国精神の発揚展覧会」で飾られた肇国創業絵巻の複製を販売すると案内している。

10.「我等の祖先」展の絵葉書ジャケット　なかには8枚の絵葉書がはいっており、1枚ごとにふたりの偉人が描かれている。

11.「肇国の聖地鹿児島県」の宣伝パンフレット
（紀元二千六百年鹿児島県奉祝会）

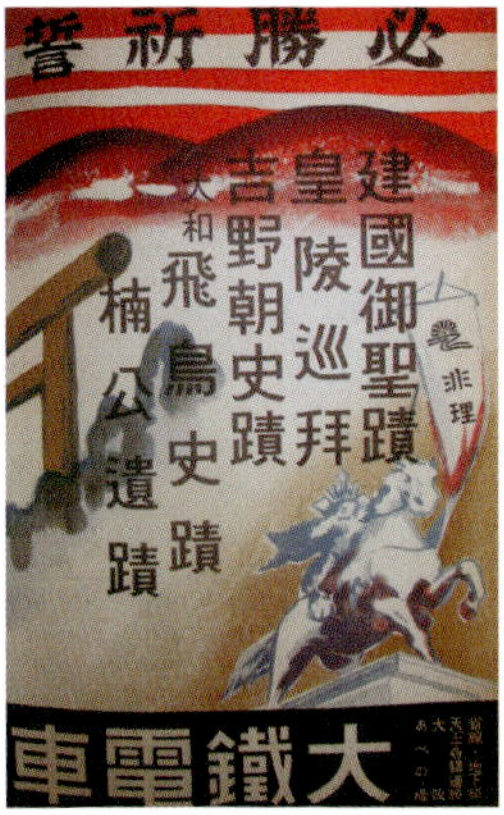

14. 聖蹟や史蹟を案内する大鉄電車の広告　大鉄電車は新聞や雑誌に、聖蹟巡拝には大鉄を使うのが便利という多くの広告を出している。これはその一例。上には「必勝祈誓」と書かれており、すぐ下に、吉野朝史蹟や楠公遺蹟を含め、大鉄で行ける所が挙げられている。鳥居や、吉野の桜、楠公像の絵も描かれている。

12.「八紘の基柱」　宮崎県の発行する旅行雑誌『霧島』の表紙に用いられたイラスト。当時はまだ建設中だった。

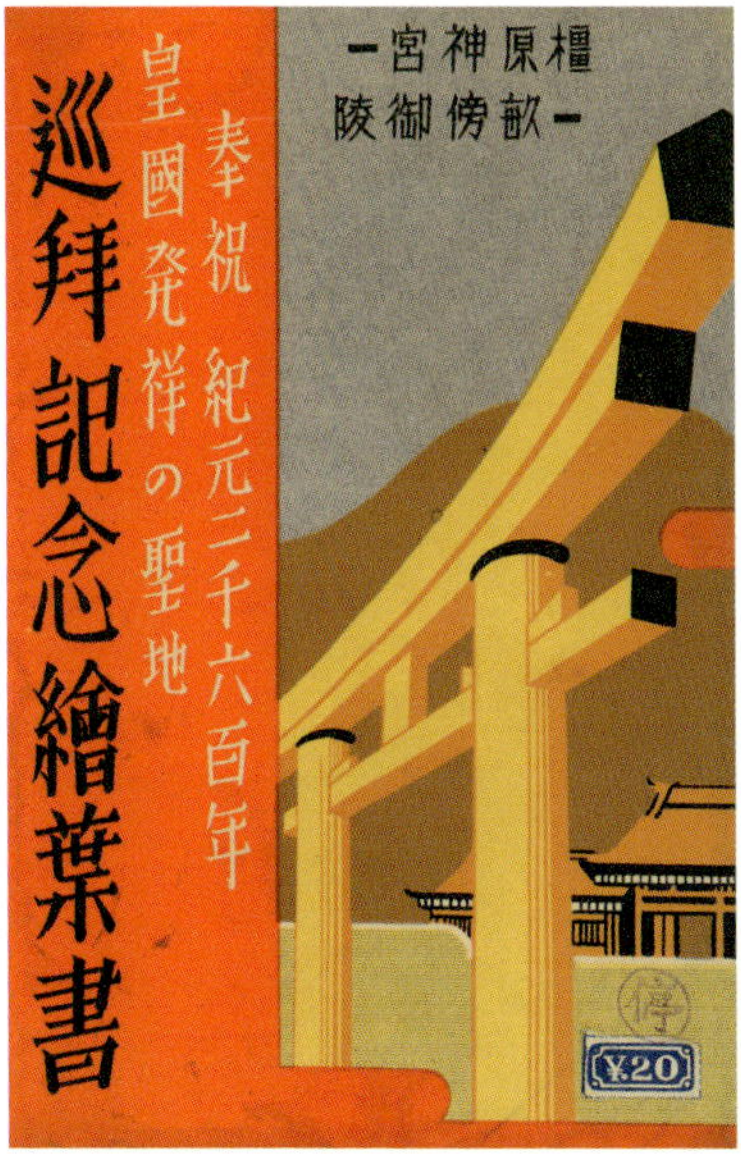

13. 橿原神宮と畝傍御陵の巡拝記念絵葉書セット　大和の聖蹟を特集したこうした絵葉書は当時数多くつくられていた。このジャケットには橿原神宮と畝傍山が描かれている。

15. 仏国寺駅の記念スタンプ　仏国寺駅は植民地時代の朝鮮半島の慶州にあった。

16. 旅順戦跡の記念絵葉書セット　旅順の人気は内地の多くの史跡と匹敵するほどだった。これは旅順戦跡の15枚組絵葉書セットのジャケット。

18. 大連の「純粋の満洲人街」　「大連光景」の32枚絵葉書セットの1枚「小崗子小盗児市場」。説明には「純粋の満洲人街」と書かれている。

17. 帝国時代の奉天観光地図　奉天交通が発行し、遊覧バスで配ったもの。「奉天観光漫画案内図」という題がついている。

20. 満洲を訪れた父から東京の家族に宛てた絵葉書　1939年に満洲を訪れたある男性から送られた絵葉書。記念スタンプに「14 9.17」、すなわち昭和14年（1939）9月17日の文字が見られる。

19. 新京の忠霊塔　「新京の聖地」と題する8枚組絵葉書セットから。

22. 海外同胞大会の宣伝ポスター　紀元二千六百年当時の日本でもてはやされていた開拓者崇拝の雰囲気が色濃く出ている。

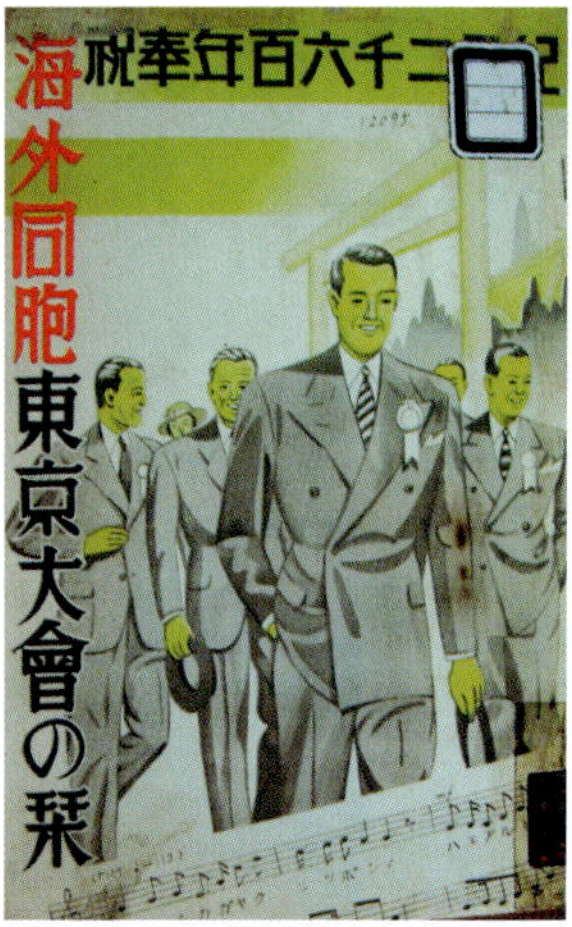

21. 「紀元二千六百年奉祝海外同胞東京大会の栞」　下の楽譜は「紀元二千六百年奉祝歌」。

ASAHI SENSHO

朝日選書 872

紀元二千六百年

消費と観光のナショナリズム

ケネス・ルオフ 著
木村剛久 訳

朝日新聞出版

IMPERIAL JAPAN AT ITS ZENITH: The Wartime Celebration
of the Empire's 2,600th Anniversary
by Kenneth J. Ruoff

目次

凡例

・本書は Kenneth J. Ruoff, *Imperial Japan at Its Zenith: The Wartime Celebration of the Empire's 2,600th Anniversary* の全訳である。
・（ ）内は著者による補足、［ ］内は著者による引用中の補足、〔 〕内は訳注。
・単行本の書名、雑誌名、映画の題名は『 』内に示した。表題は原則として当時の表記のままとした。読みやすさをはかるため、引用文に関しては、旧字、旧仮名遣いは、新字、新仮名遣いに改めた。カタカナ表記をひらがな表記に変更したものもある。また原文にはないルビを振り、あるいは省き、適宜改行や句点を加えた箇所もある。読みにくい漢字はひらがなに置き換えた。
・満洲の表記については、現在広く用いられている「満州」ではなく、当時の表記に近い「満洲」とした。ただし、書籍・雑誌のタイトルや引用文については、それぞれの表記にしたがった。
・一九四〇年当時の一円は、単純換算はできないにせよ、現在では二〇〇〇円程度と考えればイメージがつかみやすいかもしれない。なお当時の為替レートは一ドル＝四円だった。
・引用文中などに現在では不適当と思われる表現もあるが、歴史的な用語については当時の歴史的背景などにかんがみ、そのままの表記を用いた。
・引用文中の邦訳も訳者が行った。

日本の読者に向けて

戦後日本の天皇制に関する私の著書が二〇〇一年に英語で出版されたとき、そのあとすぐに日本語の訳（『国民の天皇』共同通信社、最新版は岩波現代文庫）が出て、それが広く熱心に読まれることになるとは思っていなかった。ましてや大佛次郎論壇賞のような栄えある賞を受けるとは考えてもみなかった。「日本人で天皇制についてこんな本を書ける人はいませんよ」と何度も日本人から言われたものだ。はたして、そのとおりかどうかはわからない。皇室を論じるすぐれた日本人の学者は大勢いるからだ。しかし、こうした感想を述べる人たちが言いたかったのは、天皇制のようにさまざまな見解の分かれる問題については、何のしがらみもない第三者が分析を試みることが有益な場合があるということにちがいない。自国の歴史に関しては、その国の国民が表立って論じにくい問題を第三者が分析することが、しばしば有益である。『国民の天皇』では、そうした第三者的役割を私が果たしたといえるだろう。

最初に『国民の天皇』の研究をはじめたとき、私は二十一世紀のはじめに、いわゆる皇位継承者問題で皇室の将来をめぐる論議がこれほどにぎやかになるとは考えもしなかった。まして本書のテーマ、すなわち一九四〇年の揺るぎなき皇統を祝った紀元二千六百年に喧伝された、神武天皇を初代とする「万世一系」の考え方が、女性天皇を認める皇室典範改正案に反対する人々によって、あれほど熱心にもちだされるとは思いもしなかったのである。

テーマとしてみれば、日本の紀元二千六百年記念行事は、一九三〇年代にドイツのナチ党がとりおこなったニュルンベルク党大会と比較してしかるべきだろう。多くの日本人は、紀元二千六百年というと、いまわしい戦時のことを思い浮かべる。この研究を進めているとき、私の研究テーマを知ると、数多くの日本人がまわりを見渡し、誰もいないことを確かめたうえで、「なぜ紀元二千六百年なんかを調べるんです」と尋ねたものである。その一方で、私が紀元二千六百年を研究しているのを知って興味を示す人や、この時期については触れないほうがいいと考える人もいなかったわけではない。

このように、多くの日本人は万世一系を戦時中のいまわしい言い回しととらえており、進んでこの言葉を口にする人はほとんどいない。それでも二十一世紀はじめの変動期に、皇位継承者問題や皇室の将来が熱い論議の的となり、その解決策としてとりわけ女性天皇容認論が打ち出されると、多くの日本人がそれは「伝統を破壊するものだ」と言いだすようになった。そのとき、男子による万世一系論が念頭に置かれていたことは明らかだった。

戦時日本でもてはやされた、こうした考え方が、現在の日本でもいまだに影響力をもちつづけていたのだ。そうした考え方をいだいているのは、右派と目される人々だけではない。二〇〇六年に悠仁《ひさひと》親王が誕生したことにより論議はいったん棚上げされたものの、長い目で見れば、皇位継承者問題は解決されたわけではなく、皇室典範を改正しないかぎり、この問題をめぐる危機は再燃し、またもや万世一系をめぐる論議が起きることはまちがいない。

ほかの多くの国々と同じく、過去の歴史は現在の日本に大きな影響をおよぼしつづけている。現在に対する過去の影響は、皇室問題だけというわけではないが、こと皇室については、過去の重みがとりわけ現在にのしかかっている。

前著『国民の天皇』は、主に一九四五年から現在までを扱っているが（日本語版では、最近の動きまでカバーしている）、研究の過程で私がくり返し出くわしたのは、戦争が――アジア太平洋戦争がはじまったのは一九三一年だということを忘れてはならない――日本人に悲惨な暗い谷間をもたらしたという見方である。ところが、いろいろな証拠を調べるにつけて、私は、少なくとも戦況が日本に不利になるまでは、多くの日本人が生活を享受し、また帝国陸海軍の成功に誇りをいだいていたことを知った。

戦後になって日本では、ある神話が定着するようになる。戦争末期から戦後占領期にかけての悲惨な時期の記憶が、それ以前の時期にもそのままあてはめられ、戦時はずっと暗い谷間の時代だったと記述されるようになったのである。さらに、日本を戦争の暗い谷間へと引きずりこんだとして、漠然としたごく少数の「軍国主義者」を非難することが通例となった。しかし、国民の支持がなければ、全面戦争の遂行などできるわけがないのだから、これは奇妙な言い草だったといえる。

紀元二千六百年を論じた本書には、さまざまの複雑なテーマが盛りこまれているが、私が目ざしたひとつの目標は、戦時（戦争末期はともかくとして）が日本人にとって暗い谷間だったという見方をくつがえすことにあったといってよいだろう。私は研究を進めるうちに、こうした見方に疑問を呈するには、近代性やファシズム、人種差別的国際システムへの日本の挑戦など、あらゆるテーマを分析するのもさることながら、紀元二千六百年における消費主義とナショナリズムの全般的関連、とりわけ一九四〇年の旅行部門の好調ぶりに焦点をあてたほうがはるかに効果的だと確信するようになった。実際、戦前の日本では、観光は一九四〇年、つまり紀元二千六百年にピークを迎えていたのである。

私が一九四〇年に日本人は何百万人もが日本全国を旅し、何十万人もが旅順などの外地を訪れていたというと、戦時日本の歴史を専攻する研究者――学者ではないが、その時期に興味をもつ日本人や、米国の大学を拠点とする日本史の専門家を含めた世界中の人々――は、ごく少数の例外を除いて、まったく信じられないという顔をする。「だって、戦争がつづいていたじゃないか」と驚くのだ。

率直にいって、多くの日本人がアジア太平洋戦争中もいつも通り暮らしていたという見方、あるいはナチ政権が非道な犯罪に手を染めていたときもドイツ人が国内旅行を楽しんでいたという見方は、日本人やドイツ人がこの暗い時期にずっと苦しんでいたというとらえ方に比べて、不愉快かもしれないし、そんなことがあっていいのかと思えるかもしれない。同じように、アジア太平洋戦争が消費主義を抑えるのではなく、それを加速し、消費主義がナショナリズム感情をあおり、ナショナリズム感情が日本人にいっそうの消費を促すといったフィードバック関係が生じていたという事実も、当惑をもたらすかもしれない。だからといって、「戦時の暗い谷間」において、日本では消費主義は押さえつけられ、人々は観光旅行を計画するどころではなく、ぎりぎりの生活を強いられていたという神話を受け入れれば、それで満足できるという

ものではないのである

この本の調査と執筆にとりかかっていた全期間、偶然にも米国は戦争のさなかに置かれていた。9・11の米中枢同時テロ事件のあと、大衆消費主義に加えてナショナリズムの波が米国をおおった。だが、二十一世紀の米国では、消費主義は沈滞するどころか、ナショナリズムと戦争がかえって消費主義を加速させたかのように思えた。私の目には、これが戦時の日本と重なって映ったのである。ブッシュ政権は圧倒的な大衆的支持を得て国を戦争に導き、まずアフガニスタンを、つづいてイラクを攻撃したが、そのとき、たいていの米国人の生活はまったく何の変わりもなく、薄気味悪いくらい平穏だった。ブッシュ政権は米国の一般市民に、ほとんどといっていいくらい戦時の犠牲を求めなかったからである。

9・11以前から、私は戦時日本について、いわゆる「暗い谷間」神話を全面的に疑うようになっていた。そして9・11以後の米国の経験によって、戦時にあっても、とくに戦争が海外でくり広げられているときは、多くの人にとって生活は支障なく、快適にいとなまれるという確信を強めた。そして、これが現在の米国と同様、連合国との戦いが終盤を迎えるまで、アジア太平洋戦争中の日本でも生じた出来事なのである。

二〇一〇年十一月

ケネス・J・ルオフ

紀元二千六百年
消費と観光のナショナリズム

ケネス・ルオフ 著
木村剛久 訳

ジーンに
そしてパトリック、ミーガン、キャロリンに

謝辞

本書の構想は、二〇〇〇年夏に調査のため日本を訪れたときにさかのぼる。二〇〇一年の終わりに戦後日本の天皇制についての研究が出版されることになっており、日本に来たのはその仕上げをするためだった。そのとき、紀元二千六百年に関する無数の現存記録にいくつか目を通しているうちに、だんだんと興味がわいてきたのである。本書の調査・執筆過程では、私の最初の論文を手助けしてくれた太平洋の両側にいる多くの知り合いが、またも時間を割いて、さまざまな知識を与えてくれた。新しく出会った友人や同僚にも大いに助けられた。

二〇〇一年十一月、日本の国際文化会館でありあわせの朝食をとっているときに、コロンビア大学教授のキャロル・グラックが、よかったら次に出す本の企画をまとめてみないかと提案してくれた。紀元二千六百年について書くのが、いちばんうまくいきそうだった。彼女は最初からこの企画を支援して、コロンビア大学のウェザーヘッド東アジア研究所のモノグラフシリーズとして出版できるよう段取りをつけてくれた。ウェザーヘッド東アジア研究所のマッジ・ハンチントンとダニエル・リベロは、キャロル・グラックとともに、この原稿を通して読む最初の論評を手配してくれた。私はこの匿名の評者が、多くの改善すべき点を指摘してくれたことに感謝している。その指摘は完成版としての本書に生かされている。

フルブライト助成金に助けられ、二〇〇四年に日本で現地調査をすることができるようになった。さらに二〇〇五年夏には韓国と中国を訪れ、合わせて日本での追加調査もおこなった。このありがたい助成に感謝している。歴史学者の高木博志が保証人になってくれたおかげで、フルブライト・スカラーをしているときに京都大学人文研究所の客員研究員になることができた。研究のため滞在中、彼はさまざまな便宜をはかってくれただけでなく、現地調査をつづけるあいだ、ありとあらゆる分野にわたって、いつもアドバイスをしてくれた。近代朝鮮史の専門家、水野直樹もまた、私が日本人の朝鮮観光について調べはじめたときに、重要なアドバイスをしてくれた。京都大学付属図書館、とりわけその情報サービス課相互利用係のスタッフのおかげで、日本全国の図書館が所蔵する世に埋もれてしまった本を探すことができた。株式会社ナナパシフィックの小《お》川《がわ》宜久《よしひさ》、佳代とその一家、スタッフには、京都滞在中、私の家族の宿泊場所をはじめ、いろいろと世話になった。そのことにも感謝したい。

高見勝利は忙しい仕事の合間を縫って、手に入れにくくなった資料を私が探すのを手伝ってくれた。ほかにも彼はこの企画のことを知った当初から何かと支援してくれた。この企画を進めるうちに親しくなった原武史は、近代の日本史をどう理解すればよいか、あるいはその文献をどう探せばよいかについて、いろいろとアドバイスしてくれた。彼はまだ大雑把な英文草稿を読んで、改善点を指摘し、また日本語版の版元についても何かと教えてくれた。朝日新聞出版はこの英語版がコーネル大学出版局（ウェザーヘッド東アジア研究所のモノグラフシリーズとして）から出版されるのとさほど時を置かずに、日本語版を出してくれることになった。島本脩二や岡恵里、中島美奈のような朝日の有能な編集者たちと仕事ができるのはありがたいことだ。共同通信社OBの木村剛久は、この数年来、何度も私の英文原稿を訳したが、今回も本書をわかりやすい日本語に翻訳してくれている。

共同通信社OBで静岡福祉大学教授の高橋紘は、その比類なきネットワークと、皇室の歴史に関する広範な知識にもとづいて、戦後天皇制についての本を書いたときと同じように、私の研究を後押ししてくれた。二〇〇四年に共同通信仙台支社編集部長をしていた角田光男を紹介してくれたのも、その後押しの一つである。角田から提供してもらった資料のおかげで、私は「紀元二千六百年文化柱」の由来を知り、それがいまも残っていることを確認することができた。

リチャード・サミュエルズは初期段階の原稿を読んで、的確な提案をし、さらにほとんど完成間近い序章も読んで、再び貴重なアドバイスをしてくれた。彼はまた私に、長年コーネル大学出版局で編集を担当していたロジャー・ヘイドンを紹介してくれた。その段取りにしたがって、私はいま本書完成に向けての最後の段階を楽しんでいる。ヘイドンは二番目の匿名論評を手配してくれ、それにもとづいて私はこの本の主題にかかわる部分をさらに展開させることができた。二人の匿名論評者による傾聴すべき提案のおかげで、最終段階の原稿を改善できたのは明らかである。

トッド・ヘンリーはこの原稿を全部読んで、価値ある提案をしてくれた。彼はまた資料にも目を通し、関連のある二次資料を示してくれた。アンドルー・バーンスタインはまだ一章しかできていない段階で、観光についての意見を述べてくれた（それを何章かに分けるよう提案したのは彼である）。エイイチロウ・アズマは第6章の「海外日本人と祖国」を読み、いくつかの提案をしてくれた。その提案は最終版に生かされている。カーター・J・エッカートが資料を紹介してくれたことで、植民地時代の観光に関して、朝鮮側の見方を付け加えることができた。さらにソン・ヨンスク（成永淑）は一九二〇年代から三〇年代にかけての朝鮮史跡観光について論じた関連論考を韓国語から日本語に翻訳してくれた。エニド・ルオフは次々と書き替えられる原稿を読んで、タイプミスや文体上の問題を指摘してくれた。

ウォルター・エドワーズは私が宮崎を現地調査したときに、あるグループを紹介する労をとってくれた。それは「平和の塔の史実を考える会」のメンバーで、年齢をものともしない元気いっぱいの人たちだった。この市民グループは、日本の戦争史の裏面をあばく仕事をしている。杉尾《すぎお》哲哉《のりちか》、児玉武夫、税田《さいた》啓一郎《けいいちろう》をはじめとする会の人たちのおかげで、私は数日で戦時中の宮崎県観光についての調査を終えることができた。手伝ってもらわなかったら、調査は何週間もかかっただろう。

韓国の国民大学の大学院で、朝鮮近代史を専攻するファン・スンイクは、植民地時代に日本の観光客が遊覧バスでよく訪れていたソウルの同じ場所を案内してくれた。そのあとも彼は本書のそれ以外の箇所についても、定期的にアドバイスしてくれた。リチャード・スメサーストは、一九四〇年の日本経済の状況をグローバルな視点でとらえた学術研究を教示してくれた。

ポートランド州立大学（PSU）日本研究センター所長のローレンス・コミンズは、本書の執筆中、最初から最後までこの企画を支援してくれた。PSUの歴史学部長リンダ・ウォルトンは同じように助力を惜しまなかった。ビクトリア・ベルコは、比較検証の枠組みとなるファシスト・イタリアについての理解が正しいかどうかを確認してくれた。フリードリク・シュラーは原稿の一部を読み、自身の調査を私に教えてくれた。チア・インスーも原稿の一部を読み、ソ連が二十世紀半ばの欧米世界秩序にどう適応し、また適応できなかったかを、さらに深く理解する手助けをしてくれた。「一九四〇年の日本」と「世界史における日本」のゼミの生徒たちは、課題読書の一環としてこの原稿を読み、最終版ではこう手直ししたほうがいいという提案を共同でしてくれた。

ポートランド州立大学の教養学部長マービン・カイザーは、日本研究センターと私自身の調査をずっと応援してくれている。とりわけ感謝しなければならないのは、日本研究センターに多くの寄付をしてくれている方々に対してである。高等教育に対する州の援助が少なくなるなかで、キャンパスのみならずポートランド中心地区の知的環境が活発さを保っているのは、この人々のおかげである。こうした寄付は多くの価値あるプログラムや調査プロジェクトにも役立っている。ブルースとシンディのブレン夫妻、ショーとローエンのドゾノ夫妻、アドルフとガブリエルのハートリヒ夫妻、ヨシオとニッキのクロサキ夫妻、ボブとシャロンのルイス夫妻、ティムとマーサのマクギニス夫妻、それにサム・ナイトウは日本研究センターを支援する大きな輪をつくってくれている。

渡辺素和子は何度も手助けを求める山のような要求に応え、正しいと思われる日本人の名前の読み方を教えてくれた。ポートランド州立大学の図書館相互利用係の担当者は、十年近くにわたって、私のために驚くべき範囲の文献を調達してくれた。その大半は、教えてもらわなければ見落とされていた資料である。この企画の完成に向け、内田信也と川野孝子には調査に際し、ずいぶんと手助けしてもらった。

フルブライト協会から調査面で全面的支援を受けたのに加えて、この企画では、ほかの機関からも重大な局面で経済的な助けを得ることができた。アジア研究協会の北東アジア評議会、ポートランド州立大学の日本研究センター、歴史の友、能力開発（ＦＤ）委員会、歴史学部が、支援をいただいた機関である。

太平洋の両側にまたがる家族にも感謝しなければならない。鈴木秀典、洋子、晶子とは、一九八七年に私が外国人交換留学生となったとき以来、ずっと家族のようなものである。それから二十年以上にわたって、それぞれ生活はいろいろと変わったけれども、彼らの友情と支援は変わることなく、私はいまも変化しつづける日本についての貴重な見方を彼らから与えてもらっている。

オレゴン州ポートランドでは、ジーンと子供たち、キャロリン、ミーガン、パトリックが本の完成を喜んでくれるのはまちがいない。この企画が彼らの生活に与えた影響は大きかった。調査のため家族で京都に滞在したことは、視野を広げる一方で、ジーンの仕事や子供たちの学校や友達関係に中断をもたらした。本書のために彼らがこれまでずっと払ってきた犠牲に対し、私は以来、日本を訪れるたびに、自宅に何箱ものヨックモックのクッキーや、ハイチュウのキャンディをもち帰ったものである。これからも、こうしたおみやげをやめるわけにはいかないだろう。

以下は表記についてである。アジア人の名前はまず姓を先に表記してある。ただしアジア系アメリカ人や米国を拠点とするアジア人研究者は別である。アジア人研究者は英語で論考を発表するときは、自分の名を先にして、姓をあとにしているからである。日本語の本、その他日本語の資料の発行場所は、ほかに記載がないかぎり、すべて東京である。

地名についてもひと言、説明しておかねばならない。帝国主義的秩序を称揚しようとしているという誤った非難にさらされる可能性があるけれども、私は朝鮮と中国東北部（満洲）のさまざまな場所については、日本式の名前を採用した。その理由は二点にわたる。第一点は、本書の研究がカバーする期間においては、日本の観光客は、たとえばソウルのことを植民地当局の与えた京城《けいじょう》という名前で思い描いていた。

この当時の名前を使用することで、いかに日本人が観光客としてこの都市をとらえていたかを、よりよく理解できるだろう。第二点として、私は帝国主義的秩序を正当化するつもりはないけれども、次のことを指摘しておきたい。それは、植民地当局が場所の名前をつけ直す権利を濫用していたことを知れば、読者は、帝国主義者と臣民のあいだに権力の不均衡があったことを、よりはっきりつかめるのではないかということである。

最後に参考文献一覧を省略したことについてひと言加えておきたい。本書に引用されている資料を調べたいと思っている方々にとって、すべての参考資料は注で示されている。これに加えて長年の私の考察に寄与した多くの本や論文のリストを掲げることは、ページとコストの増加につながることになり、それは避けたほうがよいと思われたのである〔原本は二〇一〇年十月に発行された〕。

ケネス・J・ルオフ

序章

一九四〇年、日本では政府内外の人々により、これまでになく広範で壮大な国家的祝典が開催された。大日本帝国の紀元二千六百年記念行事である。西暦紀元前六六〇年の神武天皇即位を祝うこの行事を通して、日本人はみずからを、また自身の国や帝国の姿を見定めることとなった。「万世一系」思想は、このとき最盛をきわめる。近代日本の根拠を支えてきたこの教義が、その正統性を失うのは、帝国の消滅する四五年の敗戦を迎えてからである。紀元二千六百年の出来事を手がかりに、絶頂期の帝国日本（一八九〇—一九四五）について考察していくことにしよう。[1]

国民の一体感をつくり、守ろうとするなかで、建国の時期を創出するのはよくあることで、日本だけが特別というわけではない。十九世紀後半から二十世紀初めにかけて、スイス人のあいだでは国民としての一体感が広まるけれども、歴史学者のクリストファー・ヒューズによると、これも建国の時期を創出する手法と無縁ではなかったという。ただし、スイスの選んだ時期は、神武天皇の即位とはちがい、実際の歴史的出来事にもとづいている（神武天皇は実在しなかった）。ヒューズはいう。「一八九一年は、一二九一年の『盟約者同盟』結成を称える大祝典の年となった。この年、まさにスイスが建国された時日が、最終的かつ揺るぎないものとして宣言されたのである。新たな愛国心が成熟するのは、さらにあとになるとはいえ、ここに国民という感覚、歴史の情念《パトス》に近代的な装いが施されることになった[2]」

日本の紀元二千六百年は、多くの国の記念祝典と比較することもできる。しかし、近代国民国家の形成に寄与した歴史的持続性をしきりと強調し、さらに王制があったからこそ国家の永続性と団結が保証されたとする点では、一九七一年にイランで開かれたペルシャ帝国建国二千五百年記念式典と似ていなくもない。この式典を主催したのはムハンマド・レザー・パーレビ国王である。『王たちの土地』は、その際、発刊された何冊かの英語出版物のひとつだが、そこには華やかな祭典を開催した公式の筋書きがつづられている。いわく、「『王たちの土地』という題をつけたのは、イランという国が存続するうえで、王制がこれまで国を支え――これからも支える主因となっているからである。二千五百年の風雪に耐えたイラン独自の力は、王の指導のもとに成り立っているのだ[3]」。

創出されたかどうかはともかく、建国の時期はさまざまな国史に強い印象を刻むとみてよい。建国の祝典は、人々に忘れがたい機会を与えることになるだろう。記憶が個人の自覚をかたどるように、国民の記憶は国民の自覚をかたちづくる。国が祝典を催すのは、国家共同体の一体感を維持するのに欠かせない集合的な記憶を強化するためだといってもよい。祝典を分析すれば、その国がどういう国なのかを知ることができるのは、そのためである。

紀元二千六百年記念行事を計画した人々は、たとえばフランス革命祭典（日本ではパリ祭という名で知られる）のように、国の始まりにまつわる葛藤《かっとう》や対立にわずらわされることはなかった[4]。日本の建国を祝う一九四〇年の祝典は、どちらかといえば、神話的といわないまでも古代的な性格をもっていたが、好都合にも、それを阻むものはほとんどなかった。確かに、当時も最初から千年間の皇国史の真実性に疑いをはさむ学問的研究が存在しなかったわけではない。だが、それを肯定する側から言わせれば、建国の時期に神話性があることによって、いわゆる神武東征に心穏やかならざるものを感じる日本人はいるはずがないのだった。[5]

論争がなかった理由は、建国の時期が単に魅力にあふれていたからではない。皇朝の確立を盛大に祝う紀元二千六百年は、民主主義社会のもとで繰り広げられたわけではなかった。一九四〇年において、日本で国体として定められている天皇統治に異議を唱えることは、ドイツでナチ党に反対したり、イタリアでファシスト体制を批判したりする以上に認められなかった。

そのころ日本はナチス・ドイツやファシスト・イタリアと多くの共通性をもつようになっていた。しかし、二千六百年記念行事に見られるように、さまざまなちがいがなかったわけではない。日本は一九二二年のイタリアや三三年のドイツのようなファシストによる急変〔一九二二年にムッソリーニ政権が、三三年にヒトラー政権が誕生し議会は形骸化した〕を経験しなかった。このことが過去を祝う方式にちがいをもたらしたといえる。

一九三二年にベニート・ムッソリーニ（一八八三—一九四五）は、ファシスト革命博覧会を大々的に打ち上げた。美術史家のマーラ・ストーンによると、この博覧会は「芸術や記録、遺跡、歴史モデルを総動員して、一九一四年から二二年までの時代を再現し、ファシズムによる権力掌握後の十年間を称えようとするものだった」[6]。大人気を博したこの博覧会は、国民の一体感をつくりだそうとした点で、紀元二千六百年記念行事と似ている。だが、ムッソリーニの博覧会が、以前の体制を打ち破った新体制を正当化しようしていた点では、大いに異なるのである。

アドルフ・ヒトラー(一八八九―一九四五)がニュルンベルクで開催したナチ党大会も、同じように、みなぎるほどの国民的一体感をつくりだそうとして計画されたものである。しかし、ここでも過去との決別は避けられなかっただけではなく、むしろ歓迎されていたといってよい。ナチ党大会では、党による現在の政策が鼓吹されただけでなく、一九三三年に勝利を勝ち取るまでの、党の孤独で、何よりも「英雄的な」活動が称えられていた。

イタリアのファシストとドイツのナチは、一九二二年と三三年を国家再生の時として、誇らしげに描くことができた。それは空想郷《ユートピア》へと向かう歴史の段階の始まりだった。しかし、彼らが過去の政治体制をくり返し中傷するのは、ナチやファシストの側からすると、新体制以前の記憶がドイツ人やイタリア人のあいだに、まだしみついているためだった。

これに対し、昭和天皇(一九〇一―八九)は、二千六百年にわたる大日本帝国の祝典をとりおこなっていた。どれほど想像上の物語であったにせよ、日本の国体が古代的性格をもち、基本的に持続しているというのが、二千六百年記念行事の主要テーマにはちがいなかった。「万邦無比の国体」という言い回しには、国体の根幹をなす万世一系という考え方だけでなく、日本独自とされる道徳的で古代的な価値が含まれていた。国体という漠たる概念は、ほとんど明確に規定されないまま、帝国日本が偉大で独自であるゆえんをそれとなく指し示していたのである。

紀元二千六百年は、西暦紀元前六六〇年二月十一日に同時に成立した皇朝と国家の有機的不可分性を記念する祭典だった。その日は神武天皇の即位当日とみなされていた。そうなると、日本は千年間も中国文明を借用してきたとはいえ（あるいはその悪影響をこうむってきたのだが）、元々の日本の起源はそれよりはるかに前で、その古さに関してはキリストの時代を六世紀以上さかのぼることになるのだった。

ここで言いたいのは、二千六百年記念行事がナチス・ドイツやファシスト・イタリアの祭典より力強いものだったということではない。むしろその成り立ちに大きなちがいがあったということである。帝国日本でもドイツやイタリアと同様に、過去を伝える者が、現在を正当化するために、歴史を操作し、場合によっては脚色することもあり、とりわけ古代史においては、その傾向が強かった。いくつかの研究は日本の天皇制を（いいか悪いかは別にして）独特なもので、世界の流れとは無関係であるかのように解釈する。しかし、ナショナリズムの形態としては、天皇制は多くの近代国民国家の経験と著しい共通性をもっているのである。

本書の構成

本書は紀元二千六百年記念行事、より広くいえば一九四〇年の日本の研究であり、全六章から成り立っている。第1章では二千六百年記念行事がいかに国史ブームを加速させたかを検証する。当時の国史はだいたいにおいて「皇国史」であり、二千六百年にわたる皇朝というレンズを通して国の歴史を記述していた。祝典に際しては、子供の本をはじめとして、博物館の展示にいたるまで、さまざまな記憶のベクトルがかけられ、とりわけ国の始まりに焦点を当てて、国史の基本的な叙述がなされていった。

二千六百年記念行事の目的は、国民の一体感を維持するために、国史の記憶を植えつけることだけではなかった。皇国史のさまざまな側面を成文化すること、とりわけ建国にまつわる細目を描くことに重点が置かれていた。第1章では、建国の物語に参入しようと競いあう、さまざまな団体（地方自治体など）の悪戦苦闘を紹介し、二千六百年前に起こったとされる出来事に、政府がどのような認定を与えようとしてきたかを分析する。

　政府の委員会には優秀な学者が委員として加わり、自分たちのほうにこそ神武天皇の聖蹟《せいせき》とされるべき場所があるという、地方の対立する主張に判断を下した。歴史学などを専攻する大学教授が、現在では虚構とされている歴史が真実であることを証明するために、いかにも確からしい経験的な社会科学の装飾をほどこすのに時間を費やしていた。当時は国益に沿わない歴史はまず認められなかったが、それにしても実に多くの著名な学者が積極的に協力し、まことしやかな国家神話を正当化していたことは注目に値する。

　これらの学者の多くは、政府の報告に学問的なお墨付きを与えることで国に貢献したのに加えて、国史ブームに便乗して、商業的な新聞・出版社から歴史書を出版した。新聞・出版社と学者が、ともに利益にあずかる共存的な関係が生まれていた。[7] 戦時のナショナリズムが消費主義を刺激し、消費主義がまたナショナリズムをあおっていたのである。

　紀元二千六百年当時、人気があった三冊の国史は、詳細に分析してみる価値がある。それがどのような歴史的パラダイムを用いているかがわかれば、一九四〇年の日本を理解するのにも役立つからである。大《おお》川周明《かわしゅうめい》（一八八六―一九五七）の『日本二千六百年史』と、藤谷《ふじたに》みさを（一九〇一―八四）の『皇国二千六百年史』は、それぞれ数十万部の売り上げを記録した。この二冊が人気ベストセラーになったのは、どちらも愛国的な熱情にあふれていたからだけではない。それよりも、むしろ一般受けする歴史解釈がほどこされていたからである。ただし、その解釈は当時人気を博したものの、その後、見向きもされなくなっていく。日本人は混合人種（混合民族）だという説も展開されていたが、それは大日本帝国を構成するさまざまな人種や民族グループを統合しようとする考え方、さらには当時の移民政策を支援する開拓者崇拝へとつながるものだった。

国史で三番目に人気となったのが、高群逸枝《たかむれいつえ》（一八九四―一九六四）の『女性二千六百年史』である。興味深いことに、ここでも混合民族論の立場がとられている。それ以上に重要なのは、この本が当時の皇国史にのっとりながら、それをたたえるというより、それによって何と現状を批判するという面をもっていたことである。高群逸枝は皇室中心史観を批判したわけではないが、当時支配的な父権制を批判するために、国史における女性の役割を大きく取り上げた。巧妙に天皇神話を利用して、かつて男性と同等の立場にあった女性の地位回復を求めたのである。

本書の第1章では、まとめとして、ナチス・ドイツやファシスト・イタリアと同様、帝国日本でもなされていた歴史の操作について比較検証している。

第2章では、重なりあうだけでなく、しばしば互いに刺激しあう二つの局面、すなわち記念事業への参加と消費という問題に焦点をあてる。一九三七年から四五年にかけ、日本政府は全帝国臣民に、国家をたたえる定時の儀式に参加するよう求めるのを常としていた。帝国全域にちらばる一億五〇〇〇万の臣民は、一分間ほどの国家的大衆行事に加わらねばならなかった。ある新聞広告で松下無線は、松下の「ナショナルR－4M」ラジオをもっていれば、時間をまちがえずに安心して儀礼に参加できると宣伝している。紀元二千六百年には、こうした定時の儀礼が一二回、つまりほぼ毎月一度おこなわれていた。こうした儀礼は、大衆を同時にこぞって参加させることで、彼らに国民としての一体感を植えつけるのが目的で、戦時中引き続き実施されていた。その規則性は比類のないものといってよいだろう。

二千六百年記念行事への参加を促すもうひとつの手段が勤労奉仕隊だった。それはまさしく手作業による奉仕となった。その一例を挙げれば、二千六百年に先立つ二年間に、一二〇万人以上が勤労奉仕のために、天皇陵や神社などの多くある奈良県を訪れ、皇室関連の場所の拡張や清掃に従事している。さほど手慣れていない人々を延べ何百万時間も動員するこうした運動に、経済的要素がなかったわけではない。しかし、勤労奉仕運動はそれよりも実地による国民養成という面が強かったのである。

結局、国民に建国の重要性を認識させる手だてとしては、みずからの手で神武天皇陵への道路や小道を整備させるのが有効だったのではないだろうか。こうした勤労奉仕が、経済的というよりむしろ精神的な効果をねらったものであることは、参加者の多くが普段の仕事を休んで、この活動に従事した点をみても明らかである。多くの人は、聖蹟への勤労奉仕だけで切り上げるのではなく、同時に近くの名所旧跡を見て回った。こうした勤労奉仕は、ナチス・ドイツの「帝国労働奉仕団（RAD）」や米国の「民間保全団（CCC）」などの活動とちがい、制度化されたことはない。しかし、教育的側面をもつという点では、帝国労働奉仕団と似ていたといえるだろう。

新聞社や百貨店は、紀元二千六百年に大衆の参加や消費を促すうえで、大きな役割を果たした。そのころ、日本の中産階級が欠かせなくなっていた文化活動を担う民間のスポンサーは三つあった。そのうちの二つが、新聞社（広い意味では印刷メディア）と百貨店である。三番目のスポンサーは鉄道会社であり、鉄道会社は紀元二千六百年にあたって、私の名づける「帝国観光」を推進するうえでかなりの役割を果たした。帝国観光は、皇室の歴史をさらに光輝あるものにするための、日本内地の史跡めぐりにとどまらなかった。近代になって大日本帝国の統治下に入った植民地へ旅行することをも含んでいたのである。[8]

一九四〇年の時点で、新聞社と百貨店はまだ民間会社の地位を保っていたとはいえ、すでに国の監視下にはいっていた。しかし、これらの会社が二千六百年記念行事を推進する一翼を担ったのは、民間の責務というより、むしろ利益という動機に根ざしていたようにみえる。新聞や雑誌は、それまでにも読者を引きつけるために、いろいろな企画を立てており、二千六百年にちなみ国史に関連したテーマで、さまざまな募集をおこなっていた。藤谷みさをのベストセラー『皇国二千六百年史』は、新聞社の募集で特賞となった作品であり、当時こうした募集が二千六百年記念行事への参加と消費をどれほど促してきたかを示す見本となっている。新聞は募集だけではなく、さまざまな手法を用いて二千六百年のお祭りムードをあおり、自らの利益を拡大していったのである。

百貨店は品物を売るだけではなく、娯楽面でも役割を果たし、さまざまな催事によって、国民のあいだに建国や二千六百年の歴史を広めていた。百貨店の催事は古くからの伝統となっていた。ルイーズ・ヤング、ジョーダン・サンド、キム・ブラントなどの歴史学者は、百貨店が一九二〇年代から三〇年代にかけて、フロアの陳列に加え、豊富な催しなどを活用して、消費者の近代的な好みを決定づけていったことを明らかにしている。[9]

歴史学者の初田亨《はつだとおる》はニューヨークやロンドン、パリ、ベルリン、ミラノの百貨店と比べて、日本の百貨店が、普段とちがう品物の販売に少しでも結びつけばとの思いから、催事に力を入れたと指摘している。[10]
しかし、さらに強調されてよいのは、こうした催事を通して百貨店が、よかれあしかれ近代全般にわたって文化を仲介してきたことである。一九四〇年は売上増をもたらしたが、この年、百貨店は恒例の文化企画のほかに、優生学をテーマにした展覧会や、[11]万世一系をたたえる数々の展覧会を催している。万世一系は、当時の日本による軍事的海外進出を正当化するためにつくられた思想だといってよい。百貨店や新聞社が何よりも興味をいだいていたのは、二千六百年記念行事を盛りあげ、「二千六百年消費」を当てこむことだったのである。

第3章から第5章までは、戦時大衆消費のもうひとつの側面、すなわち帝国観光を取りあげる。史跡めぐりを含む戦時の観光は、これまで日本研究者がほとんど無視してきたテーマである。戦間期の歴史研究者は、日本で長い歴史をもつ旅行を消費文化に欠かせない一面と考えていたけれども、その大きな流れは一九二〇年代で途絶えると想定していた。[12]しかし、観光は三〇年代になっても衰えを知らず、[13]日本が中国大陸で戦争を始めてから三年目になった四〇年にはいってむしろピークを迎えており、旅行の人気は四二年（対米英戦開始の翌年）になっても続いていた。それを知れば、このころを日本人が全般に苦痛を味わっていた「暗い谷間」の時代と考えていた人々は驚くのではないだろうか。[14]

皇室関連史跡に観光客が殺到

実際、一九三九年に日本旅行協会（ジャパン・ツーリスト・ビューロー〔現ジェイティービーの前身〕）の奉天（現瀋陽）支社は、薄くて値段も手ごろな南京旅行ガイド（一〇銭）を発行した。[15]南京は当時、日本軍の統制下に置かれていたが、古い中国の建築物を見ることのできる美しい町とたたえられていた。前年発生した大虐殺のイメージばかりが広がるのはのちのことで、当時、南京は中産階級の日本人が旅してみたいと憧れる場所だった。一九三九年に鉄道省国際観光局発行の英語版旅行叢書『日本史（*History of Japan*）』を著した歴史家の中村孝也《なかむらこうや》も、南京をはじめとする中国各都市を訪れた一人で、日本軍と中国軍が衝突したばかりの戦場に特別の関心を寄せている。[16]

観光は権威主義・軍国主義・ファシズムとまるでそりが合わないように思えるかもしれない。しかし、宗教的ないし政治的イデオロギーを築き、強化するには、筋書きの決まった場所を実際に回らせることも必要だった。[17] カールリス・ウルマニス（一八七七―一九四二）の強権支配下にあったラトビアでは、一九三四年から四二年にかけて人々は「国家観光」になじんでいた。またフランシスコ・フランコ（一八九二―一九七五）の体制が確立された三〇年代末期のスペインでは、かつてのスペイン内戦で、敵の共和派がいかに堕落していたかを示すための観光地訪問が企画されていた。ファシスト・イタリアでは、全国余暇事業団による「余暇事業（ドーポラボーロ）」が組織されている。とりわけナチス・ドイツでは「歓喜力行団（KdF）」が余暇活動を企画していた。

これらをみれば、一九四二年半ばに戦況が急速に悪化するまで、日本の権威主義的な政府のもとでも観光が盛んだったのを知ったところで、驚くにはあたらないだろう。観光はまさしく公的な目標にかなっていたし、少なくともそうしたものとして正当化することができたのである。[18] 日本政府はKdFのような余暇活動組織をつくらなかったけれども、戦時期においては国家の代理機関が観光を奨励する役割を果たしていたのである。

どのような政府も、たとえば軍役など一般国民に多くのことを強制できるが、いかなる体制であっても、威圧的な方法で市民を余暇旅行に駆り立てることなどできるはずがない。せいぜいできるのは旅行を奨励するくらいのものである。日本政府は一九四〇年に、愛国的な日本人に向けて、筋書きのつくられた場所を訪れるよう奨励していた。それは汽車やバス、汽船、飛行機を使って、人々を無理やり移動させるものではなかったが、多くの日本人は実際そのような行動をとった。観光は一般に自発的な行動と考えられているが、そのイデオロギー的役割は興味深いものがある。

第3章で強調するように、紀元二千六百年に際して、何百万もの観光客が、神武天皇即位の場とされる橿原《かしはら》神宮など、内地の皇室関連史跡に殺到したことをみても、人々を動かした組織が万世一系イデオロギーを奉じていたことは明らかである。こうした史跡めぐりは「自主的な国民養成」のかたちをとったにもかかわらず、体制への支持を固める方法となっていた。天皇制は強力な国家機関として描かれることが多い。そして、その下で帝国臣民は受け身に甘んじ、学校の児童は教師の監視下に置かれ、皇室への忠誠を国民の義務と定めた一八九〇年の教育勅語を暗唱させられていたとされる。しかし、こうした一面的なとらえ方では、戦時日本の複雑な国家―社会関係をとらえることはできない。

第4章と第5章では、日本人による戦時中の朝鮮、満洲観光を取りあげる。これらの地域は大日本帝国の勢力圏内にあり、ほぼ鉄道網で結ばれる緊密なブロックを形成していた[19]。第4章では、全般的な朝鮮観光に加えて、当時、京城《けいじょう》と名づけられていた現在のソウルへの観光を詳しくみていく。第5章では、旅順と新京の観光を取りあげる。旅順は日露戦争（一九〇四―〇五）中、日本が画期的な勝利を収めた満洲の都市、そして新京は当時満洲国の首都で、現在の長春にあたる。日本のもっとも重要な植民地である朝鮮の総督府所在地、あるいは日本が大陸進出で犠牲を払う戦場となった旅順、さらには大日本帝国の至宝ともいうべき満洲国の首都――こうした都市への観光を検討することによって、観光がいかに帝国の印象を刻みつける力をもっていたかを知ることができるだろう。

植民地観光の促進

日本列島内を何百万もの人が旅行したのと比べれば、内地から外地を訪れた日本人の数はずっと少ないが、それは多くの理由、とりわけ経済的理由による。とはいえ、この帝国内観光の物語は重要である。歴史学者の曾山毅《そやまたけし》は、日本統治下の台湾の開発を細かく追っている。その事業は鉄道線路の敷設から、温泉や海辺のリゾート開発、山岳地帯の平定にまでおよぶが、山岳地帯を平定したのは、先住民を眺めながら安心して登山（新高山《にいたかやま》は大日本帝国内最高峰だった（台湾名は玉山。三九五二メートル））できるようにするためだったという。ともあれ、植民地当局が開発を進めたのは、観光促進を期待したことがその背景にあった。[20] 台湾総督府鉄道は欧米人向けのある広告で、「近代式の文化生活、南中国のエキゾチックな生活、現地住民の原始生活、台湾ではこれを全部見ることができる」と宣伝している。[21] 台湾などの植民地は、日本人の観光客にも同じような売りこみの仕方をしていた。

内地の皇室ゆかりの地をめぐる旅は、公民の儀礼として商業化されていた。同じように、植民地への旅行も商業化されていたが、それは愛国的な日本人に植民地事業の重要性をより理解させ、さらに日本の「大陸政策」、すなわち対満洲・中国政策の正しさを認識させることを目的としていた。支那事変の発生後、広く質素倹約が奨励されるなかで、旅行だけは国家の使命に沿うものとして認められていたのである。

内閣情報部（一九四〇年十二月以降、情報局と改称）は政府の宣伝機関として機能していたが、一九四〇年には内閣情報部の発行する『写真週報』のほとんどの記事が、質素倹約の手本を大きく取りあげ、必要以上のものを欲しがる日本人は愛国心に欠けると決めつけていた。[22] それでもこの一年を通して、この雑誌には愛国心をかきたてる近くの場所だけではなく、海外の植民地への旅行を勧める広告が常に掲載されている。たとえば、南満洲鉄道（満鉄）が二月二十一日に出した広告は、ぜひ満洲を訪れて、大陸政策の成果をその目で見てほしいというものだ。[23]

とはいえ、政府機関や民間部門による植民地観光の促進は、名高い（あるいは悪名高い）政策のもたらした緊張のもとでおこなわれていた。それは同化にからむ問題だった。朝鮮を例にとれば、ここでは現地住民の強制的な日本化が粛々と進められていた。朝鮮の観光業界にとっては、つまりある程度観光で生計を立てている人々や、観光促進に関心をいだいている政府関係者にとっては、旅行者が朝鮮をずっと朝鮮らしいと感じてくれることが何よりも大事だった。つまり、同化があまりに進みすぎると、植民地のコスト回収につながる観光部門の発展を妨げると考えられたのである。日本の植民地政策は、外部から得られる利益と、目標達成をめざす植民地行政とのあいだで緊張が走り、しばしば矛盾をきたしていた。

帝国観光について調べると、帝国のさまざまな地域が相互に連関していたことが理解できる。帝国日本を研究する際に、帝国を無視したり、内地と帝国を切り離したりすれば、大事な問題を見過ごすことになりやすい。両地域の相互依存関係を無視することになるからである。[24] ウィラード・プライスは『太平洋の冒険』という一九三六年の紀行を大日本帝国についての描写から始めているが、長さをいとわず、これを以下に引用する価値があるのは、その言い回しが、いかにも当時の見方を伝えるだけでなく、それによって、われわれが列島を越えた思考を余儀なくされるからである。

「アラスカはアリューシャン諸島の緯度に、満洲とシベリアの国境が引かれ、そこでは分厚い靴をはき、馬のにおいを立てるモンゴル人と、ひげだらけのロシア人の木こりが向き合っている。井戸を見下ろすと、もう六月だというのに、マイナス四〇度に下がった冬の氷はまだ溶けていない。それから南へ、さらに南へと下ると、白系ロシア人のハルビン、建設にわきたつ新京、満洲人と中国人の奉天、活気づく隠者の国、朝鮮、それから慌てふためくアリ塚のような日本の内地へとたどりつく。さらに南にはたくましい小笠原、それから中国に見捨てられたとはいえ蛮人がまだ首狩りを忘れ去ったわけではない台湾がある。そして、早くからスペイン人と混血した多数派のチャモロ族が、マンティラを着け、ギターを奏でるマリアナ、ポリネシア・メラネシアンが真っ赤な腰巻きとわらの腰みのを着けたヤップへとつづく。こうしてついに赤道に達すると、ブロンズの神のカヌーが珊瑚礁《さんごしょう》の青い輝きを渡って、常夏の高温にいきれた船の冷蔵庫に少しばかり氷がないかとやってくるのが見える。

思えば、これが日本の領土にいるということなのだ[25]」

現在の日本の視野から帝国日本の歴史を解釈すること、つまり帝国を除外して日本の内地に焦点を合わせるだけでは、満足なアプローチはなしがたい。内地から切り離して外地（植民地）だけを研究するのも、正しいやり方とはいえない。というのも植民地は内地と連関しており、中心部も周辺と連関しており、その意味で、内地から切り離して外地を研究しても、実態を見落とすことになるからである（口絵1）。

日本列島だけに焦点をあてて、帝国日本を論じても問題が残る理由は二つある。一つは、日本帝国主義がさまざまな植民地住民にもたらした影響を無視してしまうこと、もう一つは、日本の政治的統制下にあったか否かを問わず、外地や海外で暮らす日本人の経験を切り捨ててしまうことになるからである。二千六百年記念行事がくり広げられた当時、公式、非公式の帝国領外で暮らす日本人移民、つまり日本の政治的権威のおよばない地域に在住する日本人移民は、植民地の帝国臣民と同様、日本国民たることが何を意味するかという問いを投げかけていた。

第6章では、一九四〇年十一月の紀元二千六百年奉祝海外同胞東京大会について分析する。この年には多くの記念行事が実施されたが、海外在住日本人の代表を集めて開催された海外同胞大会は日本人の「ディアスポラ」を考えるのに格好の窓口となる。日本人はユダヤ人などとはちがい、決して国を失うことはなかったため、この「ディアスポラ」という概念を、私は単に日本の内地からの拡散という意味で使っている。

帝国の崩壊以前、日本からの拡散がどこまで広がっていたかは、あまり実感できなくなっている。一九四五年に日本が敗戦を迎えてから、兵員を含む六百万人以上が外地から引き揚げてきたためである[26]。帝国日本の歴史を書くのは、植民地の問題をどう説明するかだけでも複雑なのに、日本の政治的統制がおよばない場所（たとえばブラジル）に存在する海外日本人社会をどう位置づけたらよいかはさらに厄介である。だが、言うまでもなく、こうした日本人社会もまた帝国日本の一角を担っていたのである。

米国で活躍する歴史家のなかで、海外同胞大会に着目した研究者がいなかったわけではない。だが、彼らは主にハワイや米本土の代表の動きに焦点をあて、大会を通じて日本内地からの拡散をより大きな視点で検証するという立場をとっていない。これについては第6章で論じることにしよう[27]。

ほかのディアスポラと同じように、帝国内外からの日本人移民のパターンも、日本の内地から直線的に流れだすというより、むしろ脇からあふれるかたちをとっている。そのため、これを一国の問題、あるいは二国間の問題として片づけるわけにはいかない。たとえば一九三〇年代には、ハワイや米本土に住む高等教育を受けた多くの日系人が満洲に再移住している。満洲では日系人に対する差別がなかったから、彼らは学歴を利用して、専門的な地位に就くことができたのである。[28]

海外の日本人社会は、その後、消えてなくなったものもあり、どのように全体の歴史を正確にとらえればよいか迷うところである。たとえば、植民地朝鮮時代の日本人社会の歴史は、朝鮮、日本、どちらの歴史として扱えばいいのだろうか。おそらく植民地の日本人社会の社会史が断片的にしかまとめられなかったのは、その後の消滅へと導かれる国単位では収まらない混乱が生じたためである。[29] 帝国の崩壊という大変動を生き延びて、本国に戻った人たちの多くが手記を出版している。とはいえ、彼らは自分たちの暮らしていた社会よりも、どちらかといえば帝国の解体によってもたらされた苦難のほうを描きがちである。[30]

国境は海外日本人自身にさまざまな影響をもたらした。それによって海外ディアスポラ社会の歴史の描かれ方や位置づけも、それぞれに異なってくるのだ。米国の学校では、たとえばアジア系アメリカ人の研究がエスニック研究の分野でも徐々に認められており、この分野の学者は、マイノリティの歴史を統合する成果を挙げている。こうして日系アメリカ人の貢献も、メタレベルのアメリカ史の文脈でとらえられるようになった。これに対し、(アジア系アメリカ人研究ではなく)アジア研究を専攻する、あるいは歴史学の訓練を受けた米国の日本研究者はほとんどが、最近まで海外の移民社会にさほど関心を払わなかったといえるだろう。[31]

海外日本人社会の経験

紀元二千六百年記念行事が繰り広げられていたころ、南北米大陸に在住する日本人は、国をまたがる物語をつむいでいた。その物語は今も学界に残る境界線をはみだすもので、海外の日本人社会は、米国史やブラジル史の研究者ならともかく、〔米国の〕日本史研究者にとっては追究したいと思うテーマではないのかもしれない。

海外日本人社会の複雑多岐にわたる経験は、日本以外のさまざまな国の歴史と交錯している。だからといって、帝国日本の歴史と無縁というわけではない。一方で、こうした海外日本人の物語を帝国日本の歴史に含めれば、それで事足りるというものでもない。事実、当時の日本の当局者は、どこに居住しようが、その市民権がどうであろうが、日本人に対する権利を主張するという傲岸《ごうがん》な姿勢を示していた。

海外同胞大会が開かれる以前も以後も、その最中も、政府当局は血のきずなに訴えることで、在外日本人に愛国心を喚起するとともに、日本の国策を支持するよう呼びかけていた。日本では大規模な移民が発生する以前から、中央集権的な近代国家が生まれていた。それでも移民の始まった時期は、日本政府が北海道から沖縄にいたるまで日本列島全域で国民なるものをつくりあげようとしていたころと重なっている。実は、現在日本列島と称される場所を離れた人々を「日本人移民」とひとくくりにするのは、問題がないとはいえない。北海道と沖縄がはっきり日本の内地と意識されるようになったのは二十世紀初めになってからである。そうした規定は、初期移民が必ずしももっていたとは思えない国民なるものを前提にしているからである。

沖縄を例にとれば、国として移民を論じる際に忘れられがちな多義性が浮かびあがってくる。沖縄が正式に日本という国民国家に組み入れられたのは一八七九年になってからである〔いわゆる琉球処分によって沖縄県が設置された〕。その後、大勢の沖縄人が、日本の本土や帝国領内、さらに日本の政治的統制がおよばない地域にも移住する。遠く離れた地では、沖縄人が地元の「日本人社会」で多数派を形成することもあった。しかし、大日本帝国の内外で、沖縄人は日本人からの差別に直面していた。歴史学者の冨山一郎《とみやまいちろう》は、沖縄移民の団体が帝国内で日本人と同等の地歩を確保するために、「沖縄人」らしさを払拭《ふっしょく》しようとして取り組んだ運動について記述している。[32] ロバート・アラカキもまた、帝国の外に移住した沖縄人は「二重のマイノリティ」として扱われたと述べている。つまり沖縄人は地元の支配的な白人社会からは日本人として差別され、さらに日本人社会のなかでも沖縄人として差別されていたというのである。[33]

沖縄からの移民であれ、ほかの地域からの移民であれ、彼らの出身地とのつながりは、しばしば「日本人社会」と一括される海外コミュニティの大きな特徴となっていた。しかし、海外同胞大会が開かれたとき、日本政府は国民という概念それ自体が近年にできたものだということを無視して、日本列島から移住したすべての人々への権利を主張した。ナチ党やイタリアのファシストも、海外の「ドイツ人」社会や「イタリア人」社会を国に組み入れるため同じように歴史を巧みに処理していた。

ナチ党やファシスト党の高官は、海外のドイツ人やイタリア人に政府の政策を支持させようとしたが、それはベルリンやローマの策謀家が考えたことである。同じように、日本人の策謀家も海外の日本人を日本国民のなかに取りこもうとし、彼らがどこに住んでいようが、現地で民族的に同化していようが、ほとんど気にもかけなかった。[34] 海外同胞大会が開かれたのは、そもそも日本の政治的権限のおよばない地域に住む在外日本人、もっとも日本人らしさを失う恐れのあった人々を統括するためだったのである。

日本の政官界は血のつながりがあれば同じ国民だと単純に割り切り、在外日本人、とりわけ南北米大陸に住む日本人の感じていた地域的環境のちがいにほとんど関心を払わなかった。まして、彼らの個人的意向などは一顧だにされなかった。海外同胞大会の最大の皮肉は、その組織者も参加者も、血のきずなだけが「大和民族」を団結させるという主張を掲げていたにもかかわらず、[35]大会ではどういう文化的手段を用いれば、在外日本人、とりわけ日本の外で生まれ育った二世のなかでも日本人らしさを維持していけるかという問題が、ほとんど論議の中心になったことである。とりわけ二世のような在外日本人、それに大日本帝国内の植民地臣民は、支配的な文化に同化すべきか否かという同じ問題に直面していた。だが、これら二つのグループに日本国民としての公民権をどの程度与えるかは、血統によって決められていたのである。

紀元二千六百年の研究は、日本の近代化を中心とするさまざまな問題の分析とからんでいる。そのなかには次のようなものが含まれている。

国史の発明。帝国や軍国主義と「ファシスト式近代性」の一体化。帝国イデオロギーとその拡張を支持・促進するうえで、政府関係機関だけではなく、日本の大衆も積極的に関与し、それがしばしば自主的な国民養成というかたちをとったということ。愛国主義が大量消費主義に拍車をかけ、消費主義が愛国主義に拍車をかけるといった、戦時における積極的フィードバック回路の意味。

戦時日本を、皇国臣民の味わった「暗い谷間」の時代とひとくくりにするのは誤解を生みやすい見方で、それよりもこの時代を「光」と「闇」の共存としてとらえる必要性があること。帝国日本を植民地から切り離して内地だけでとらえるのではなく、むしろ植民地と内地が一体化した帝国としてとらえる必要性があること。帝国時代の日本国民の境界を厳密に規定することが難しいこと。人種的・文化的優位性を唱える欧米に帝国日本が挑戦したことの意義。ナチス・ドイツやファシスト・イタリアと戦時日本を比較することの利点と陥穽《かんせい》、あるいは枢軸国側ではない当時の同様の近代国民国家と日本を比較することの利点と陥穽。

文書と映像による記録

紀元二千六百年記念行事を主に組織したのは、内閣の紀元二千六百年祝典事務局（一九三五年設立）と半官半民の財団、紀元二千六百年奉祝会（三七年設立）で、この行事が永遠に記憶される国家的祝典になることを目指していた。記念行事の中心となったのは、細部にわたる祝典の公式記録集を編纂することだった。この公式記録集は、すべてとはいわないまでも、この国家的祝典の多くを研究するのに便利な本となっている。

文書と写真からなる公式の記録は、一六巻にまとめられ、一九四三年に出版された[36]（『紀元二千六百年祝典記録』）。この大冊がどれほど詳細をきわめているかを示す証拠を挙げておこう。それは多くの公式記録のなかでもとりわけ、第五巻に二千六百年記念行事の締めくくりとなった式典に晴れの参加をした五万人以上の名簿がすべて掲載されていることである。その式典とは昭和天皇が臨席し、十一月十日に東京で開かれた奉祝式典を指している。細心の注意を払って企画された式典に参加した人々のなかには、帝国のエリートだけではなく外国の代表も含まれていた。

紀元二千六百年祝典事務局と紀元二千六百年奉祝会は、日本映画社に委託して、当時の最先端メディアである映画によって、一年間にわたるさまざまな行事の様子を記録させていた。日本映画社が製作した一時間ものの映像記録『天業奉頌《てんぎょうほうしょう》』（一九四二）は、ナチのニュルンベルク党大会を撮影し、最高の映像記録となったレニ・リーフェンシュタール（一九〇二―二〇〇三）監督のナチ宣伝映画『意志の勝利』（一九三五）を連想させる。

一九四〇年の日本で「官」と「民」の部門をはっきり区分けするのは、非常に危険である。まして当時は半官半民の団体が数多く存在し、政府はこのころ民間企業（新聞社など）にも強い影響力をふるっていたことを念頭に置かねばならない。紀元二千六百年の公式記録集のなかには、当時の祝典組織者がもっとも重要で公共性があると判断した一二六団体のリストが含まれているが、それらは当時実在した民間企業や半官半民団体の総数からすれば、ごくかぎられたものである。そこには帝国在郷軍人会のようによく知られた団体から、日本学生水泳競技連盟のような歴史書にはあまり登場しない団体まで幅広く含まれており、すべての団体が記念行事のために人を動員するよう求められていた[37]。日本では四〇年十月に近衛内閣が大政翼賛会を発足させる以前から、すでに大衆動員をかけることのできる数多くの中間団体ができていた。

記念行事の時以来の資料を格づけするには、高度な解析力を要する。本書を通して、私はできるだけ多くの資料を参照しようと努めた。そのなかには公式部分に属する政府記録から、まったく正反対に非公式部分に属する個人の紀行まで含まれている。しかし、政府が神武天皇聖蹟の場所を確定する際に、当時の地方自治体が、地元の威信とともに観光収入を目標として出した報告書のたぐいについて考える場合でも、さまざまな非公式情報だけではなく、公式情報を用いることが必要になってくるのはいうまでもない。

いくつかのテーマ、たとえば人々がこの祝典をどのように受け止めていたかというような問題については、公式非公式の情報を合わせても完全には理解しがたい。私は文化史や紀元二千六百年がどう受けとめられたかという問題の解明に一生懸命取り組んだけれども、どれほど情報の宝庫に入りこんで調べても、日本人が二千六百年の祝典を味わった経験をすべて確実にたどることは不可能だった。文化史を学ぶ者にとっては、たとえば紀行や雑誌記事など当時の旅行文化の産物を追跡できる記録のほうが、個人の日記などよりずっと手に入れやすいことはわかりきっている。それでも、そうした日記には詳細にわたる記述がなされており、一般の旅行者が、訪問先の現地をどう理解し、込み入った状況をどう受け入れたかが、紛うことなく描かれているのである。

近代日本の天皇崇拝

一八六八年以降の近代日本で、天皇崇拝はとりわけ重要性をもち、一九四〇年に壮観を呈することになる。だが、それは近代になってつくられたものである。日本が西洋列強による植民地化を避けるため、近代化への歩みを開始した明治維新以来、権力を掌握した若き指導者たちは、たぐいなき日本の特徴として、西暦紀元前六六〇年にさかのぼる万世一系という考え方を明文化し、広めていった。キャロル・グラックやタカシ・フジタニ、溝口孝司、高木博志などの研究者は、日本がこれまで万世一系の天皇によって統治され、これからも統治されていくという神話＝歴史が、十九世紀後半に誕生した日本という国家の中軸に、どのように据えられていったかを追跡している。[38]

一八九〇年には、天皇への忠誠によって公民の権利が認められるという仕組みができていた〔明治憲法体制を指す〕。それでも、その年、紀元二千五百五十年の記念式典が高らかに挙行されたわけではなく、この点、五十年後の一九四〇年における紀元二千六百年とは好対照をなしている。二千六百年記念行事の際に顕彰された建国の歴史によれば、神武天皇が即位したのは、軍事手段によって天皇支配を広げた六年にわたる「御東征」を終えたのちとされていた。

一九四〇年とのかかわりで言えば、たとえ想像上のものであれ、こうした建国を祝う行事は、日本人にとってはとりわけ光輝に満ちたものだった。日本はすでに中国大陸で三年間、戦争を繰り広げていた。神武東征は近代日本が帝国領土を広げる手本でもあり、それを正当化する根拠ともなっていた。四〇年には帝国一億五〇〇〇万臣民（うち内地は七三〇〇万人）の多くが、紀元二千六百年を祝う一万二〇〇〇以上の行事に参加した。また、一万五〇〇〇の公共事業計画によって、文字どおり日本各地の刷新が成し遂げられている。

現在では、紀元二千六百年記念行事の柱となっていた複雑な天皇神話＝歴史を知る日本人は少なくなった。まして、外から近代日本を研究する者にとっては、なおさらだろう。記念行事を記録した『天業奉頌』という公式映画には、一九四〇年の祝典の中心となった万世一系思想の実際が、うまく収録されている。そこで天皇神話＝歴史の概略を知ってもらうために、以下に『天業奉頌』の一部を紹介することにする。そこには、紀元二千六百年を祝うために四〇年に立て続けにおこなわれた行事のなかでも最大の式典、すなわち十一月十日に東京で五万以上の人を集めて開催された厳かな式典が記録されている。この式典の模様は、ラジオによって帝国の津々浦々に放送されていた。

『天業奉頌』の後半部分では、まず十一月十日に開かれた式典の会場に入ろうとする人々が映しだされる。ナレーションが八時になったと告げると、あらかじめ座る場所を決められた参加者が、一斉に入場しはじめる。映像に映る市民は正装に身を固め、軍人は軍服を着て、天皇から授かった勲章をいっぱいぶら下げている。各国の外交官を含め、誰もが二千六百年特別記章をつけている。閣僚らが胸に記章をつける姿が映しだされる。十時半には全員が席に着いたとナレーションによる説明がはいる。天皇皇后を乗せた車が会場に向かう映像が流れ、ナレーターが厳粛な口調で、両陛下は宮城を出門され、式殿にご出御、十時四十八分から式典が始まると伝える。

次は天皇と皇后が台座に姿を現す場面になる。台座には皇室の象徴である菊の紋章のついた幕が下がっている。首相の近衛《このえ》文麿《ふみまろ》（一八九一―一九四五）が天皇皇后に一礼してから、マイクの前に進み、式の開会を告げ、さらに深く一礼する。次の場面では、帽子をかぶった香淳皇后（一九〇三―二〇〇〇）が一礼した首相に軽く会釈するが、昭和天皇は不動の姿勢を保ったままで、臣下である首相には返礼しない。

そのあと、映像は首相が深く一礼するのに合わせて、参加者がほとんど一斉に拝礼する姿をとらえている。近衛首相は階段を上り、天皇皇后の前に立つ。そして両手で奉紙を広げ、玉座の前の演壇に置かれたマイクに向かって、寿詞《よごと》を読みあげる。一語一語ゆっくりと読み、三語か四語で区切りを入れる。台座の天皇と皇后は、立ったままで演説を聴いている。寿詞はすべて記録されているが、寿詞が半ばを迎えたところで、映像は角度を変えて、頭を下げ首相の言葉を聴く大勢の参加者の姿をとらえている。

「臣文麿謹みて言《もう》す、伏して惟《おもん》みるに皇祖国を肇《はじ》め統を垂れ、皇孫をして八洲に君臨せしめ錫《たも》うに、神勅を以《もっ》てし、授くるに神器を以てしたもう。宝祚《ほうそ》の隆天壌《さかえてんじょう》と窮《きわま》り無く、以て神武天皇の聖世に及ぶ。乃《すなわ》ち天業を恢弘《かいこう》して、皇都を橿原に奠《さだ》め、宸極《しんきょく》に光登して、徳化を六合《りくごう》に敷きたまい、歴朝相承《う》けて益々《ますます》天基を鞏《かた》くし、洪猷《こうゆう》を壮《さかん》にし一系連綿正《まさ》に紀元二千六百年を迎う。

国体の尊厳万邦固《もと》より比類なし。皇謨《こうぼ》の宏遠四海豈匹儔《あにひっちゅう》あらんや。臣文麿誠懽誠慶頓首《せいかんせいけいとんしゅ》頓首　恭《うやうや》しく惟みるに、天皇陛下聡明聖哲允《まこと》に文、允に武、夙《つと》に祖宗の丕《ひ》績《せき》を紹《つ》ぎたまい、宵旰《しょうかん》治を図り、文教を弘め、武備を整え、威烈の光被する所、昭明の化、普率に洽《あまね》く億兆臣民皆雨露の恵沢に浴す。

方今世局の変急なるに臨み、或《あるい》は六師を異域に出し、或は盟約を友邦に結び、以て東亜の安定を確立し、以て世界の平和を促進したまわんとす。

洵《まこと》に絶代の盛徳曠古《こうこ》の大業一として、皇祖肇国《ちょうこく》の宸意《しんい》と、神武天皇創業の皇謨とに契合せざるはなし。臣等生を昭代に亨《う》け、此の隆運を仰ぎ、感激抃躍《べんやく》の至りに堪えず。

曩《さき》に光輝ある紀元の佳節に当たり、優渥《ゆうあく》なる聖詔を拝し、恐懼《きょうく》措く能わず、臣等協心、戮力《りくりょく》誓って大訓に率由《そつゆう》し、益々国体の精華を発揮して、非常の時艱《じかん》を克服し、八紘一宇《はっこういちう》の皇謨を翼賛して、宏大無辺の聖恩に奉対せんことを期す。

本日此《こ》の式典を挙ぐるに際し、天皇陛下皇后陛下の臨御を辱《かたじけな》くす。臣等更に遠く心を肇国の淵源《えんげん》に馳せ、思《おもい》を創業の雄図に致し、感激益々深し。臣文麿、乏しきを承けて台閣の首班に居り、茲《ここ》に帝国臣民に代《かわ》り叨《みだ》りに天顔に咫尺《しせき》して、恭しく聖寿の万歳を祝し、宝祚《ほうそ》の無窮を頌《しょう》し奉る。臣文麿、誠懽誠慶頓首頓首、謹みて言《もう》す[39]」

この寿詞を終えたあと、近衛は天皇皇后に拝礼し、それに合わせて参加者全員も拝礼した。ここで映画では「紀元二千六百年頌歌」が演奏され、ハーケンクロイツ（鉤十字《かぎじゅうじ》）の腕章をつけたドイツ軍将校をはじめ、式典のさまざまな映像が流れる。そこにまたナレーションが入り、十一時二十五分に近衛首相が「天皇陛下万歳」の発声をおこない、これに応じて参加者が万歳を三唱したと説明する。次の画面では、首相が空に向かって両手を高く上げて「天皇陛下万歳」と叫ぶところが映しだされ、それに合わせて参加者もまた両手を上げて「万歳」と唱和するシーンがつづく。

　このとき、この式典出席の栄にあずかることのできなかった帝国の一億五〇〇〇万臣民は、みずからこれに唱和して万歳を唱えた。その後の画面は、この儀式がどれほど同時に全国民から注目されていたかを示そうとしている。映像は当時はやりの「八紘一宇」と書かれた大きな垂れ幕を下げた五階建てビルの前に群がる人々をとらえている。八紘一宇は拡張主義を支持して、そのころ広く呼びかけられていた言い回しで、神武天皇がその先駆けとなっていた。[40] 映像では突然、ビルの前の全員が両手を上げて「天皇陛下万歳」と叫ぶ。

　ナレーターは、この日、全国の神社で奉祝式典に合わせて振り付けられた「浦安の舞」が奉納されたとコメントする。優美な着物姿の四人の女性が、ゆっくり厳かに舞う映像が流れる。その舞が表しているのは、天照大神《あまてらすおおみかみ》が岩戸に隠れ、世が真っ暗になってしまったときに、舞によって岩戸から天照大神が姿を現すところだった。

　十一月十日の式典は、英国が帝国の栄華を祝った一八九七年のビクトリア女王治世六十周年とは異なっている。十一月十日には、首都でのパレードは行われなかったし、日本が帝国たるゆえんはまるで感じられなかったからである。一八九七年にロンドンをパレードしたような、さまざまな人種からなる、エキゾチックに着飾った植民地兵士のたぐいの行列や集まりさえ、東京では見られなかった。[41]

　祝典のねらいのひとつは、そのころ大陸で泥沼におちいっていた戦争への大衆的な支持を取りつけることにあった。一九四〇年二月までに、大陸では日本兵が一〇万人以上戦死し、さらにもっと多くの負傷者が出ていたが、皇軍が支配下に置いたのは、広大な中国領の五分の一にすぎなかった。とはいえ、戦争による死傷者は三九年には前年の半分となり、四〇年にはさらに三九年の半分となっていたことも事実である。

戦死者数の面では、一九四〇年は一段落した時期にあたっている。いわゆる「支那事変」（三七年に始まったこの全面戦争には、事変というあやふやな名称がつけられていた）の勃発直後、多くの戦死者が出たのが少し落ち着いたころで、それから数年後に連合国との戦争も加わって、死傷者が急速に拡大するまで、少し間があった。歴史学者のなかには日本の始めた十五年戦争を「アジア・太平洋戦争」と名づける人もいる。この戦争は三一年の満洲事変から始まり、当初はアジアの近隣諸国との戦い、そして米国などの連合国との太平洋での戦いへと広がっていった。

しかし、長期にわたるアジア・太平洋戦争では、比較的平穏な時期があり、一九四〇年もそうした年だったのである。東京市は紀元二千六百年を念頭に、四〇年の夏季オリンピックの招致に成功していた。これが日本で開かれれば西洋以外で初めてのオリンピックになるはずだった。しかし、中国との戦争が勃発したため、日本はオリンピックの開催権を返上することになった。

一九四〇年の日本をどうみるか

一九四〇年の時点で、日本が四五年八月に壊滅的敗北を喫すると想像した日本人はまずいなかっただろう。それどころか、この年、大日本帝国は絶頂期を迎えていた。本書において私は、五年後の軍事的敗北というレンズを通して一九四〇年を分析するという目的論を避けようとした。とはいえ、結局は災厄をもたらす傲慢《ごうまん》ぶりは、二千六百年記念行事でもはっきりと表れていた。「暗い谷間」という見方は、四〇年の日本を分析するかぎりは、あてはまらない[42]。とりわけ戦争の形勢が日本に不利になる前は、帝国臣民にとって戦時を特徴づけるものは、暗さと明るさ、苦しさと楽しさの共存だったのである。

一九四〇年の日本の国体を規定するのは、それほど簡単ではない。歴史学者のトニー・スミスによれば、二十世紀前半は共産主義、自由民主主義、ファシズムが「これまで存在したのとは根本的に異なるかたちで、国家と国民が結びつく新しい形態の政治によって、近代の危機を克服しようと」それぞれが競っていたのである[43]。

学者のなかには、概して外部から日本を診断し、戦時日本を理解する概念としてはファシズムの有効性をあからさまに否定する者もいる。だが、私はその立場に同調するつもりはない。ほかにコーポラティズム〔協調主義あるいは統合主義〕や軍国主義という考え方もある。だが、コーポラティズムは、国家と社会の相互作用に焦点をあてるとはいえ、少なくともそれを日本にあてはめようとすると、国民の代理機関が果たした役割を軽視することになりかねなかった。また、軍国主義はまず正確に規定されたためしはなく、これによって日本の政治体制を記述するのは十分とはいえず、不完全さが残る。

たとえば、日本に軍国主義の概念をあてはめて、一九三〇年代半ばの日本は同時期のドイツやイタリアに比べてずっと軍国主義的だったとか、ドイツやイタリアとは異なるタイプの軍国主義国家だったとはっきり主張する学術論文には、お目にかかったことがない。だとすれば、三一年以降の日本の経験を論じる際に、ほかの概念より軍国主義を用いるほうがよいと断定するのはいささか疑問なのではないだろうか。

社会科学者ははっきりと、時に激しく、ファシズムの規定に異を唱える。マーク・ネオクレウスの枠組みは、それに満足しない学者もいないわけではないが、有効な出発点となると思われる。彼はいう。「ファシズムは近代資本主義に内包される政治の一形態であり、そこには国家主義的・反革命的目的のための大衆動員、軍事主義的な行動主義、自然と意志という漠然たる生気論哲学に裏づけられた、エリート的・権威主義的・抑圧的な国家組織が伴う」[44]

戦時日本にファシズムという規定をあてはめるのを拒否するピーター・ドウスやダニエル・オキモトが強調するように、日本にはイタリアやドイツで権力を掌握したファシスト式の大衆政党が存在したためしがないのは事実である。[45]生身の体をもつカリスマ的指導者もいなかった。とはいえ、以下に私が示唆するように、神武天皇がこの点ではその代わりとなる役割を果たしたとも考えられる。強力な官僚主義的統制を特徴としていたが、同時に議会主義を認めていた明治憲法体制が、決して廃止されなかったことも否定できない。

戦争中でも日本では選挙がおこなわれていた。国会は政策決定の中心から外れていたとはいえ、政治過程に影響をおよぼしつづけていた。たとえば、一九四〇年に近衛首相は政治・経済権力を一元的に集中させる「新体制」を提言したが、国会はそれをうやむやにし、ある程度の多元主義を存続させることに成功している。[46]こうした継続性を強調する意義はあるけれども、ファシズムの有効性を否定する主張も、戦時の日本を典型的なファシズムとする主張も、近年、次第に批判を受けるようになっている。

日本をファシズム国家に入れるかどうかのチェックリストに記入を求められたら、日本を研究する歴史学者は、紀元二千六百年に見られたような万世一系崇拝を頭に思い描くだろう。とりわけファシズム論者のなかには、「指導者崇拝」より「カリスマ的形態の政治」を強調する人がいるからである。[47]昭和天皇はバルコニーから熱烈なスピーチをしたこともないし、ヒトラーやムッソリーニのようにカリスマ的に振る舞ったこともない。また当時の日本が、ドイツの総統《フューラー》やイタリアの統帥《ドゥーチェ》に近いカリスマ的政治指導者をもたなかったのも事実である。とはいえ、万世一系とその国家を祝う一九四〇年の光景が、カリスマ的な性格を有していたことも確かなのである。

政治的にみれば、一九四〇年の日本は、自由民主主義陣営の代表といえる米国や英国よりも、ずっとナチス・ドイツやファシスト・イタリアと共通性をもっていた（たとえ、日本の指導者の一部に、ソビエト流の計画経済を支持する者がいたとしても、反共を国是とする帝国日本を共産主義陣営に位置づけるのはばかげている）。国会は政治的機能を果たしつづけていたものの、そのころ日本のエリートは、日本には自由民主主義は合わないと主張するようになっていた。官民を問わず、日本人はユートピア的なやり方で国を強化しようとしていた。その方法は、国家と国民とを一体化しようとするもので、自由民主主義的というより、ずっと当時のイタリアやドイツのやり方と近かった。一九三〇年代にドイツやイタリアの大物たちの多くが、うらやましく感じたのは、日本には国民を隅々まで有機的に統合しうる、皇室を中心とする祖国崇拝がみられたことである[48]。

日本の大衆が大きく動いたこと、また体制の支持に向けて広く動員されたことを、もはや無視するわけにはいかない。一九四〇年九月には、日本の体制はナチス・ドイツやファシスト・イタリアと正式に同盟を結んでいただけではなく、その政策や思想も、当時のドイツやイタリアと似たものになっていた。大衆的な代理機関〔愛国婦人会や帝国在郷軍人会など〕を見直すならば、戦時日本にファシズムをあてはめるのが妥当かどうかを判断する材料となるだろう。

すぐれた政治学者として知られる丸山眞男《まるやままさお》（一九一四―九六）は、敗戦直後に書いた評論で、日本にはファシズムの大衆的基盤はなかったとしている。しかし、丸山とその後の多くの学者たちは、戦時日本の大衆的行動主義の広がりを軽視していた[49]。本書は、戦時日本を理解する際に、ファシズムがほかのいかなる概念よりまさっていると証明することをめざしているわけではない。しかし、歴史学者が近代日本の軌跡を論じる際には、それでも大衆の動きを重視するファシズムを考慮に入れるべきだと考えるものである。

戦時日本の政治体制をめぐる論議は重要とはいえ、それらは日本が紀元二千六百年当時、欧米の支配する白人による世界秩序に、人種的、文化的に挑戦していた点を注視しないものが多い。一九四〇年において世界の多くの人々、いや大多数の人々が、決定的な区分としていたのは、共産主義、自由民主主義、ファシズムではなく、白人と搾取される非白人だった。自由民主主義的な国際主義は、いまでは人種差別的で独善的な側面を払拭したかのようにみえるし、日本が自由民主主義陣営に加えられたのは戦後になってからである。だからといって、人種差別の歴史と、それに対する日本の挑戦は、決して見過ごされてよいわけではない。

日本は非白人・非キリスト教国としては、初めて近代化し、世界の列強となった国である。その成功は、欧米だけが人種的・文化的な優位性を有するという思いこみを切り崩した。一九〇五年に日本がロシアに勝利したことは、とりわけ近代化が人種や文明（キリスト教）、地理に依存するという考え方に疑問を呈するきっかけになった[50]。確実にいえることは、世界はこれまで、欧米の帝国主義者が切り取ったようなやり方で単純に分割されたことはなかったということである。一例を挙げれば、ヨーロッパのキリスト教徒よりもずっと前から、キリスト教とのつながりをもっていた中東の浅黒い肌をしたキリスト教徒の社会は、人種、地理と文明の水準が連関しているという主張に、疑問を投げかけていたのだ。

しかし、世界的な意味で、帝国主義的な世界秩序を揺るがせたのは、日本が軍事的挑戦によってロシアに勝利したことによる。当時、白人のキリスト教的帝国主義秩序に日本が挑戦したことは、さまざまな反応を引き起こしたとはいえ、白人のキリスト教国のあいだでも、非白人の非キリスト教国のあいだでも、同様に理解された。非白人の非キリスト教国は、近代化は欧米に限られるという思いこみをくつがえしたとして、日本を称賛する。ところが白人諸国のなかにはこれにヒステリックに反応し、「黄禍論」を唱える人々もいたのである。

日露戦争から三十年ばかり過ぎた紀元二千六百年当時、欧米の世界支配に対する日本の挑戦は、一九〇五年ほど単純明快なものではなくなっていた。朝鮮や中国への帝国主義的進出によって、日本はかつての英雄的立場を失いつつあった。そのころ、決してこれまで一枚岩になったことのない西洋は、この世紀で二度目の戦争に突入していた。この戦争はまもなく世界中を巻きこみ、帝国主義的な世界秩序を根本から揺るがせることになる。世界全体にわたる状況の変化は、日露戦争後に岡倉天心《おかくらてんしん》(一八六三―一九一三)などの唱えた東洋と西洋の区別が、もはやかつてのような有効性をもたなくなったことを示していた。

米国、英国、ドイツ、イタリアはそれでも、いわれているような敵対性以上に共通性をもっていた。四つの国の遺産は、ヨーロッパとキリスト教である。それはソビエト帝国の中心であるロシアでも同じだったが、ソ連の体制は概して宗教に寛容ではなかった。米国、英国、ドイツ、イタリアは、それぞれが西洋キリスト教文明の将来、もしくは救済のために、最良の希望となることを表明していた。

これら四カ国は、非白人に対する組織的な人種差別主義をあらわにし、優越人種の主流にあてはまらない者を排除していた。ナチスの人種差別主義がユダヤ人の大量殺戮をもたらしたからといって、米国や英国、イタリアの（とりわけ植民地のアフリカ人に対する）人種差別主義者の本性がそれとは無縁だったということにはならない。一九四〇年の時点で、欧米キリスト教圏以外で、紛うことなく非白人の率いている列強は、日本しかなかったのである。[51]

当時の国際秩序に対する日本の挑戦は無謀であり、しかも限界があった。紀元二千六百年の筋書きは、近代日本が西洋の近代化をうまく模倣したというものではなかった。むしろ、それは悠久の歴史のなかで、日本が世界の列強として、みずから勃興したというものだ。そこではこれまで日本が、アジア大陸からだけではなく西洋からも広く文化を吸収したという事実は軽視されていた。ベストセラーとなった『皇国二千六百年史』のなかで、藤谷みさをは日本が建国された西暦紀元前六六〇年において、「現今世界に覇を競いつつある欧米諸国の一つといえども、いまだ胎動の時期にすら達したものはなかった」と述べている。[52]

西洋世界秩序への挑戦

明治維新のあと、日本の指導者は外からの圧力に屈して、キリスト教を合法化し、その布教も認めたものの、一方で皇室をキリスト教に対抗する国民精神の中軸として押しだすようになった。たとえば一八七二年に日本の指導者はグレゴリオ暦を採用する。しかし公的には西暦は採用せず、そのまま元号を用い、天皇の在位期間によって年を算《かぞ》えるようにした。日本は近代化するにあたって、キリスト教を広く受けいれるどころか、神道という民俗信仰を公式の宗教とし、天皇を新しい国民国家における最高の国家祭司とした。キリスト教は西洋文明の中心として広く受け入れられ、しばしば尊重されていたが、日本がキリスト教なしに近代化を遂げたことは、キリスト教こそ近代化の秘密の一つとしていた高慢な考え方を無効としたのである。

人種主義の時代においてロシアに軍事的に勝利したことにより、日本の指導者は、二十世紀初頭に「名誉白人」の地位を得たと考えるようになった。しかし、その後の数十年は、必ずしもその地位を保証されていたわけではない。日本人は二十世紀になってからも、人種的な不公正をこうむっていたのである。一九一九年のベルサイユ講和会議で、日本の代表が提案した人種平等条項が拒否されたことは、この国がまだ対等の立場に置かれていない実情を印象づけることとなった。もう一つ人種的な侮蔑を味わわされたのが、日本人移民に対する差別的な扱いと、何としても日本人移民を阻止しようとする政策が実施されたことである。日本人移民を排除したたいていの国は、欧州からの移民には門戸を開いていた。日本人旅行者は、どれほど上流階級に属していても、またどれほどの財産家でも、いったん帝国の外に足を踏みだせば、人種隔離の扱いを受ける可能性がいつまでも残っていた。

こうした人種差別の時期が、日本がロシアに勝利したあともつづいたことは、日本人にいっそうくやしい思いをいだかせた。紀元二千六百年を迎えるに際しては、ほかならぬ建国にちなむこの時期を除いては、ロシアへの勝利に匹敵する国家称揚の機会はまずなかった。一九四〇年にはまだ日本人は日露戦争とそれ以後のことを記憶しており、その教訓から何としても日本をもっと近代化せねばならないという結論を引きだしていた。さもなければ、人種を基礎とする西洋列強の世界と対等になれないと思っていたのである。

紀元二千六百年を祝ったとき、帝国の中と外とでは、日本人の扱われ方に大きなちがいがあった。そのちがいは人種と権力の複雑な関係によって説明することができる。一九四〇年の日本を帝国として分析することが重要である理由は多々あるが、このこともその一つといえよう。一八九五年以降、徐々につくりあげられてきた多人種・多民族帝国（一八六八年以降、北海道と沖縄を領土に組み入れてきたことを念頭に置かねばならない）のなかで、そのヒエラルキーの頂点に立っていたのは、日本内地の人々だった。

日本はみずからの帝国のなかに、西洋の列強が築いてきたのとそっくり同じ人種的・文化的ヒエラルキーをつくりあげていた。日本はアジア人に対して、どうみても西洋帝国主義と変わらぬ搾取をおこなっていた。そのことを考えれば、アジアの近隣諸国を侵略した日本の戦争は、西洋帝国主義からアジアを解放するという英雄的な努力にほかならなかったとする擁護論者の主張は誤っている。日本がその近代化によって、白人のキリスト教的帝国主義列強の支配する世界秩序に疑問をつきつけたように、アジアに対して人種差別主義的で帝国主義的な政策を押しつけるようなことがなければ、保守的な日本の論客が短絡的に唱える日本は絶対に正しいという道義的根拠も、それなりに評価されたかもしれない。

にもかかわらず、二十世紀前半における日本の世界秩序に対する挑戦についていえることは、みずからの近代化の流儀を植民地住民に強要する近代帝国主義の絶頂期にあって、日本だけが唯一の非白人・非キリスト教国だったということである。しかし、帝国の外側で、日本人はくり返し人種の壁にぶつかった。日本が白人の優越性に対し人種的挑戦をおこなって短期的には挫折したことをもっともよく示す例は、日本の政治的統制のおよばない地域で暮らしていた日本人移民の場合だが、それは裏返してみれば、大日本帝国の植民地臣民の場合にも同じようにあてはまる。ただし、日本人移民は、米国などではみずから選んで新しい場所に移住することもできたが、朝鮮人は心ならずも国を植民地化されていた。そして、日本人移民も朝鮮人も、ヒエラルキーのなかに閉じこめられ、どれほど功績があっても、またどれほど主流の文化に同化しても、そこを抜けだすことはできなかったのである。

日本人はキリスト教徒に改宗しても、人種差別を克服できるとはかぎらなかった。大日本帝国の内部では、戸籍制度が内地での血統をたどれる日本人と、その他の帝国臣民とをはっきり線引きしていたように、大日本帝国外のほとんどの地域では、人種が日本人の地位を決めており、実際、非白人は優位を保つ白人の下に置かれていた。大和民族の優越性に対する主張は、大日本帝国外に住む日本人に慰めを与えたかもしれないが、そうした考え方は、彼らが直面する人種差別主義の代償になったとしても、その克服にはつながらなかった。これとは対照的に、帝国の内部では、日本人の優越性という考え方が適用され、内地出身者を優先する不均等な権力関係が正当化されていた。

帝国日本についての目的論的な議論では、一九四五年の敗戦が強調されて、あたかも無条件降伏とそこにいたる道筋が運命づけられていたかのように論じられる。しかし、それは二十世紀前半に日本がどれほど世界秩序に挑戦していたかを覆い隠すものである。一方で、その末路は災厄だったとする帝国日本の目的論がある。もう一方で、四五年以降の日米同盟はある意味必然であり、帝国日本がまちがっていたのに対し、この同盟には道義的な正当性があるとする冷戦時代の目的論がある。この二つの目的論が結合するならば、日本の近代経験が有していた複雑さと重要性が、あまりに単純化されすぎてしまうことになるだろう。

モダニティとは何か

歴史学者が帝国日本といえば、一九三一年以降の時期を指すのが普通である。自立した日本帝国主義は、この時期、アジアにおいて米国、英国、フランス、オランダの利権に挑んでいた。少し嫌な言い方をすれば、日本帝国主義がまちがっていたのは、まさに西洋列強がすみわけしていた帝国のボートに、大きな揺さぶりをかけたからだということになる。

共産主義と自由民主主義の戦いによって規定される戦後期において、日本は米国の監督下、変身を遂げ、米国流の自由民主主義的資本主義のみが世界的に普遍性をもつという主張を体現する見本のようになった。歴史学者のナオコ・シブサワはこう論じてやまない。「日本が米国の政策担当者が望んだように、ねらい通り、自由民主主義的資本主義社会へと〝成長〟していったことが、資本主義は人種差別的で帝国主義的だとするマルクス主義の批判を打ち消すのにどれほど役立ったことだろう」[53]。日本が自由民主主義陣営の普遍性を表す象徴として登場したのは、この陣営が組織的な人種差別主義を国内的にも国際的にも否認し、取り除いていった時期と重なっている。

人種差別主義が否認されたのは、国内的な圧力だけが原因ではなく、共産主義の挑戦に対処するためでもあった。そうだとしても、日本が早くから人種による区分を崩そうとしていたことを忘れるべきではないだろう。人種差別の解体が、太平洋で戦争が始まったころに劇的なかたちで進んだのは、日本軍の精鋭部隊がアジア全域にちらばる白人の植民地に大きな打撃を与えたことによる。そうした植民地では、白人と非白人を分ける厳しいヒエラルキーが長いあいだ維持されていた。さらに、第二次世界大戦が進むと、こうした人種による区分は、連合国が野蛮な敵とはまるでちがうことをうたった崇高な理念と、次第に調和しなくなっていった。

私は帝国日本による欧米の人種差別主義、自民族中心主義への挑戦を強調することは大事だと思う一方で、日本の戦時体制を記述するには軍国主義その他の概念を適用するよりファシズムのほうが適切だと考えている。しかし、紀元二千六百年記念行事に関しては、もっとも当てはまる概念は近代性《モダニティ》である。日本の指導者が当時、悠久なる日本の伝統について、いつも雄弁に言及していたとはいえ、戦時日本の形態は時代錯誤的な伝統主義への回帰というより、近代性のバリエーションなのである（ファシズム自体が近代性の産物である）。歴史学者のあいだで、近代性の定義は必ずしも一致しているわけではないが、本書に関するかぎり、近代性というときは、国民国家、産業化、グローバルな統合の進展、中産階級と大衆社会の登場、政治参加形態の拡大、そして二十世紀半ばの文脈でいえば帝国主義を指すことにしている。近代性の度合いという点では、日本はナチス・ドイツやファシスト・イタリアと共通点をもっているが、一方でまた米国のような民主主義国、さらにはソ連と似通っている面もあった。

日本は二十世紀半ばにおいて、近代性の多くの側面をすでに導入していた。しかし、以下に示すのは、これに付け加えるべきいくつかの面である。紀元二千六百年当時、中産階級は日本社会のもっとも近代的な部分を形成していた。その消費習慣、万世一系の崇拝、そしてさらには輝かしい国史を通じて、中産階級には大きな期待がかけられていたのだ。

二十世紀の日本を研究する歴史学者は、これまで戦時と戦後の大衆消費社会の連続性をさほど強調していなかった。第二次世界大戦後の灰燼《かいじん》のなかから生じた日本の産業の台頭は劇的で、それを奇跡とする論者は少なくない。しかし、日本の重工業化が一九三〇年代にすでに始まっていたことを知る歴史学者は、日本が世界第二の経済国になった理由を、戦争をまたがる視点で合理的に説明することができる。同じように、敗戦による荒廃をへて、六〇年代の大衆消費社会が誕生したのも奇跡と思えるかもしれないが、この問題についても、まちがいなく戦争をまたがる連続性においてとらえたほうが理解しやすい。

戦間期を研究する歴史学者は、日本が一九二〇年代には大衆消費社会の域に達していたと強調してきた。そして、戦時期に消費主義が一時影をひそめたとしても、二〇年代の十年と戦後の消費社会とのあいだにはしばしば連続性がみられるとする。だが、三〇年代の愛国主義的風潮によって、消費主義は多くの面で強化され、三七年七月に中国大陸で全面戦争が勃発してからも、重要な消費部門はほとんど悪影響を受けなかった。[54] 観光や出版、小売業（たとえば百貨店）の景気がもっとも良くなったのは、紀元二千六百年の年である。中国大陸での戦争が始まってから三年が経過していた。基本的な生活レベルを超える消費主義というかたちが崩れるのは、四二年半ば以降に戦況が悪化してからである。問題は戦争自体ではなかった。これは重要なちがいである。日本の近代消費部門は、ナショナリズムとその神秘的レトリックに取って代わられるどころか、愛国主義的な雰囲気に包まれ、それにせきたてられていたのである。

何百万もの日本人は戦時中、単なる消費者ではなく、政治的な活動主体でもあった。政治といっても、必ずしも自由民主主義的な方法によるとはかぎらない。だが、戦時中も選挙を含め、代議制が存続していたことは強調しておいてもよい。とはいえ、戦時日本における大衆的政治参加の広がりを理解するには、しばしば政治的な用語ではとらえきれない市民の参加といった、別の形態での政治的関与についても考慮にいれなくてはならない。

当時、日本では引きつづき近代化がおこなわれることによって、人々を広範囲かつ効果的に動員することができるようになっていた。民衆が帝国全土にわたって定時の儀礼に参加していたことをみれば、日本の近代中央集権国家が、その権力を用いて全国民を巻きこむ政治の舞台をくり返し演出していたことがわかる。建国奉仕隊をはじめとして、国のための勤労奉仕には、何百万もの日本人が参加したが、これもまた元来政治的なものだった。観光は政治参加の形態として論じられることは少ないが、戦時日本における帝国史跡観光（それに国内の史跡めぐりのすべて）が政治的色彩を帯びていたことも見過ごすわけにはいかない。

ある論者は、神武天皇ゆかりの史跡訪問は「国民の義務」とさえ主張していた。国の関与の大きい定時の大衆儀式とちがい、帝国観光は国民性を養成する機会とされ、自分で裁量できる余地がじゅうぶんにあった。日本の戦時国家がかなりの、そしてしばしば破壊的な権力をもっていたことを否定する歴史学者はいないだろうが、しかし国民（社会）もまた戦時日本をかたちづくるうえで重要な役割を果たしていたのである。

日本は近代の帝国主義的国民国家が加入する閉鎖的クラブのメンバーだった。当時とられた手段がどれだけ不快だったにせよ、帝国主義が世界を劇的な新しい方法で統合したのは事実である。日本帝国主義もその例外ではなかった。とはいえ、近代性のある重要なレベルでは、つまり産業化や全体の経済力というレベルでは、日本と他の列強との差は当時まだ残っていた。一九二九年の大恐慌は日本にも影を落としたけれども、日本の回復はほかの国々よりも早かった。三〇年代を通して、日本の毎年の平均成長率は国民総生産（GNP）で五パーセントに達している。好況感があったのはそのためだが、他の産業諸国に比べると、相対的に日本の経済的弱さが改善されたわけではない。それでも日本はアジアの近隣諸国よりはるかに進んでいるようにみえた。[55]

一九四〇年の経済規模でいうと、日本とイタリアは、第二次世界大戦に加わった六大国のなかでは、一番下の三層目に属していた。二層目の国としては、ソ連の経済がドイツよりも少し大きく、英国はそのドイツより少し小さかった。一層目を独占していたのが米国である。四〇年の時点で、米国の経済規模はイタリアの六倍、日本の約五倍、ドイツ、ソ連の二・五倍、英国の三倍に達していた[56]。

経済の相対的規模という面で、一九四〇年の日本と米国の差がこれほど顕著でなければ、この年、日本は米国をさらに頼るようになったにちがいない。米国は日本の輸出市場として、多くの必要とされる外国為替をもたらしていたし、またアジア大陸での戦争に欠かせない物資を供給していた[57]。米国との関係がつづいていれば、日本の指導者はアジアにアウタルキー的な経済圏をつくって、そこを支配する必要もなかったはずである。しかし、日米関係が四〇年に悪化し、またこの動乱の年にナチスの戦争マシーンがヨーロッパ大陸を席巻するにつれ、米国は日本の軍事力を抑えるために、経済制裁へのかじを切りはじめた。

日本がそれにつづいて真珠湾の米艦隊を攻撃したのは、米国に打撃を与えて、アジアから追いだそうとする絶望的な試みにほかならなかった。帝国陸軍が泥沼にはまりこんでいる中国大陸を超えて何倍にも拡大する戦争をつづけるには資源が必要だった。だが、無制限にアジアの資源を手に入れることができれば、それも可能ではないかとの思いがあった。それは恐るべき計算ちがいだったといえる。一九四〇年の時点で、日本は世界の多くの地域に比べて、大きな工業力を誇っていたかもしれないが、米国と比べればその力ははるかに劣っていた。帝国日本は一九四〇年に頂点に達し、五年後には完全に崩れ去った。その指導者たちが「富国強兵」の原則を決定的に無視し、当時唯一の産業的・軍事的超大国との戦争へと国を導いたからである[58]。

第1章　国史ブーム

紀元二千六百年のタイムカプセル

一九三九年、新聞之新聞社社長の式正次《しきせいじ》（一八九四―一九六四）は、紀元二千六百年を記念して、ゆかりのある長野県に「紀元二千六百年文化柱」を建設することを決意した。この文化柱は四〇年前後につくられた無数の記念建造物のひとつである。こうした建造物は紀元二千六百年を祝うとともに、万世一系の天皇による徳治をたたえ、皇室への臣民の忠誠を示すために立てられていた。その多くはいまでも残されているが、紀元二千六百年文化柱が今後注目されるとすれば、次の点しかあるまい。すなわち式正次が、このドームをタイムカプセルとしたことである。そこにはさまざまな品々が収められており、将来の世代が、この日本史上特別の年について知ることができるようになっていた（「文化柱」と名づけられているが、実際は約二メートルの八本の柱の上に、高さ約三メートルのドームをかぶせた建物で、茅野市北山に立っている）。

記録映画『天業奉頌《てんぎょうほうしょう》』と同じように、このタイムカプセルも、二千六百年という年がいつまでも祝福されることを願ってつくられた。しかし、政府の委託でつくられた記録映画とちがい、タイムカプセルは個人の事業だった。式正次はこのタイムカプセルを百年たつまで開けてはならないと指示している。文化柱は現在も残っており、タイムカプセルもまだ開けられていない。式の子孫は彼の意思を尊重し、二〇四〇年になるまでは、これを開けないとしている。[1]

この計画を決めてから、式正次は帝国全土に広告を出し、主要新聞・雑誌、本、ポスター、カタログ、写真、絵、録音、有名人による揮毫《きごう》、その他、記念行事がおこなわれたときの国の様子を記録した品々の寄贈を求めた。思いのほか彼の要請に応えてくれた何千もの人に感謝して、新聞之新聞社は受け取った品々を記した目録を発行した。この目録を眺めると、式がどれほど紀元二千六百年当時の日本の記録を残すことに成功したかが瞭然《りょうぜん》とする。[2]

このタイムカプセルには大量かつ豊富な資料が保たれているため、この分野を研究する歴史学者として、私は個人財産の侵害にならないのなら、何とかして自分の手でこれを取りだしたいと思ったものである。それができれば、何年も苦労し、かなりの費用をかけて、このカプセルに含まれているのと同じ資料を、日本じゅうの古本屋や世界じゅうの図書館からわざわざ探しださなくても済むからである。加えて、このタイムカプセルには、ほかのどこにも残されていないと思われるレコードジャケットや展覧会のカタログ、ポスター、旅行パンフレットなど、思わず欲しくなる品々も含まれている。

タイムカプセルに収められている品目から、書籍やパンフレット、ポスター、レコード、さらには広告のリストを抜きだしてみると、紀元二千六百年がどれほど皇国史に熱気を吹きこんでいたかをうかがい知ることができる。書籍のごく一部を取りあげただけでも、『神武天皇』『神国日本』『建国精神と現時の思想問題』『古事記新註』[3]『日本二千六百年史』『高千穂』[4]『国史通記』『楠氏研究』[5]『二千六百年展覧会目録(朝日新聞社主催)』『聖地の巡拝』『国史辞典』などといった題名が並んでいる。

この目録を見れば当時の国史ブームをかなり実感できるけれども、全体の広がりはこれにとどまるわけではない。式正次はたとえば映画やラジオといった最新メディア部門の寄贈を求めていないからである。映画は当時から非常に人気のあったメディアで、たとえば『祖国』は国民の歴史への関心に応えようとして製作された作品だった。ラジオもまた国史ブームのさなかにあった。[6]一九四〇年に日本放送協会はラジオで、週一回の「神社めぐり」や「史蹟めぐり」、それに週三回の「国史」や「国文」の講座、さらに定期的な「日本文化講座」、加えて月一回、子供向けに「天孫降臨」といった「国史劇」、大人用にも「国史劇」(たとえば一月の放送は「肇国《ちょうこく》」)と盛りだくさんな番組を一年にわたって放送していた。もちろん、紀元二千六百年奉祝の式典や祝賀会の模様も特別放送されている。[7]

一九四〇年までの数年間、さらにこの一年を通して、紀元二千六百年の歴史的意義を伝えるために、ありとあらゆる手段が動員され、過去の歴史を人々の脳裏に刻みつけようとしていた。式正次は、懸命にタイムカプセルの材料を集め、将来の世代がそれを見て紀元二千六百年をしのぶよすがにしてほしいと思っていたけれども、彼と同じように、帝国内のさまざまな人が二千六百年のために動いていた。考古学的な遺物を発掘しようとした人も、記念碑をつくった人も、地元のために展覧会を催した人も、聖地を訪れるのに便利な旅行ガイドを出版した人もいた。聖地を訪問したり、奉祝歌をつくったり、講義をしたり、絵を描いたりした人もいた。また権威ある学術書や、学校の教科書、児童向けの絵本などで二千六百年の歴史をつづった人もいた。

皇国史のなかでも、群を抜いて徹底的に研究され、あがめられ、詳細に記述されたのが、神武天皇の偉業である。現時点から見ると、紀元二千六百年行事に関連して、神話の天皇がこれほど広く信じられ、人々の脳裏から離れなかったのは、当時、国じゅうが何かにつかれていたかのように思えるほどだ。これを神武天皇フィーバーと呼ぶかどうかはともかく、一九四〇年はこの初代天皇が舞台の中心を占めていたことはまちがいない。

ヒトラーやムッソリーニのような生身のカリスマ的指導者がいなかったことから、一九三〇年代から四〇年代前半にかけての日本に、ファシズムという概念をあてはめるのは誤りだと主張する研究者がいないわけではない。だが、二千六百年記念行事が盛りあがるなかでは、カリスマ的な初代天皇〔神武天皇〕が、いわばその代役を務めたのではないだろうか。いずれにせよ、四〇年の日本は、ナチス・ドイツやファシスト・イタリアときわめて多くの共通性をもっていた。軍事的な膨張を正当化するために、人々を奮い立たせるような歴史を示し、それをカリスマ的な方法で祝ったのも、そうした側面の一つである。

ごく最近では、北朝鮮が日本の万世一系思想の向こうを張って、檀君《タングン》神話をもちだしている。[8] 檀君〔西暦紀元前二三三三年即位〕による朝鮮建国物語も、神武天皇神話と同じくらい奇想天外なものだ。それどころか、日本の年配者のなかには、現在の北朝鮮の指導者崇拝を見て、戦争中の天皇崇拝を思い起こす人もいる。朝日新聞名古屋版に掲載された二〇〇三年の投書で、石倉綾子《いしくらあやこ》〔当時七十三歳〕は、現代の北朝鮮の暮らしぶりを伝える一連の記事を読んで子供のころを思い出したと書いている。北朝鮮では困窮が広がるなか、最高指導者、金正日《キムジョンイル》〔一九四二―〕への忠誠を示す恒例の儀礼がなされているが、投書の主である彼女とその友達も、戦争末期の子供時分には、おなかをすかせながら、天皇への忠誠を誓うさまざまな儀礼を一生懸命おこなっていたというのである。[9]

少国民の誕生

一九三〇年代後半に日本の公教育体制は、教科書ばかりか日常の習慣を通して、国史や万世一系の皇統への恭順を示す道徳を重視するようになっていた。そのことはよく知られているとはいえ、公教育が紀元二千六百年に日本の内地で果たした役割について、ここでその要点を紹介しておくことにしよう。四〇年はまさに教育勅語発布五十年にあたっていた。教育勅語には天皇への忠誠にもとづく公民の義務が定められているが、すでに学童は三世代にわたって、この教育勅語を暗記してきたのである。以下にそれを記しておく。

「朕惟《ちんおも》うに、我が皇祖皇宗、国を肇《はじ》むること宏遠に、徳を樹《た》つること深厚なり。我が臣民克《よ》く忠に克く孝に、億兆心を一《いつ》にして世世厥《よよそ》の美を済《な》せるは、此《こ》れ我が国体の精華にして教育の淵源亦《えんげんまた》実に此《ここ》に存す。

爾《なんじ》臣民、父母に孝に、兄弟《けいてい》に友《ゆう》に、夫婦相和し、朋友相信じ、恭倹己《きょうけんおの》れを持し、博愛衆に及ぼし、学を修め、業を習い、以《もっ》て智能を啓発し、徳器を成就し、進《すすん》で公益を広め、世務を開き、常に国憲を重《おもん》じ、国法に遵《したが》い、一旦緩急あれば義勇公に奉じ、以て天壌《てんじょう》無窮の皇運を扶翼《ふよく》すべし。是《かく》の如《ごと》きは、独《ひと》り朕が忠良の臣民たるのみならず、又以て爾祖先の遺風を顕彰するに足らん。斯《こ》の道は、実に我が皇祖皇宗の遺訓にして、子孫臣民の倶《とも》に遵守《じゅんしゅ》すべき所、之《これ》を古今に通じて謬《あやま》らず、之を中外に施して悖《もと》らず。朕爾臣民と倶《とも》に拳々服膺《けんけんふくよう》して、咸其《みなその》徳を一にせんことを庶幾《こいねが》う」[10]

日本の公教育体系は、道徳教育も含めて植民地にも拡大された。日本の当局者は植民地臣民に対し、世界史における日本の役割を神聖視した、実際にはほど遠い歴史を押しつけていた。しかし、こうした過去の見方が、世界じゅうがほとんど欧米帝国主義列強の統制下に置かれていた当時、どこでも隆盛をきわめていた西洋中心の歴史（それ自体、一見もっともと思えるものだったが）に対する稀有な例外だったことも事実である。

一九四〇年（この年は日本による朝鮮統治三十周年でもあった）の初め、朝鮮総督府は、『紀元二千六百年を迎へての我等の覚悟』という二巻からなる子供の作文集を発行した。一冊は小学生が書いたもの、もう一冊は中学生が書いたものである。[11] 注目すべきことに、この文集に作文を書いたのは、朝鮮在住の日本人生徒だけではなかった。日本人の運営する学校で、日本人と同じ勉強をするよう求められていた朝鮮人生徒も作文を寄せていたのである。この文集を見れば、いかに植民地臣民が日本式道徳の手ほどきを受けていたかをかいま見ることができる。

そのころ日本の植民地当局は、宗教や言語、そして何と氏名でも、朝鮮人を日本人化する政策を強化していた。[12] 植民地朝鮮時代に育ったリチャード・キム（一九三二―二〇〇九）は朝鮮の生徒たちが日本の皇民化教育にどれほど反発していたかを小説風に描いているが、朝鮮総督府の発行した文集に掲載された作文は、それとはまったく異なる様子をうかがわせる。キムの『名を喪って』という本は、たとえば皇太子明仁《あきひと》（一九三三年生まれ）の誕生日を祝うため周到に準備された六年生の演劇を失敗に終わらせようとした、誇り高き朝鮮人家族の物語を中心につづられている。[13]

しかし、植民地時代に育った別の朝鮮人の記憶によれば、以下の子供の作文に示されるように、帝国日本のために献身することをしごく当然と思う者が多かったというのである。金時鐘《キムシジョン》（一九二九年生まれ）

は、二〇〇四年に刊行された回想記で、当時、自分は朝鮮人であるより「皇国少年」になりたかったと書いている。[14] 金時鐘はみずから「天皇陛下の赤子」たらんと欲していたこと、[15] そして高等小学校時代に、いまなら強制連行と呼ばれる出来事を目のあたりにしたが、そのころは朝鮮人が国のため、すなわち帝国日本のために尽くすのを求められるのは当たり前だと思っていたという。[16] 最後に金時鐘は、いまでこそ自分は過酷な植民地統治を示す数々の事実に思いあたるけれども、それでも遠足のような些細な喜びにいろどられた子供時代のことを思いだすと述べている。[17]

金昌國《キムチャングク》（一九三三年生まれ）もその回想記のなかで、いまでこそ日本の植民地統治はひどかったと思うけれども、ソウルの少年時代はありふれた楽しみに満ちていたと振り返っている。[18] 金昌國は紀元二千六百年の年に、ソウルの京城師範学校附属第二国民学校に入学した。金時鐘や金昌國の回想記、以下に示す作文、さらにリチャード・キムの『名を喪って』を見れば、朝鮮人が日本の植民地支配にさまざまな対応をしていたことがわかる。それでも朝鮮人全体を代表していたのが、もっとも帝国臣民として順応しやすい子供の経験だったというわけではない。朝鮮人の多くが日本による自国占領に断固抵抗したし、数え切れないほど多くの人が命をなげうって日本の支配に反対していたのである。

紀元二千六百年を祝う子供の作文には、同じような決まり文句やテーマがくり返し現れる。中学生の作文は少し長くなっているけれども、四年生、五年生の作品はより簡潔に必要なテーマに触れている。ここでの分析は、主にこの二つの年齢グループの朝鮮人児童の作文にもとづく。どの生徒も何はともあれ、日本の建国について公認の物語をうまく取り入れていた。それは天照大神の後裔である神武天皇が、日向（現在の宮崎県）から軍を率いて勇ましく東征し、皇軍が長途、さまざまな障害を乗り越えた末、二千六百年前に橿原で即位するという物語である。そして、これが皇朝の始まりであり、そのあと現在の一二四代天皇（昭和天皇）まで途切れることなく皇統がつづいているというわけである。

鎮南浦《チンナンポ》の四年生、姜宗源《カンジョンウオン》は、作文の最初にこう書いている。「神武天皇が悪者どもを征伐せられて、大和橿原の宮で天皇の御即位をあげられてから、今年は紀元二千六百年になりました」[19]。大和はほぼ現在の奈良県にあたる。何人かの生徒は、二千六百年を祝う橿原神宮の式典をラジオで聞いて、その太鼓の響きに強い印象を受けたと記している。五年生の辻義明（朝鮮在住の日本人生徒）は、この放送を聞いた世界じゅうの日本人が、皇紀二千六百年の夜明けを告げる「万歳」の声を耳にしてわきかえったと書いている。[20]

子供たちはほかにも模範的天皇とされる仁徳天皇や後醍醐天皇（在位一三一八―三九）、明治天皇（在位一八六七―一九一二）、それに和気清麻呂《わけのきよまろ》（七三三―九九）や楠木正成《くすのきまさしげ》（一二九四―一三三六）、乃木希典《のぎまれすけ》（一八四九―一九一二）などの忠臣の名前[21]を判で押したように作文に取り入れている。北青《ボクチヨン》の四年生、金慶鶴《キムキヨンハク》は、忠義の手本というべき楠木正成と、いわゆる「肉弾三勇士」について書いている。[22] この「三勇士」は、一九三二年の上海戦で、体に爆弾を巻きつけて、みずからの死をも顧みず、中国の防御網に突入したとして、のちに愛国の英雄と称えられた兵士たちだった。

大邱《テグ》の李正淳《リジヨンスン》は「八紘一宇」というおなじみのフレーズを掲げている。彼によれば、八紘一宇とは「世界中が一軒の家族のように親しみ合って行くように、ということ」だ。[23] ほとんどすべての作文が「世界に国は多いけれども」というような文章から始まり、日本は比類なき国家だとつづく。その理由として挙げられるのが、日本には万世一系の長い歴史があるとか、日本はこれまで外国に負けるという屈辱を味わったことがない、といったことである。

子供たちの多くが、日本の建国を祝う数々の愛国歌を引用していた。当時、愛国歌がどれだけ国民のあいだに歴史意識をつくりだしていたかがわかる。いま思いだすのは、私が自分の研究テーマをもちだすと、紀元二千六百年の年に小学生だった日本人の大多数が、それから六十年以上すぎているのに、紀元二千六百年頌歌の冒頭部分を大きな声で歌ってくれたことだ。[24] ソウルのパゴダ公園にいた韓国の老紳士も同じだった。二〇〇五年に現地調査したときに、ガイドが私の研究が教育目的であることを説明すると、少しぎこちない間はあったけれども、この老人もその一節を歌ってくれたものである。

なかには学校の校長が教えた紀元二千六百年の重要性を、そのまま作文に引き写す生徒もいた。校長の話に伴う厳かな雰囲気が、子供たちに強い印象を与えたと思われる。そして子供たちは、どれだけ校長先生の話を真面目に聴いていたかを自分たちの教師に示せば、きっとほめられると判断したにちがいない。崔武龍《チエムリヨン》は家では日本語しか話さないと誓い、さらに両親にも「国語」をおぼえていただくつもりだと約束している。[25]

五年生の金煥鎔《キムハンヨン》は、父親にどんな日本式の名字をつけるのかと聞いたことを作文につづっている。一九四〇年の紀元節（神武天皇が即位したとされる二月十一日）の日、植民地当局は朝鮮人に半年以内に日本式の名前を登録するよう呼びかけていた。五年生の金煥鎔によると、父親は朝鮮の姓が金なので、沢をつけて、金沢にしようと思っているが、それをカネザワと呼ぶか、カナザワと呼ぶかで迷っていると話したという。[26]

文集に作文を載せたどの生徒も、自分たちの「祖国」が中国大陸で「聖戦」を戦っていることを知っており、その多くが銃後から何らかのかたちで戦争に貢献することで、「立派な皇国臣民」になりたいと記している。四年生の李英姫《リヨンヒ》は、ほかの何人かの生徒と同じように、戦争を支援するために郵便局の貯金を増やしたいと思っていた。[27]こうした若き皇国臣民の多くが、地元の神社に詣でたと作文に書いている。確かに愛国的な行動だったが、それは日本人の教師から慫慂《しょうよう》された多分に義務的なものだったにちがいない。

女子生徒の金筍丹《キムスンダン》は毎朝、「皇国臣民の誓詞」を唱えると誓い、多くの生徒もそれにならった。[28]皇国臣民の誓詞は、日本帝国と天皇に対する忠誠を誓うもので、朝鮮人はこれを覚えるよう求められていた。朝鮮人の多く、とくに日本語を学んでいない成人は、長い教育勅語を覚えられなかったため、一九三七年に朝鮮総督の南次郎がずっと短いこの誓詞を考案した。この誓いを彫りこんだ皇国臣民誓詞の塔が、行政首都、京城の南山《ナムサン》公園に立てられたのは三九年のことである。

教育関係の商業出版物

教育勅語や、その短縮版である皇国臣民の誓詞に成文化された道徳は、『国体の本義』で詳しく説明されている。『国体の本義』は一九三七年に発行されて以来、国史と道徳の基本を記した主要公式文書となった。そこでは大日本帝国が天皇を長とする家族国家と規定されており、「第一」の書きだしは「大日本帝国は、万世一系の天皇皇祖の神勅を奉じて永遠にこれを統治し給う」となっている。[29]『国体の本義』はもったいぶった表現で記されているため、一般の人にはなじめなかった。そこで文部省はその解説を発行せざるをえなくなり、民間の出版社からも自前の解説書が発売されることになった。たとえば、三浦藤作《みうらとうさく》の『国体の本義精解』は一九三七年七月に発行され、四〇年二月までに一〇一刷を重ねている。[30]

日本の出版産業は「支那事変」後に隆盛をきわめた。矢崎弾《やざきだん》（一九〇六―四六）は、一九四〇年五月の英文雑誌の記事で、自由主義が凋落したあとも出版界は全般的に景気がいいと分析し、「出版界は……引き続き好調で、一九三八年後半と翌年前半を通じて、全般にわたる戦争景気により、おそらくこの数年でいちばんの好調を迎えた」と記している。[31] さらに矢崎は紀元二千六百年が歴史ブームに火をつけたとして、「今年は日本が建国二千六百年を迎えるため、一九三九年後半に世間が歴史の読み物や書籍に大きな関心を寄せたのも無理はない」と書いている。[32]

日清戦争（一八九四―九五）や日露戦争（一九〇四―〇五）、一九三三年に満洲全土を日本の支配下に置くことになる満洲事変（一九三一）、さらには支那事変（一九三七年以降）のときも出版ブームが起きた。それと同じように紀元二千六百年も、あらゆるメディアがナショナリズム消費をあてこむ絶好の機会となった。歴史学者のルイーズ・ヤングによれば、マスメディアは「みずからの意志と利益にもとづいて」、満洲事変を支援してきたという。[33] この記述は紀元二千六百年についてもあてはまる。マスメディアは政府にしたがって、しぶしぶ紀元二千六百年記念行事を受け入れたというより、むしろ積極的にそれを応援したのである。

一九四一年の『出版年鑑』は、四〇年に政府がどれだけ雑誌の統廃合を強制したかを詳述しているが、一方で前年が好調な年であったことも強調している。「［有力七八誌の部数は］十五［一九四〇］年度においても一一一万七〇〇〇部の増加［売上部数は九三三九万三〇〇〇部］となり、増加率一割三分五厘という驚異的数字を上げている。単行本の場合と同じく、いかなる統制も、購買者の数を増しこそすれ、減ずることはほとんどなく、本年のごときに品不足にもかかわらず、有力雑誌は一冊の返品すらないという有様であった。これは、我が国力の充実を示すものであるが、本年度の好況はなかんずく戦時産業の殷賑《いんしん》、地方一般の好景気に基づく購買力の増大にその原因を見るのが妥当であろう」[34]。三〇年代後半から四〇年代にかけて日本の出版業が拡大したのは、戦争景気に加え、メディアの浸透によって二〇年代に世界じゅうで進展した大衆社会化が深化したことが、その背景にある。

一九三〇年代に日本人の多くが豊かさを享受していたことは、このころが暗い谷間の時代だったという見方をくつがえすものである。最近の研究によると、三〇年代には消費主義が抑えられたどころか、戦争がそれを促進していたことが示されている。歴史家のアンドルー・ゴードンは、三一年以降の日本の目に見える経済実績が「近代の消費生活を夢ではなく当たり前のものへ広げていく」ことにつながったと論じている[35]。これは日本の内地だけで起こったわけではない。植民地でも同じであり、外地に住む日本人や一部の植民地臣民もそうした経験を味わったのである。

一九三〇年代の健全な経済成長は、可処分所得を増大させた。もっとも政府は、とりわけ支那事変のあと、資本と資源を戦争部門へと誘導するようになっていた。四〇年に日本政府は、豊かで近代的な経済部門を収入源として利用する方策を採用し、事業所得と賃金への課税を実施することにした。四〇年前後の一連の経済改革のひとつだが、経済学者の野口悠紀雄《のぐちゆきお》はこれを「一九四〇年体制」と呼び、その顕著な影響は戦後期まで長くおよんだとしている[36]。

絵本で皇国史

紀元二千六百年を盛りあげる国史ブームの一環として、民間の出版社などは、若い読者とその保護者を対象に、カラフルでわかりやすく、楽しめる歴史読み物を幅広く出版した。挿絵が多く入っているこうした歴史ものは、二千六百年記念行事の中心場面を生き生きと想像させる便利な手だてとなった[37]。四〇年に日本でもっとも流行したシンボルのひとつは金鵄《きんし》である。女性雑誌『主婦之友』の紀元二千六百年記念新年号には、「国史双六《すごろく》」の付録がついているが、ここでもその振り出しに金鵄が描かれている（口絵2）。主に中産階級を読者としたこの雑誌には、およそ一〇〇万の読者がいたとされている。

金鵄に対抗できたのは、八咫烏《やたがらす》だけである。八咫烏は東征で難局に直面した神武天皇を助けるために、天の神が遣わした三本足のカラスだった。当時日本でよく吸われていた[38]、たばこ「光」の外箱を複製しておくが、ここには膨張する近代帝国、日本を導く八咫烏が描かれている（口絵3）。

『主婦之友』付録のすごろくは、三八場面にわたって国史を追っており、母親が子供といっしょに楽しめるようにできている。編集者が文章を書き、樺島勝一《かばしまかついち》（一八八八―一九六五）など五人の画家が絵を描いていた。とはいえ、絵の説明は、当時の歴史絵本とちがって、それほど皇室中心でも軍事主義的でもない。『古事記』にもとづく皇国史を中心とする場面もあるけれども、八世紀に僧道鏡の皇位簒奪《さんだつ》を阻止した忠臣和気清麻呂や、十四世紀に天皇親政の再興をめざす後醍醐天皇に仕えた忠臣楠木正成、さらには日露戦争をはじめとする、日本にとってきわめて重要な近代の戦争も描かれていた。ほかに九世紀に大陸の文明を学ぶために遣唐使に加わった留学生や、平安朝文学の精華というべき『源氏物語』の作者、紫式部（九七三?―一〇二五?）の絵（一三番目のカット）もある。

とはいえ、このすごろくにはもっと最近の歴史も自画自賛風に取り入れられ、たとえば三三番目の絵には、韓国併合を喜ぶ朝鮮人の姿が描かれている。その説明では、日朝間に古代から密接な関係があったことが強調されている[39]。これは併合当時の、日本側の歴史記述に共通してみられた解釈である。こうした過去のとらえ方は、韓国併合を歴史的現状の回復とみて、それを正当化するものだった。『主婦之友』の「国史双六」は、ほかの少年少女向けの歴史読みものと同じように、教訓的な過去を引きあいに出して、現在の国策を正当化するという露骨な目的論に支えられていた。そうした傾向は、無論、子供向けの歴史にかぎらなかった。ここで試みられた語り口はことごとく、国家の英雄群像を際立たせるもので、祖国への関心をかきたてるもっとも効果的な手段となっていた（口絵4）。

大日本愛国絵本会は少国民用に、神武天皇の英雄譚から始まる一連の絵物語からなる国史絵本を発行した。[40] この絵本は最初から最後まで皇国史に中心が置かれ、とりわけ軍事面の栄光が強調されている。最初の絵が取りあげているのは建国以前の神代（口絵5）で、最後のページには、日本軍兵士が一九三七年十二月の南京陥落を祝う場面が描かれている。次ページ上は、皇室のために勤労奉仕する人々の姿を描いたものである。

出版大手の講談社は子供絵本を常時シリーズで発行していたが、一九四〇年には愛国的なテーマが圧倒的に多くなっていた。紀元節に先立つ二月一日に、講談社は『皇紀二千六百年奉祝記念国史絵巻』を発行するが、そのカバーにも金鵄が描かれている。[41] 二六の場面は、百年ごとに一場面があてられ、神武天皇の即位に始まり、国史が網羅されている。こうした「記述範囲の設定」は歴史学者にはおなじみの手法だった。

絵本には徳の高さで知られる仁徳天皇（慈悲深いこの天皇は民の暮らしに気を配った）や、六〇四年に十七条憲法を制定した聖徳太子（五七四―六二二）、後醍醐天皇に仕え、大楠公《だいなんこう》や和気清麻呂と並んで「三忠臣」とされる新田《にった》義貞《よしさだ》（一三〇一―三八）、『神皇正統記《じんのうしょうとうき》』を著した北畠親房《きたばたけちかふさ》（一二九三―一三五四）なども

皇室に奉仕する　榎本進一郎による国史絵本『紀元二千六百年記念』の一場面。勤労奉仕の若者が明治神宮に献納された木を植樹している。明治神宮には明治天皇が祭られており、この絵は若い読者に国家への奉仕を奨励するものだ。

描かれている。『神皇正統記』は、日本が他国より優れているのは、万世一系の天皇がいるおかげだとして、天皇親政を支持した書物である。[42]十四世紀の『神皇正統記』が紀元二千六百年当時どれほどもてはやされていたかは、日本で初めて一〇〇万部に達した『キング』の一九四〇年新年号のはさみこみ付録に、この書物の簡略版が採用されたことからもわかる。

講談社の絵本には、明治天皇による大日本帝国憲法公布（一八八九）、一八九四年の黄海海戦で中国軍を破る日本海軍、一九〇四年の日露戦争で旅順攻略を指揮する乃木大将（のちに乃木はその妻とともに一九一二年の明治天皇大葬の日に殉死する）、一九〇五年三月の会戦に勝利して奉天に入城する大山巌《おおやまいわお》大将（一八四二―一九一六）、一九〇五年五月に対馬海峡で、ロシアのバルチック艦隊撃滅を指揮した東郷平八郎《とうごうへいはちろう》海軍大将（一八四七―一九三四）、第一次大戦後、国際連盟から委任統治をまかされたミクロネシアで、スマートな軍服を着こなす色白の日本の海軍士官を歓迎する浅黒い先住民などの場面もある。最後の場面では、日本と満洲国との親密な関係や、一九四〇年三月に発足した汪兆銘《おうちょうめい》（一八八三―一九四四）国民政府との新たな同盟が描かれている（口絵6）。満洲国と同様、南京を首都としたこの政権は、日本の監督下で運営されていた。

ここで検討された児童用国史は、すべて商業出版物として公刊されている。とはいえ、これらは子供たちを少国民につくりあげようとする学校教科書の副読本としての役割を果たした。ほかの形態のメディア、たとえば子供向けのラジオ放送も同じである。子供たちには国史の代表的な物語が提供された。だが、ここで紹介したものは、紀元二千六百年のころに青少年を対象とした国史作品のほんの一部にすぎなかった。

聖地をめぐる争い

紀元二千六百年を盛りあげるために書かれた児童向け日本通史をみれば、皇室を中心とする国史の詳細は、一九四〇年のはるか以前から定まっていたと思えるかもしれない。だが、これは実態とはほど遠い。何年も前から、紀元二千六百年祝典事務局は、この祝典を盛りあげるため六つの事業を練っていた。（1）橿原神宮境域ならびに畝傍山《うねびやま》東北陵参道の拡張整備、（2）宮崎神宮境域の拡張整備、（3）神武天皇聖蹟の調査保存顕彰、（4）御陵参拝道路の改良、（5）国史館（仮称）の建設、（6）日本文化大観の編纂出版――である。

二千六百年祝典事務局が選定した六つの企画は、どれも国の歴史を称揚することに向けられていた。しかし、なかでもより権威ある歴史の制定をめざしたのが三つの事業、すなわち、神武天皇聖蹟（ないし遺物）の調査と保護、国史館の建設、それに『日本文化大観』と題される叢書《そうしょ》の編纂である。一九三七年に紀元二千六百年奉祝会は、この三つの事業について文部省の同意を取りつけている。

神武天皇聖蹟を調査するにあたって文部省当局が最初にとった手順は、初代天皇にちなむ場所があると思われる一〇府県の知事に問い合わせ、地方レベルから、その候補地に関する報告を上げさせることだった。われ先にといわんばかりに報告が集まった。各府県や市町村は、管轄内の神武天皇にかかわる場所について、国からの公認を得るために、しのぎを削った[43]。名誉がかかっていただけではない。国内の史跡めぐりで必見の場所と折り紙がつけば、地元の経済が潤うのはほぼ確実だった。

とりわけ競争の激しかったのが、隣りあう宮崎県と鹿児島県で、高千穂峰と高千穂宮はどちらも自分たちの県にあると争った。高千穂峰は瓊々杵尊《ににぎのみこと》が天から降臨した場所ではないかとみられていた。天照大神の孫で、皇統につながる瓊々杵尊は、初めて地上に降り立った皇祖なのである。高千穂宮は、神武天皇が東征に出発した場所とされていた。高千穂こそ日本の始まった場所、画期的な重要性をもつ歴史遺産と銘打つことも可能だった。そして神武天皇即位二千六百年の年が近づくにつれて、高千穂宮など初代天皇とかかわりが深いとされる場所も、旅行者を引きつける十分な資格をもつようになった。

天孫が降臨した高千穂峰と高千穂宮は同じ場所なのか、それとも別々の場所なのかをめぐって論争が繰り広げられた。しかし、宮崎県と鹿児島県の人々にとって、大事なのはそれぞれの県内に属する史跡として、どちらかの場所、あるいは両方の場所が公認されるかどうかということだった。歴史学者の千田稔《せんだみのる》は、両県が高千穂峰、高千穂宮をめぐって、一歩も譲らなかった様子を追っている。文部省は一九四〇年八月に、どこに天孫が降臨し、どこに高千穂宮があったかをはっきりと確定するじゅうぶんな証拠はないという声明を出す。そのため両県の人々は、大いに失望することとなった。[44]

奈良県内でも、神武天皇が大和に入ったとされる場所をめぐって、各地で激しい論争が繰り広げられた。歴史学者の鈴木良《すずきりょう》は、一九八五年に刊行された『奈良県の百年』のなかで、紀元二千六百年までの何年かのあいだに、県内で一〇以上の地域が、神武天皇聖蹟の公認を得ようとして争ったと苦々しげに記している。その場所というのは、即位後の神武天皇が天照大神など多くの神々を祭るために選んだとされる聖地だった。[45]そして、それ以外でも神武天皇の生涯にゆかりのある場所として、奈良県内では多くの地域が争っていた。

多くの地元がよく用いる手段は、パンフレットや本を出して、たとえばどこそこの部分を見れば、東征のあった場所はここ以外にありえないことが「歴然としている」などと主張することだった。地元の個人であろうと、あるいは地元の委託を受けた外部研究者であろうと、こうした研究をまとめた人々は、何はともあれ『古事記』や『日本書紀』に書かれた神話＝歴史を事実そのものと受けとめたうえで、この二つの聖典に述べられている神武天皇のこれこれの事跡にかかわる地名に一致するのは、この地域のこの場所だけだという結論を導きだしていった。初代天皇の跡を探す地元の研究者は、みずからの努力を、国史の理解に向けた愛国的な貢献だと称していた。そのため、自分たちの探しているものを、ときに微に入り細にわたって、初代天皇と地元とのつながりを示す証拠とすることは避けがたかったのである。

皇祖聖蹟菟田《うだ》高城《たかき》顕彰会が一九三九年に発行した全一二七ページの『神武天皇建国聖地内牧《うちまき》考』は、菟田の高倉山の場所について、その主張を掲げている。[46]『日本書紀』によると、神武天皇は高倉山上で、天の神から夢のお告げを受けた。天神地祇《てんしんちぎ》を祭れば、山の頂上から見下ろせる大和平野に神武天皇が入るのを防いでいる敵軍を倒すことができるというのである。[47]

内牧村は、神武天皇に関連する九番目の史跡に認定してもらおうと、懸命に名乗りをあげた。『神武天皇建国聖地内牧考』は、一二二ページから一二五ページにかけて、片倉山と呼ばれている内牧村の山こそ有名な菟田の高倉山にあたるとしている。以下に示すように、それは学術的な調子で淡々と書かれている。

一、史実

（イ）文献

日本書紀　九月甲子朔戊辰　天皇陟菟田高倉山之嶺瞻望域中……

（ロ）口碑伝説　伝説を欠く

二、史実と所在地との関係

（イ）文献

元禄十六年［一七〇三］大和国宇陀郡檜牧村御検地小物成帳（略）

（ロ）口碑伝説　なし

（ハ）遺物遺構

山頂を平になし人工を以《もっ》て壇構となせし趾《あと》がある。

山頂から石鏃石庖刀《せきぞくいしほうとう》等のサヌカイト打製石器及び土器を出す。[48]

三、推考理由

第四章第四節に於て詳述したが、高倉山は書紀記載の事項を推考する宇陀郡内に於《お》いて龍門山脈の諸峯以外にて、宇陀高原及び大和平野を望み得る地になければならぬ。所がこの片倉山は此《こ》の条件を具備し、更に石器土器の出土があり、且《か》つ古代の祭祀《さいし》又は広く古代文化の何物かに関係があったことを実証している。

山中に、椋下《むくした》、宮ノ下、倉掛ケ、追坂等の地名があって、現在福地に鎮座ます椋下神社の旧社地は此《こ》の山中に在ったことは明瞭である。其の祭神は高倉下命《たかくらじのみこと》「天の神々から遣わされた高倉下命は、夢のなかで神武天皇に霊剣を与え、皇軍とともに大和に進軍するよう励ます」である。高倉山の名称は高倉下命を奉祀する所に起因するのではなかろうか。

高倉山は転訛《てんか》して「カタクラ」となったものと推考せられる。


文書には付録として図版がつけられ、片倉山の絵や、地元神社の写真、古代の土器や石器の写真なども掲載されていた。少なくとも素人目からすれば、土器や石器はどう考えても過去をしっかりと裏づける証拠だと思われた。当時の雰囲気を理解するためには、神武天皇は実在の人物ではないという現在広く受け入れられている結論を、いったん脇に置いてみなければならない。今日からすれば、ばかげているとしか思えないかもしれないが、当時の人々が、細部にいたるまで神話を実際と受けとめるのにやぶさかでなかったことを思い描く必要がある。

このような検証冊子の本文は、だいたい戦略的な目的を秘めながら書かれていた。だが、序文を書くよう求められた人たちが、それにそっくり沿っていたとはかぎらない。奈良県の十津川村が発行した別の検証冊子は、この村が神武天皇東征の通り道にあったと主張することが目的だったが、その序で、大阪高等学校教授の市村其三郎《いちむらきさぶろう》（一九〇二―八三）は、人類の歴史においてもっとも重大な意義を有するものは日本国の出現であり、その日本国発祥の地が大和だと言ってみせた。[49] さらに彼は大和地方がとりわけ重要なのは、この地で神武天皇が「万邦無比の歴史的事実」を達成したこと、すなわち日本を建国したことによると語気を強めている。市村が浮かれているようにみえるのは、彼がこの序文を、昭和の皇軍が南京を陥落させた当日に書き終えたことと関係しているかもしれない。序は、この軍事的勝利を誇らしげに述べて、しめくくられているのである。[50]

内牧村も十津川村も、文部省が神武天皇聖蹟として指定した二一カ所に入らなかった。そのため、政府から公認を得ようと力を傾けた二つの村の人々が、いたく失望したのはまちがいないだろう。一九四二年に文部省が発行した報告書には、神武天皇聖蹟調査委員会の審査基準と結論が詳しく述べられている。この報告書には、さまざまな歴史文書からの権威ある引用や地図、写真、判断の根拠などが詰めこまれている。それらは、日本有数の学者によって構成された委員会のメンバーが、国に奉仕し、神武天皇神話を支えるため近代社会科学の手法を駆使してつくりあげた成果だった。[51]

この委員会に参加した教授のなかには、西田直二郎《にしだなおじろう》（日本史、京都帝国大学、一八八六―一九六四）や宮地直一《みやじなおかず》（神道研究、東京帝国大学、一八八六―一九四九、『国体の本義』の執筆委員）、平泉澄《ひらいずみきよし》（日本史、東京帝国大学、一八九五―一九八四）、山田孝雄《やまだよしお》（日本文学、神宮皇学館大学学長、一八七五―一九五八、『国体の本義』の執筆委員）、辻善之助《つじぜんのすけ》（日本史、東京帝国大学名誉教授、一八七七―一九五五）、中村直勝《なかむらなおかつ》（日本史、京都帝国大学、一八九〇―一九七六）、坂本太郎（日本史、東京帝国大学、一九〇一―八七）などの名前が見られる。[52]

認定された二一の神武天皇聖蹟

委員会の仕事は、記紀に記されている三六地点の正確な場所について、ここが聖蹟だとする石碑を立てても問題がないかどうかを調査することだった。委員会にはどの場所が公認に値するかを裁定する実質的な権限が与えられていた。しかし、神武天皇の聖蹟を策定するにあたって、委員会にはほとんど迷いがなかった。だいたいにおいて江戸時代以来の伝説にもとづいて結論を下す場合には、その場所は「伝説地」と指定された。伝説に加えて、その場所の確証性を示す文書や研究がある場合は、そこは「推考地」と指定され、より高い評価を受けるのだった。もし委員会が疑問の余地なく、その場所について確証をもつ場合は、絶対確実という折り紙がつけられることになった。

委員になった教授たちはたいてい、一九三九年から四〇年初めにかけて、各地を視察した。委員会は、すべての候補地の調査を完全におこなってから結論を出すというより、さまざまな候補地について、十八カ月以上にわたって、順々に発表をおこなうかたちをとった。意図的であったかどうかはともかく、こうしたやり方は委員会の仕事に、それなりのドラマを持ちこむことになった。さまざまな地元の期待を背に受けて、発表はメディアで大きく取りあげられたからである。

一九三九年二月十日と十一日の全体会議で、神武天皇聖蹟調査委員会は神武天皇ゆかりの場所として、最初の公式認定を発表した。委員会は自信をもって、橿原神宮と竈山《かまやま》（和歌山県）を聖蹟と指定した。『日本書紀』によると、竈山は神武天皇の兄、五瀬命《いつせのみこと》が死んで葬られた場所であり、橿原神宮は神武天皇が即位した場所である。[53] 委員会はさらに伝説地として、三つの場所に資格を与えた。聖蹟に段階評価がつけられることで、委員会の判定に疑いをはさむ者がなかったわけではない。だが、たいていの人は、学者や政府関係者が結論を出す前に、確実な証拠を調査する用意周到な過程を踏まえたため、そうした段階評価がなされるのだと理解していた。

認定された二一の神武天皇聖蹟のうち、奈良県は八つ（さらに認定されない場所が四カ所）といちばん多く、これに対し、宮崎県と鹿児島県は認定された場所がなかった。一九四一年十一月二十九日には、聖蹟と公認された場所で、それぞれ式典が催され、神武天皇聖蹟指定の石碑が立てられた。[54] そうした石碑はいまも残っている。

怒りの収まらない宮崎県の当局者は、神武天皇聖蹟調査委員会の結論を拒否した。これをみると、戦時中でも日本の国は、決して一枚岩ではなかったことがわかる。宮崎県の当局者は、宮崎こそ日本発祥の地だと頑固一徹を貫き、文部省がお墨付きを与えた二一の聖蹟と同じような石碑を、宮崎神宮の近くに立てた。高千穂宮はこの近辺にあったというのである。[55] 多くの地方当局は、神武天皇聖蹟調査委員会が神武天皇ゆかりの地の公認を出しおしんでいると考えていたが、中央政府は、地元が初代天皇ゆかりの地だとして、引きつづき何千もの場所をもちだしても、それをまちがいだとする動きは決してとらなかった。非公認の場所のなかには、かなりの訪問者を引きつける史跡もあった。

神武天皇聖蹟調査委員会は紀元二千六百年のうちに決定を出すことができたが、国史館と『日本文化大観』は計画倒れで終わった。どちらも監督官庁は文部省で、神武天皇聖蹟調査委員会に加わっていた学者の多くが、同じ顔ぶれで、この二つにもかかわっていた。歴史学者の西田直二郎と辻善之助、平泉澄は、国史館造営委員会と日本文化大観監修委員会のメンバーでもあり、宮地直一は国史館造営委員会のメンバー、そして坂本太郎は日本文化大観の編纂者の一人だった。

国史館造営委員会は、この館に委託される、総じて国史にかかわる収納品と陳列品について決まりを設けた。それは神祇関係資料から、とりわけ「皇室の尊厳を拝すべきもの」にまでおよんでいた[56]。皇国史を中心とするこの博物館の建設は、官僚主義の内輪もめによって戦争末期までずれこみ、その結果、次第に当初の計画よりも、緊急を要する戦時の必要性のほうが優先されて、まぼろしに終わる[57]。

しかし奈良県では、民間の寄付に助けられて、橿原に大和国史館がつくられることになった。これも国史の気高い部分で認められ、そのことを説明し公表したいとする地元の願望の一例である。大和国史館は橿原道場につくられたいくつかの施設のひとつだった。橿原道場は橿原神宮の外苑に位置し、「国民行道の修練場」というべき役割を果たすが[58]、紀元二千六百年を記念して、ほとんど民間の勤労奉仕隊によって完成していた。この公苑には博物館のほか、建国会館や八紘寮、橿原文庫、多くの運動施設（弓道場や相撲場）、それに二千六百年に合わせて「忠臣楠公」などの劇を上演する野外講堂も設けられていた[59]。

一九四三年に発行された『大和国史館概説』をみれば、四〇年十一月に開館したこの博物館の様子を戦時のままの姿で知ることができる[60]。京都帝国大学教授、西田直二郎の指導でつくられた国史室には、「祖国精神発揚ジオラマ」があり、五〇の立体模型に盛りこまれた主な歴史的エピソードで、日本の歩みを見ることができるようになっていた。その最初の五つは神武天皇の偉業を取りあげ、最後の二つはいわゆる支那事変を取りあげている。こうした展示は、当時の児童絵本の挿絵とかなり重なっていた。それでも、大和地方に関連する出来事には、独自の視点も含まれていたのである。

聖蹟室には、奈良県にある八つの神武天皇聖蹟の写真、県に保存されている一一の神武天皇遺跡の写真、それに県内にある天皇陵、皇后陵の写真が四〇枚飾られていた。大和平野の史跡地図もあり、ボタンを押せば、地図の上にここがどの史跡とランプがつく仕組みになっている。考古室には、歴史学者の喜田貞吉《きたさだきち》（一八七一―一九三九）の学識にもとづいて、最初の四九代にわたる天皇の都がそれぞれ地図で示されていた。ただし、そのうち最初の一〇代ほどは、いまでは実在の人物ではないとされている。[61] この博物館には、地元の歴史と密接不可分の国史が、楽しんで見られるようなかたちで展示されていただけではない。その展示は学者がお墨付きを与えて権威づけたものだった。それは国史館ができていたら、こうなっていただろうと思わせる博物館の地方版だったのである。

『日本文化大観』のほうは、国史館よりもずっと完成の域に近づいていた。予定された六巻のうち、歴史篇として予定されていた最初の一巻は、一九四二年に豪華本として出版された。[62] 本の体裁や重さからしても、堂々たるものである。ほかの巻についても、この企画が取りやめになったころに、原稿はかなりできていたと思われる。『日本文化大観』の執筆方針が、日本史における皇室の優越性を中心に据えていることは明らかだった。[63]

歴史学者の宮地《みやち》正人《まさと》は、一九九一年に『日本文化大観』に関する研究を発表している。その時期は、日本の内外で単純きわまる日本人論が大流行し、まもなく起こるバブル崩壊が、日本の成功を探る文化論を意気消沈させるころにあたっていた。宮地は意気盛んだった皇国史に、ことさら焦点を合わせるのは、それこそ時期外れと思うかもしれないが、『日本文化大観』で強調された日本文化や歴史についての大雑把な考え方は、日本の敗戦から数十年たっても人気があって、少し姿を変えた形でいまも登場しつづけていると述べている。宮地はその例として、二つの考え方を挙げる。一つの考え方は、日本の社会や政治、宗教、つまり国体を規定する基本的特徴が、この列島に原始文化が出現して以来、中国文化や西洋文化の影響を受けた以降の現在にいたるまで少しも変わっていないと主張するものだ。そして、もう一つは、日本人が民族（もしくは人種）の集合体として、特別の使命を担っているという考え方である。[64]

この研究で、宮地は東京大学の先任者である坂本太郎を取りあげ、坂本が公刊されたある本で、いわゆる神代をはじめとして、日本の起源に関する部分の執筆を担当したことに憤りを表明している。宮地が坂本を元凶の一人と断じたのは、おそらく坂本が一九八七年に亡くなるまで、たいていの学者が荒唐無稽《こうとうむけい》とみていた天皇神話をほぼ正しいと受け止めていたと考えたからだろう。宮地は『日本文化大観』の企画全体を「天皇制ファシズム」を具現化したものと位置づけている。戦時中に天皇神話を擁護し、戦後も活躍した歴史家や学者を名指しで非難しているのは、戦後の学者では宮地正人のほか数えるほどしかいない。[65]

学者と国史出版ブーム

とはいえ、新進気鋭の歴史学者だった坂本太郎が、紀元二千六百年のころに執筆していた『日本文化大観』で、いかに天皇神話を裏づけようとしていたとしても、当時、坂本は自分の名前でブームになっている皇国史を書けるほどの地位にいたわけではなかった。坂本とともに政府の委員会に加わり、国史執筆の責を担える錚々《そうそう》たる学者はほかにいたのである。紀元二千六百年の時点で、坂本の同僚で、もっと積極的に政府の委員会にかかわった西田直二郎、宮地直一、平泉澄、山田孝雄、辻善之助、中村直勝の六人が著した本を検討してみればよい。これらの学者はそれぞれ、広く新聞や雑誌に執筆し、頼まれれば講演もおこなっていた。

京都帝国大学の歴史学教授、西田直二郎は売れっ子だった。西田が一般向けに書いた『国史通記』は一九四〇年までに四刷を重ねていた。[66]西田はまた紀元二千六百年奈良県奉祝会のために奈良県の二千六百年史を編集している。一九四〇年秋に書かれた『大和二千六百年史』の序文で、西田は奈良を「民族の故郷」と記している。「肇国《ちょうこく》の歴史をもつ大和の国の歴史が、幾回か繰り返して読まれなければならぬ」と考えていた。『大和二千六百年史』には、西田も加わった神武天皇聖蹟調査委員会で認定を受けたばかりの、奈良県にある八つの神武天皇聖蹟を含め多くの写真が載せられていた。[67]

東京帝国大学で神道を専攻する宮地直一は、精力的な執筆者でもあり、紀元二千六百年に『神皇正統記』の校注文庫本と神武天皇の伝記を出版した。[68]平泉澄は一九八四年に亡くなるまで、坂本と同じく皇国史観を擁護していたが、帝国在郷軍人会や建武義会などさまざまな団体で講演もおこない、その話をまとめた『国史の眼目』のような小冊子を刊行していた。平泉は商業出版社のためにも本を執筆し、文庫版の『続日本紀』なども編纂している。[69]

行進する皇軍　西田直二郎『国史通記』の表紙。行進する皇軍の写真が使われている。

こうした六人の学者のうち、もっとも精力的だったのは神宮皇学館大学学長の山田孝雄だったと思われる。一九四〇年に山田は新刊の『古事記概説』や『肇国と建武中興との聖業』、さらには天皇による世界支配を唱導した国学者、平田《ひらた》篤胤《あつたね》（一七七六—一八四三）の伝記を出版している。加えて、この年、山田が校訂した岩波文庫版の『神皇正統記』は八刷番組でも「国語の特質と変遷」と題する講義もおこなっている。[71] 山田はまた国民文学に関する日本放送協会のたことは、彼の本がよく売れていたことから見てもわかる。山田に人気があっを重ねていた。四一年に朝日新聞社は彼の『国史に現れた日本精神』を発行している。[70] 山田に人気があったことは、彼の本がよく売れていたことから見てもわかる。山田はまた国民文学に関する日本放送協会の番組でも「国語の特質と変遷」と題する講義もおこなっている。[71]

東京帝国大学名誉教授の辻善之助は、皇紀二千六百年記念として一九四〇年から四三年にかけて出版された『国史辞典』全四巻の編集顧問を務めていた。[72] しかし、辻は二千六百年の公式事業でも際立った役割を果たした。神武天皇聖蹟調査委員会と国史館造営委員会だけではなく、日本文化大観監修委員会の委員も務め、さらに紀元二千六百年奉祝会の委託を受けた本の編集にも加わっているのである。その本は二千六百年の十一月十日と十一日に、昭和天皇臨席のもとで実施された式典と奉祝会に参加した、それぞれ五万人以上の人々に贈呈されたもので、歴代天皇の弥栄《いやさか》をたたえる内容だった。その記念すべき本の題名は『聖徳余光』[73]となっており、冒頭に「敵国降伏」という亀山天皇（在位一二五九—七四）の有名な書が掲げられている。蒙古が侵入したとき、すでに天皇の位をしりぞいていた上皇は、危機の最中、みずから伊勢神宮にそう祈願したのである。

中村直勝は京都帝国大学の助教授で、「日本肇国の大精神」（のちに小冊子として出版）といったテーマで、よく愛国団体などで講演していた。中村もまた広い読者を対象とした出版物を著した。一九四一年には日本放送出版協会から『吉野朝時代史通論』を出版している。後醍醐天皇がつくった吉野朝に関する本は、四〇年に日本放送協会が国史の番組で放送した二つの講義をまとめたものである。中村はまた商業出版社のために、北畠親房や国史全般について、筆をふるっている。[74]

紀元二千六百年のころ人気のあった国史の多くは、ロマン主義の国家主義者によって猛然と書かれたというより、アカデミックな権威として知られる学者の手になるものである。戦時日本の天皇崇拝と、檀君《タングン》神話にもとづく現代の北朝鮮の指導者崇拝とのあいだには、同じような傾向がみられるが、二つの国では明らかなちがいもある。一九四〇年の日本は、大衆消費社会をもつ活気あふれる資本主義社会であり、その点が北朝鮮とはまるでちがっていた。日本では、たとえ虚偽にあふれていたとはいえ、栄光に満ちた国史は商業と結びつき、その広がりは抑制されるどころか、むしろ加速されていた。これによって利益を得たのは、出版社と書店だけではない。学者もそうだったのである。

　ナチス・ドイツやファシスト・イタリアの体制を支えた歴史家と、天皇神話を正当化し広めた日本の学者たちの戦後の運命はさほど異なってはいない。連続性が断たれたのは平泉澄で、彼は戦後すぐに東京帝国大学教授の職を辞した（しかし、その後も多くの著述をした）。西田直二郎、山田孝雄、中村直勝は、占領期（一九四五―五二）に公職を追放された。その最大の責任者が平泉であることは衆目の一致したところだろう。帝国時代の日本では、イタリアやドイツと同様、当時のイデオロギーを推進する学説を広めたのは数少ない学者だった。彼らには多くの罪があるが、その罪の大きさは等しかったわけではない。[75]

　日本やイタリア、ドイツで戦時体制に協力したことにより汚名をこうむった学者たちの多くは、戦後もその尊敬される学問上の地位を保った。先に挙げた日本の学者についても、たとえば辻善之助と坂本太郎は公的な非難を浴びることなく、戦後もその経歴を享受した。辻は一九三二年に日本学士院会員となっていたが、五二年には文化勲章を受章している。これは辻が戦後授かった数々の栄誉のひとつである。坂本は四五年に東京帝国大学〔四九年、新制東京大学〕の教授となり、六二年までその地位にあって、五一年からは東京大学史料編纂所の所長も務めていた。五八年には日本学士院会員となっている。歴史を教えるという分野は、ほかの多くの分野と同様、戦争をまたがる継続性をもっていたのである。

三冊の人気国史

紀元二千六百年を機に、現状に疑問を呈する国史の新解釈を打ちだした学究がいる。高群《たかむれ》逸枝《いつえ》である。彼女の著した『女性二千六百年史』は、日本女性の地位の低さに異議を唱えている。女性の地位が低いという慣習は中国からもたらされたもので、それによって、もともとあった男女間の平等という本来の伝統が崩れてしまったというのである。高群は戦時の危機を機に、女性が社会的な誇りを取り戻してほしいと願っていた。[76] とはいえ、皇国史の妥当性そのものに疑問を呈したわけではなかった。

高群は自著を古代母権制の黄金時代の記述から始めている。それは彼女が四つに分けた時代の最初にあたる。皇室の先祖が天照大神であることを強調しながら、高群は建国に際して女性が果たした重要な役割を追究している。次の時代は「中代」で、このときも女性は文化の面で指導的な役割を果たした。その証拠に、稗田阿《ひえだのあ》礼《れ》は『古事記』を伝承し、紫式部は『源氏物語』を著して平安文学に貢献している。だが、女性は次第に古代のような卓越性を失い、その傾向は次第に強まっていったと高群はいう。

高群によれば、中国流の慣習が採用されることによって、女性の地位が悲しむべき境遇へ落ちこんだのは、一一八五年の鎌倉幕府の成立から明治維新までの「近代」においてだった。およそ七百年のまどろみから、女性の意識をめざめさせたのは、土居《どい》光華《こうか》（一八四七—一九一八）が『文明論女大学』を出版してからだという。この本は、ジョン・スチュアート・ミルが男女間の権利の平等を支持した論議を日本に紹介したものである。高群は土居の小冊子が発行されてから時をへず、福田英子（一八六五—一九二七）や岸田俊子（一八六三―一九〇一）が、一八七〇年代後半から八〇年代前半にかけての自由民権運動の時代に、女性の参政権を要求したことを記している。

中央集権的な明治の法制は、一部男性に権利を与えたものの、女性の権利を引きつづき制限していた。高群は、男女平等を求めて二十世紀初めに活動しつづけた女性たちの第二世代に属していた[77]。一九三一年にこの女性詩人は、学業に専念するため家にこもった。三〇年代の終わりには、日本史における女性の役割についての研究が高く評価され、人気が出たことにより、当今の女性問題についてしばしばコメントを求められる存在となった。『女性二千六百年史』は、大部分が、高群が一九四〇年以前に刊行した研究にもとづいているが、その要約が初めて掲載されたのは、人気のあった女性誌『婦人朝日』の四〇年一月号である。高群はそのしめくくりで、「支那事変」のもたらした国家的危機が、日本の女性にとって歴史の転換点となるのはまちがいないと述べている。これは多くの女性運動の指導者がいだいていた考え方だった。たとえ法的な条文が変更されなくとも、戦時の動員によって、女性に新たな公的役割が与えられるのが魅力的だったのである。

戦争中、政府と親密な提携関係を保ったことにより、高群は評判を落としたものの、その母権制と女性史の研究は、現在も概して尊敬を集めつづけている。一九四〇年の日本とのからみでいうと、肇国の精神が紀元二千六百年を通してもてはやされたのをみても、高群が建国の際に女性が大きな役割を果たしたことを強調したのは、とりわけ賢明なやり方だったといえる。それにより、女性にはいっそう表立った、多くの社会的役割が歴史的モデルとして与えられることになったからである。当時の女性が、よき母親たることという役割を割りふられていたのをみれば、これは確かに前進だった。高群の研究は、神聖な『日本書紀』や『古事記』の注意深い分析に支えられていた。そのため、その主張をしりぞけるのは、きわめて難しかったのである。

高群の本は広く読まれたけれども、二千六百年を記念して出版された国史のベストセラーの人気にはかなわなかった。この年、商業的に大当たりしたのは、汎《はん》アジア主義の学者、大川周明と、無名の女性歴史家、藤谷みさをの著した二冊の本である。どちらも何十万冊も売れた。日本の出版界を解説した一九四〇年五月の記事で、矢崎弾は「[大川の]『日本二千六百年史』がとくに評判になった」と記している。この本は、実は大川が最初一九二六年に出版した大衆向けの歴史読み物を改訂したものだ。漢字には総ルビがふってあり、誰でも読みやすく、値段も七八銭と手ごろだった。

端的にいうと、大川の『日本二千六百年史』は、万世一系たる皇室が日本人の統合に果たした役割をほめちぎった本である。大川によると、こうした歴史的持続性があったおかげで、国民の団結は非常に強まり、それによって日本は現在も不安定な状況のつづく中国などと比べて、はるかに豊かで強固となったという。大川は中国を常に罵倒している。[78] 多作で知られた大川は、当時、日本で最も著名なイスラム学者であり、とりわけ日本が一九〇五年にロシアを打ち破ったことが、西洋帝国主義のくびきにつながれていたすべての者にとって、どれほど意義があったかと繰り返し述べている。

日本の敗戦後、米国の占領当局は大川をA級戦犯に指定する。大川は、急進的な青年将校が首相の犬養《いぬかい》毅《つよし》（一八五五年生まれ）を暗殺した一九三二年の五・一五事件にかかわっていたとして、投獄されていたが、三七年に釈放された途端に、汎アジア主義をよりどころにして、日本のアジア政策を推進する政官界の関係者からもてはやされるようになった。

大川の経歴をみれば、一九三〇年代の日本の政治が複雑に揺れ動いていたことが理解できるけれども、その著作を検討すると、帝国日本の思想状況を右か左かで分けるのが容易でないことにも気づかされる。大川は現在の日本国民が発展したのは、多民族ないし多人種だったからだという説を唱えている。日本国民がさまざまな民族の寄せ集めからなるという考え方は、国粋主義の学者の考え方と正反対である。彼らは日本人が神々から降臨した単一民族だと主張し、それとは逆の大川の説を批判していた。

大川周明は単一民族説を否定して、皇室を頂点とする大和民族が、先住のアイヌ民族や後世の移住者を統合して、現在の日本国民になったという考え方を強調した[79]。日本民族について書かれた戦前の著作を再検証した歴史学者の小熊英二《おぐまえいじ》によると、大川の考え方は「混合民族論」であって、一九三〇年代に支配的だった単一民族論とは一線を画しているという。そして、この混合民族論は、四〇年に日本が支配下に置く多人種・多民族帝国に居住するさまざまな住民を、将来同化していく際の有効なモデルとなっていくのである。

大川の『日本二千六百年史』の人気に対抗できたのは、ともに大阪毎日新聞社が発行する大阪毎日新聞（発行部数一一〇万部）と東京日日新聞（発行部数一三〇万部）の二紙が主催する「皇国二千六百年史公募」で入選を果たした作品だけである。当選作には五〇〇〇円の懸賞が出された。その額は大半の家計の年収よりも多い。選考委員には、神武天皇聖蹟調査委員会の四人のメンバーのほかに、著名なジャーナリストの徳富蘇峰（一八六三―一九五七）、作家で『文藝春秋』編集長の菊池寛（一八八八―一九四八）も名を連ねていた。神武天皇の東征を描いた菊池の小説は、雑誌『紀元二千六百年』の最初の四冊に連載されていた。紀元二千六百年祝典事務局と紀元二千六百年奉祝会が共同して、一九三八年一月から発行しはじめた月刊誌である。

選考委員会は二七四の応募作品を審査して、それまで無名だった藤谷みさをの「国民的史書」とでもいうべき作品を入選作とした。大阪毎日新聞社は入選した藤谷の作品を本にして出版した。選考委員の一人、中村直勝は、一九四〇年二月の出版に先だって、史実の正確性を校閲する労をとっている。その本は、これまで紹介した大人向けの歴史のように、学究的な輝きにあふれていたわけではないが、当時、現状を正当化し将来を指し示すために用いられた日本史のすぐれた解釈を、随所にわたってうまく統合していた。

定価は六五銭と求めやすく、しかも読みやすくできていた。総ルビが付けられ、表現は口語で、文体が流麗、そして登場人物は善（朝廷側）と悪（幕府側）にはっきり分けられ、曖昧《あいまい》な灰色の部分はなかった。天皇への忠誠をたたえる藤谷の本は、たちまち五〇万部を売りあげる。版元は一九四〇年十一月に英語版を発行し、英語でも全文が読めるようにして、この皇国史がいかに読まれているかを知らしめた。[80]

藤谷の本は、日本の独自性を唱えるところから始まっている。誰もがこれなら入選するはずだと得心するような愛国調の出だしである。

「嘗《かつ》て地上に栄えた国は多い。……而《しか》して此《こ》の悠久《ゆうきゅう》と此《こ》の発展を兼ね備うるものこそは、我《わが》国を措《お》いて地上の何処《いずこ》に之《これ》を求むる事が出来よう。

建国二千六百年の昔、我大和民族が上《かみ》皇室の御《ご》仁慈《じんじ》の下《もと》に、豊かな生を楽しみ民族としての一大飛躍をなした当時、現今世界に覇を競いつつある欧米諸国の一《ひとつ》と雖《いえど》も、未《いま》だ胎動の時期にすら達したものはなかった。

然《しか》り而《しこう》して、それにも増して我国民にとって誇らしき事実は、我国の歴史がかかる長年月に亘《わた》って絶えず発展から発展へと、興隆の一途をのみ辿《たど》って来た事である。我国に関する限り、歴史とは興亡の跡を伝えるものではなくて何処《どこ》までも興隆史であった。盛衰の跡ではなくて成長の歩みであった。然《しか》もその成長たるや、徒《いたず》らに国土の膨大を望んで他民族を虐《しいた》げ、強者の我意《がい》に任せた圧迫の上に打立《うちた》てられたものではなかった。この事は、反対に強大なものに阿《おもね》って辛《かろ》うじてその存立を完《まっと》うしたものでなかった事と共に、永久に国民の明朗たる誇《ほこり》である」[81]

藤谷は、現代の日本が一時の頽廃《たいはい》した時期を乗り越えて、過去の栄光を再生させたというふうに国史を記述していない。過去をそのようにとらえるのはナチス・ドイツやファシスト・イタリアでよく用いられる手法だった。ムッソリーニがローマ建国の四月二十一日を国民の祝日としたとき（初代王ロムルスが紀元前七五三年のこの日に即位したとされる）、それは国家の「再覚醒《さいかくせい》」、つまり再生を意味していた[82]。これに対し、日本文明の着実な発展に力点を置く藤谷は、万世一系を願う側に立っていた。それは堕落と再生より、基本的な持続性を強調する立場である[83]。

もちこまれた「混合民族論」

国粋主義者であるならば、中国伝来のものであれ、西洋由来のものであれ、侵略的な海外の影響を排除することをめざし、それによって内なる真の伝統を確認し、それを尊ぼうとしたはずである。しかし、長期の没落をへて国民国家が根本的に再生したという復活型の記述は、二千六百年を祝うために登場した国史の叙述の一般基準とはならなかった。こうした復活型の記述を、連綿たる皇統の強調と、簡単に調和させるのは不可能だった。日本という国民国家の土台には、疑うべくもなく連綿たる皇統があるという考え方に水を差すような歴史上の細々とした事実は、持続性という論旨にそぐわないとして、削除されるかはねのけられるかのどちらかだった。しかし、再生という要素はなくてもよかった。国史の記述は、国民に古代の神武天皇にならって、いっそう努力せよというメッセージを伝えていたからである。神武天皇のカリスマ性とその偉業は、往時への想像をかきたてることによって、ますます膨れあがっていた。

　高群逸枝とちがい、藤谷みさをは女性史にあまり関心を払わなかった。その意味では、高群よりずっと世間一般の標準に近かったといえる。藤谷が国民的英雄としてもちあげ、たたえたのは、圧倒的に男のほうで、なかでも絶賛したのが、十四世紀の楠木正成である。彼女はいう。「群峰《ぐんぽう》の中に巍然《きぜん》として聳《そび》ゆる富士の峰のそれの如《ごと》く、赤坂、千早に於《お》ける楠公の奮闘は国民をしてその嚮《むか》う所を知らしめ、各地に勤王の軍が競《きそ》い起《た》った[84]」

　大川や、そしてこの点では高群と同様に、藤谷は日本の歴史に「混合民族論」をもちこんでいる。「支那朝鮮からの帰化人を包容して大和民族の大発展を示すと同時に、広く東洋民族の融合を体験して来た我祖先の苦辛《くしん》は、いわば一大溶鉱炉的存在たる我日本の真価で［ある］[85]」。藤谷は次のようにも主張する。「げに如何《いか》なる国からの帰化人も、日本という大母胎の中に抱擁せられると、いつしかその偉大なる包含力の中に溶込《とけこ》んで生抜《はえぬ》きの大和民族と何等異なる所なきものとなって新生するのではあるまいか[86]」。藤谷は、天皇に忠誠を誓うことで、どのような人も生理的に改造されていくといっているようにみえる。しかし、大事な点は当時の支配的な考え方が、日本人の多くが海外からの移住者の血をひいているのを認めていたということである。これは日本人の国民性をracialにではなく、ethnicに、つまり血縁的人種としてではなく文化的民族として解釈したものといえるだろう。

実際には帝国日本では、外国からの移住者も含めて、帝国臣民のあいだではっきりした区別がつけられていた。つまり、家族の先祖の戸籍が日本内地ではっきり追跡できる者と、それができない植民地臣民とのあいだの区別である。これについては、のちの章でさらに探究することにしよう。厳密にいうと、帝国日本は、戸籍による区別ほど厳密に民族による区別をしていたわけではない。だが、それは全体的に不愉快な結果をもたらしていた。それでも、日本内地ではナチス・ドイツのように人種政策による迫害がなかったことは重要である。ドイツでは、かつての純粋なゲルマン民族ないしアーリア民族の血が汚されてしまったという歴史観をいだくナチスの指導者が多かった。[87]

これとは対照的に、日本の混合民族論者は、少なくとも日本の内地に関するかぎり、国民に民族浄化の必要性を訴えることはなかった。日本の内地ではアーリア人宣誓供述書に相当するものはなかった。この宣誓供述書はナチス・ドイツにおいて、個人の系譜にこれこれの期間ユダヤ人の血が混じっていないことを証明する役割を果たしていた。アーリア人宣誓供述書が取り入れられると、この文書がなければ、どのナチス党員も出世が望めなくなった。[88]

藤谷は日本人が海外からの移住者を広く受け入れていたと述べている。日本人とは何かについて、この点は戦後の規定とはかなり食いちがっている。その一方で、彼女は日本人が歴史的に、海外への冒険に乗りだしていたと特徴づける。鎖国令が実施される以前の時期について、藤谷はこう強調する。

「……又我国人《またわがこくじん》も進んで安南《あんなん》、東京《とんきん》、呂宋《るそん》、シャム其《そ》の他の南洋地方に渡航して日本町をも作り、我商船は之等《これら》と内地との間を往復して物資の交換に当《あた》っていた。……

今日清水寺《きよみずでら》に残るかの末吉船《すえよしぶね》の絵はそも何を語っているであろうか。双六《すごろく》をなすもの、カルタに興ずる者、煙管《きせる》を燻《くゆ》らすもの、さては太鼓を打つ者等《ものとう》、何《いず》れも楽しげに、海上あるを忘れてさながら自家の屋内にある如《ごと》き愉快な様子をして居《い》る事は、一葉の小舟に運命を託しつつ万里の波濤《はとう》を蹴《け》って海外に赴こうとする人々とも思えない。これこそ世界を家として恐るることなき我国民の進取の気象を如実に示すもので、嘗《かつ》て国内にあって徒《いたず》らに腕を撫《ぶ》していた人々は、何れも此の意気を以《もっ》て商業の戦士として活躍したのであった[89]」

一九四〇年に藤谷の本を読んだ人が、当時、日本の海外帝国が引きつづき拡張していることを、単純に長期的な歴史パターンの最新段階と理解したとしても何の不思議もない。この本はまた、日本人の称賛すべき性格が、開拓者として海外へ向かう進取の精神にあり、近代を推進するこの精神が、彼女にいわせれば鎖国という不幸な時代によって妨げられたことを暗に示していた。四〇年には、日本政府は日本人の海外移民を積極的に推し進めていただけでなく、初期のころに日本の政治的支配のおよばない地域に移住した海外日本人に接触しようとしていた。藤谷は帝国と海外移住を正当化する根拠を、かつての伝統にたぐった。たとえそうだとしても、それはナチスやファシストの領土要求ほど露骨なものではない。工作によるものか、そうでないかはともかく、ナチスはドイツ人の入植者がかつていたことがあるという理由で東方への領土を求め、またファシストはかつてローマ帝国領だったことを引きあいに出して、北アフリカへの帝国主義的進出を正当化していたのである。

今日、藤谷の本を読む人は、さまざまな部分で失笑を禁じえないだろう。しかし、この本の価値は、日本の長い歴史を記述したことにあるのではなく、紀元二千六百年のころの日本がどうであったかを知る手がかりを与えてくれることにある。確かに藤谷は入選を果たしたが、それは彼女が現在を肯定するために過去を活用する能力にたけていたためではないだろうか。賞をとる前にも、彼女は教師として、生徒を皇国臣民に育てあげるのに、その能力をいかんなく発揮していたと思われる。

国史の操作

紀元二千六百年にちなむ歴史記述は、ほとんどが過去をつまみ食いして、それを現在の正当化に利用している。ただし、帝国日本とナチス・ドイツ、ファシスト・イタリアでは、歴史が同じように利用されていたとひとくくりに指摘することで、すべてが片づくわけではない。帝国日本の歴史操作を、自由民主主義諸国を含むさまざまの近代国民国家の場合と比較することも可能である。それでも日独伊三国間の比較をするのは決してむだにはならない。

たとえば、ローマ帝国初代皇帝生誕二千年という官製の祭典にからんで、一九三七年と三八年にイタリアで繰り広げられたアウグストゥス（紀元前六三―紀元一四）礼賛は、神武天皇崇拝と軌を一にしている。この生誕二千年に合わせて、ファシスト政権はアウグストゥス廟の回りに大きな広場をつくった。新たに祭られる国家史跡のさまたげとなる建物や住宅は取り壊された。こうした事業で思い起こすのは、日本でも、とりわけ神武天皇にからんで皇室関連史跡の拡張や整備がおこなわれたことである。

歴史学者のフリードマン・スクリバはアウグストゥスの祭典について、こう述べている。「一九三八年九月二十三日、初代ローマ皇帝アウグストゥスをたたえる祭典が正式にローマで開かれた。イタリアのファシスト指導者ベニート・ムッソリーニは有名な『アラ・パキス・アウグスタエ』の再建落成式をとりおこなった。これはアウグストゥスの平和の神にささげられた巨大な祭壇である。二千年前に生まれたアウグストゥスをたたえるために、かなめとなるアウグストゥス記念碑の再建、科学的・疑似科学的な書籍やパンフレットの発行、イタリア各地での講義や儀式など、さまざまな活動が企画された。アラ・パキスの再建にくわえ、ムッソリーニが全力を挙げて取り組んだ考古学的展示が、『モストラ・アウグステア・デッラ・ロマニタ』、すなわち古代ローマ・アウグストゥス展である」[90]。アウグストゥス展にはアウグストゥスにささげられた部屋があった。イタリア帝国（一九三六年）の建国を新たに宣言した指導者ムッソリーニは、このアウグストゥスにみずからを擬していたのである。

展覧会の歴史的文脈は、ローマ文明を現在のファシスト体制に結びつけることに置かれていた。ファシスト体制は古代ローマ・アウグストゥス展を古代ローマ博物館へと発展させようとしたが、この計画は体制の崩壊とともに実現されないままで終わる[91]。それでも展覧会自体には三八〇万以上の入場者があり、その大部分はこの展覧会を見るため、わざわざローマまでやってきたイタリア人だった。大衆がこうした国家遺産に押しかける光景は、当時、日本やドイツでも見られたものと同じである[92]。

紀元二千六百年では、金鵄から八咫烏にいたるまで、天皇神話にもとづく象徴的想像力の数々が登場したが、ファシスト・イタリアでもそれは共通していた。美術史家のマーラ・ストーンはこう書いている。

「ファシストの象徴主義は一九二〇年代に発展したものだが、それはローマ帝国の遺物を中心に、一貫して古代ローマ精神《ロマニタ》に依拠していた。一九二二年から四三年にかけ、イタリアの視覚文化を支配したファシストの想像力は、ファスケス、鷲、ロムルスとレムス、牝狼、ローマ式戦闘様式、兵士、凱旋門《がいせんもん》、縦隊と次々に展開していくことになった。ファシズムの基本的なシンボルであり、その名のもととなったファッショは、両刃の斧《おの》の回りに短い棒を束ねたファスケスが語源で、ローマの裁判官を従えた神官が、ファスケスをもっていたことから権威の象徴とされていた」[93]。ストーンはファシストが一九三六年にエチオピアのアディスアベバを占拠したのにつづいて、新イタリア帝国の成立を宣言し、とりわけ古代ローマ精神なるものを波及させていったと述べている。国の歴史を古代ローマ史に重ねあわせていく手法は、一九三九年に東京で開かれた、イタリア政府主催によるイタリア展でもいかんなく発揮されている[94]。

イタリアのファシストが取り入れた象徴は、ローマ帝国の歴史から選びだされたものだが、ナチス・ドイツのつくりだした象徴的想像力の産物は、当時の日本と同じように、まったくの神話をもとにしている。ナチのエリートはゲルマン民族やアーリア民族の過去を加工して、その人種差別主義政策と拡張政策を正当化した。アルフレート・ローゼンベルク(一八九三—一九四六)やハインリヒ・ヒムラー(一九〇〇—四五)はゲルマン民族の栄光の歴史を追い求めたが、ヒトラーにとって重要だったのは、ゲルマン的であることより、アーリア民族の比類なき歴史と貢献だった。

ナチスの体制が想像上の過去を利用したことは確かだが、歴史家のヘニング・ハプマンはこう分析している。「おそらく前史時代や原始時代の発掘品、象徴、名前、習慣、行動パターン、徳性などが利用されているすべての分野について記述するのは不可能である。以下に示すのはごくわずかな例にすぎない。ナチス専制の象徴である鉤十字《かぎじゅうじ》は、前史時代から借用されたものである。ハイルという敬礼は同じく前史時代に起源があるものと〝説明〟されていた。ドイツ国防軍や親衛隊(SS)、ヒトラー・ユーゲント、ドイツ女子同盟、バイキング青年同盟の名前なども同様である」[95]。ナチス時代には、国の歴史をつくる際に、近代社会科学が動員され、絶対に正しいというスタンプが押されていたが、これも帝国日本で天皇神話=歴史に適用されていたのと同じ手法だった。

人々を教化する国史の編纂は、往々にしてまったくの発明になったり、それでなくとも常に過去の操作につながったりするのだが、それは近代国民国家を特徴づけるものでもある。国家機関はどこでも国史の作成や維持、普及にかなりの役割を果たしている。しかし、十九世紀と二十世紀において、大きな力をもっていたのは、帝国主義的な国民国家という限られた集団だけであり、そういった国々は先進的な近代性を誇っていたために、植民地の人々に本国の国家的社会信条を押しつけていた。しかし、朝鮮の歴史にどれだけ神武天皇神話を刷りこもうとしても、それはベトナム人の生徒にフランス語で「われわれの先祖はガリア人だ」と覚えこませるのと同様に、ばかげた結果に終わるのは目に見えている。ホアン・アン・トゥアンはベトナム独立に貢献した将軍だが、何十年たってもフランス植民地支配下の子供時代に受けた教育への憤りを忘れることができなかったと話している。[96]

国が国史をつくり、広めていく役割をもっていることは否定できない。しかし日本の紀元二千六百年が思い起こさせるのは、官民を問わず、多くの活動主体がこの事業にかかわったことである。まず国の役割をどうみるかという問題がある。地方は、国史を自分たち自身の目的に引きつけ、少なくとも都合よく活用しようとした。地方によるこうした動きは、全体としてみれば、中央政府が国史に適用したいと思っていたやり方と不整合をおこすか、あるいは先走りとしかいいようのないものだった。よくいわれるように、すべての政策はかぎられた地方のものである。これは大げさな言い草にちがいないが、地方の問題が次第に政治の流れをかたちづくっていくのと同じように、地方はしばしば国史の作成過程で、大きな位置を占めることがあるのだ。

学者たちは過去を捏造する記述から無名の人々を守る防火壁の役割を果たせなかった。帝国日本の学者、とりわけ帝国大学の学者たちは、こと皇国史に関するかぎり、国の代理人と見なされていた。だが、学者たちが天皇神話＝歴史を支持したのは官僚以上である。多くの学者が、自分たちの権威をかさに、公的な報告でも、また多くの収入を得た商業出版物でも、人種差別的・自民族中心主義的な政策や軍事的膨張主義、帝国主義を支持する国史を美化する記述に手を貸していたのである。

国の代理人になって、架空の国史に貢献するだけで事は収まりそうにない。非国家的活動主体も、とくに利益がからむときには、同じような役割を果たしている。紀元二千六百年に日本の出版業が果たした役割を考えてみるだけでも、そのことは理解できるだろう。さらに共犯の網を広げているのは国民自身である。教師の監督下に置かれた生徒たちは、儀式の日に天皇の肖像の前で拝礼する以外に、まず選択の余地はなかった。だが、大人に対して、二千六百年の国史を称揚するごまんとある雑誌や本を買うよう強制する者はどこにもいなかったのである。

第2章　大衆参加と大衆消費

国民的結束の強化

紀元二千六百年記念行事の組織者は参加型を念頭に置いていた。国史の出版ブームは大きな意味があり、ばらばらの個人や家族が国史の内容に触れて一体感をもつことができたのは確かである。しかし、各市町村で開かれた厳かな祭典は、さらに目にみえるかたちで国民的結束の強化を促すことになる。公的な行事はまた、帝国臣民に国事に参加しているという意識を植えつけた。記念行事の組織者は、文化資本、すなわち国民の慣習的性向を活用して、大衆参加を確実なものにしていったのである。

中央・地方政府の役人は民間の組織者とともに、時には命令するかたちで人々を祖国の二千六百年を祝う祭典へ導いていった。その形態は定時の大衆儀礼への協力、神社での拝礼、祭典関連事業を支援するための勤労奉仕、神社への植木の献納、国家称揚を目的とした事業への応募、愛国的な歌や踊りの披露、国史にちなむ運動行事への参加（史跡をめぐるリレーがとくに人気だった）、愛国的な展示会の開催や、それへの出席などと、多岐にわたっていた。二千六百年のとくに重要な国民の祝日には、帝国臣民はできるかぎり国民としての儀礼に加わるよう求められていた。

一九四〇年の紀元節（二月十一日）を例にとってみよう。皇国のこの祝日に先だって、永田《ながた》秀次郎《ひでじろう》（一八七六―一九四三）を長とする建国祭本部は、市区町村、学校、神社、寺院、各種団体、町会、商店連合会、会社、工場、鉱山、劇場、家庭、海外日本人会、内外航路船舶に対し、勧奨事項要目を配布し、どのような行動をとるべきかを詳細に指示している。各自は神社で開かれる紀元節の行事にできるだけ参加するよう求められていた。神社では各自が皇威宣揚を祈願し、そのあと建国精神発揚講演会を謹聴することになっていた。子供のいる家庭は「梅の節供」をしたり、建国や国史にちなむかるたをしたりして、子供たちにも年相応の活動をさせるよう指示が出されていた[1]〔家庭では二月十一日の建国祭を「桃の節句」ならぬ「梅の節句」として祝った。そのときの歌「梅の節句」（建国祭の歌）もコロムビア・レコードから発売された〕。

記念行事の組織者は海外の日本人社会にも、同じようにさまざまな特別行事で祝典をおこなうよう働きかけた。紀元二千六百年記念行事の公式記録には、四一ページにわたって、南北米大陸など遠方の地でおこなわれた祝典の模様が、表のかたちで詳細にまとめられ、小さな活字で印刷されている。その典型的な記載は次のようなものだ。地名＝ペルー国リマ。公私団体名＝秘露《ペルー》日本人体育協会。行事の名称＝陸上競技大会。経費＝一、〇〇〇［円］。参加人員＝一、八〇〇［人］[2]。

定時の大衆儀礼

定時の大衆儀礼のように、ほとんど一斉に、画一的に国民の参加を求める場合は、一分程度を限度にしないと、どのようなやり方も達成できそうになかった。一九四〇年、大日本帝国全域では、学生だけではなく成人もこぞって、決められたやり方でさまざまな愛国的儀礼をおこなうよう指示が出されていた。たとえば元旦には、すべての帝国臣民は早朝まず神社を拝み、それから午前九時きっかりに宮城を遥拝《ようはい》し、一斉に「天皇陛下、万歳」と叫ばねばならなかった。

それらの指示が国民に伝えられたのは、新聞やラジオなどのマスメディアを通じてだけではない。日本ではメディアが隅々まで行き渡っていたけれども、場合によっては知らぬ顔をしてすますことも可能だった。だが、隣組などが各家庭に回覧板を回して、こうした行事への注目を促していた。一九三九年十二月二十八日に東京市が隣組を通じて、首都圏の各家庭に回した回覧板の文書が残っている。それを見ると、元旦に神社に詣でて宮城を遥拝するようにという指示が出されていただけでなく、各家庭がその回覧板を見たという判も押されていた。[3] 判が押されているのは、それぞれの家の戸主が次の家に回覧板を回す前に、文書の中身を確認したという意味である。

歴史学者の原武史は、一九四〇年に全帝国臣民が定時に宮城を遥拝したり、黙禱《もくとう》したり、一斉に「万歳」を叫んだりするよう求められていたことを示す、一二の実例を挙げている。すべての帝国臣民が一斉に同じ行動をとったのは、国家共同体の団結の度合いを示すためである。だが、こうした国民的舞台を整えるのは、近代のコミュニケーション技術なしには不可能だったにちがいない。

原武史は「時間支配」と名づけているが、この時間支配にもとづく儀礼は三つの異なる種類《カテゴリー》に分けられるという。こうした儀礼は、紀元二千六百年以前からおこなわれていたが、それが広く採用されたのは一九四〇年だった。儀礼の第一は、天皇が宮中で儀式をおこなう特別の日に、こぞって宮城を遥拝するというものだ。その一例が明治天皇の誕生日を祝う明治節である。原のいう「時間支配」が戦時において初めて適用されたのは三七年十一月三日の明治節で、この日、帝国臣民は午前九時きっかりに宮城を遥拝するものとされた。そして三八年以降も、帝国臣民は元旦と紀元節の九時、さらに天長節（四月二十九日の天皇誕生日）の午前八時に宮城遥拝を求められることになった。[4]

定時の大衆儀礼の第二は、軍や戦争の関連する日に定められた黙禱である。一九三八年以降、国民は陸軍記念日（三月十日）の正午、海軍記念日（五月二十七日）の正午、「支那事変」記念日の七月七日正午に黙禱することとされていた。そして一九四〇年にかぎっては十月七日正午に「兵隊さん有難う運動」として、やはり黙禱を求められた。加えて四二年以降、帝国臣民は十二月八日午前十一時五十九分にも黙禱するよう指示されるようになる。米国など連合国との戦争を開始した真珠湾攻撃を記念するためである。

定時の大衆儀礼の第三は、天皇による靖国神社や伊勢神宮の参拝、その他特別の国家行事に関連して、国民に求められたものである。一九三八年以降、帝国臣民は毎年四月と十月の二日について、午前十時半を黙禱の時間とするよう指示された。この月は天皇臨席のもと、靖国神社で戦死者を祭る臨時大祭が催され、その日、天皇と臣民は、一斉に英霊に対し黙禱をささげたのである。

一九四〇年六月十日、昭和天皇は伊勢神宮を参拝し、皇祖に紀元二千六百年を奉告した。この日予定通り午前十一時十二分に天皇と皇后は外宮《げくう》（豊受大神宮）を参拝し、午後一時五十四分に内宮《ないくう》（皇大神宮）を参拝した。すべての日本国民はこのとき一斉に黙禱し、伊勢神宮を遥拝した。天皇の伊勢神宮参拝に合わせて、この決められた二回の時間に国民が一斉に儀礼をおこなったのは、この四〇年という年だけである。[5]

神社神道にかぎらず国家神道でも、聖典より儀礼のほうに重点が置かれていた。神道儀礼の体系化は、皇室を中心に近代の国民的アイデンティティを確定する一環としてなされた。もともと皇室だけにかぎられていた神道儀礼は、全国民も加わるべき儀礼へと恒例化されていった。一九四〇年六月の場合も、全国民は天皇が国家のために祈願するのに合わせて、同じ日に二回の儀礼をおこなうよう求められたのである。

最後に一九四〇年の「時間支配」として挙げられるのは、一九四〇年十一月十日の午前十一時二十五分に生じた事例である。昭和天皇臨席のもとで開かれた紀元二千六百年の壮大な記念式典で、天皇皇后を前に近衛首相が演説のしめくくりとして「天皇陛下、万歳」と叫んだのは、まさにこの瞬間である。十一月九日付の大阪朝日新聞に松下無線は広告を出し、松下の「ナショナルR－4M」を買うと、翌日開かれる記念式典の十一時二十五分に合わせて万歳を奉唱することができると宣伝している。[6] ここで暗黙のうちに示されているのは、ラジオをもっていない家庭は時間通り一斉に奉唱するという国民の務めを果たせない恐れがあるということだった。帝国じゅうに流れるラジオの放送は、毎日の宮城遥拝の時間（日によっては一日に数回）を知らせていた。だが、その実施規模は、すべての帝国臣民が参加することとされていた定時の大衆儀礼に比べれば、ずっと小さかったのである。[7]

溥儀の訪日

満洲国では「時間支配」の利用は、さらに進んでいた。現地政府が一九三八年の陸軍記念日以来、日本の臣民に合わせて、住民にさまざまな定時の儀礼に参加するよう求めていたからである。さらに政府は、満洲国への忠誠を涵養《かんよう》するためにつくられた定時の儀礼にも加わるよう指示するにいたった。三九年から満洲国政府は、三月一日の満洲国建国節に新京（現長春）の帝宮（溥儀《ふぎ》の宮殿）を遥拝するよう国民に求めた。とりわけ名高いのは四〇年の場合で、このとき満洲国の臣民は四月三日の神武天皇祭に合わせて、神武天皇陵の方角に向かい午前九時に遥拝するよう求められている。初代天皇へのこうした奉順は、内地の臣民にも要求されていなかったもので、こうした儀礼は日本の内地でも帝国のほかの地域でも見られなかった。ここからも、満洲国の実権を握っていたのは東京の政府ではなく、関東軍にほかならなかったことが理解できる。

紀元二千六百年の溥儀（一九〇六―六七）による日本訪問で、満洲国では定時の大衆儀礼が二つ付け加わることになった。六月二十六日午後二時、皇帝溥儀が昭和天皇と会見するのに合わせて、満洲国の臣民は東京の宮城を遥拝するよう指示された。六月二十七日付の満洲日日新聞（満洲でもっとも発行部数の多い日本語新聞）には、五人の女性が官庁の建物の前でうやうやしく礼をしている写真が掲載されている。写真では建物の時計は正確に二時を指している。同じような儀礼が満洲国全体で厳格かつ同時におこなわれたことはまちがいない。

昭和天皇は一独立国の皇帝として溥儀を温かく迎えた。格別の好意を示すため、わざわざ東京駅まで出向き、列車から溥儀が降りてくるのを迎え、日本到着の当日、彼にあいさつしている。記録映画『天業奉頌』に収められた映像では、溥儀が列車を降りてから敬礼し、右手の白い手袋を外して、天皇と親密な握手を交わそうとする姿が映っている。皇帝溥儀に対し、昭和天皇もみずから手を伸ばして、長い握手をして情熱的に応えた。これは日本ではほとんど誰も見たことがない外国流のふるまいだった。当時、握手をするのは外国人とのあいだだけと思われていた。この欧米流の習慣は対等であることを示唆しているからである。当時多くの外国政府は、とりわけ英国と米国は、満洲国を日本の傀儡《かいらい》政権にほかならないとみていた。しかし、日本の上層部はいまだに満洲国を独立国と思わせるよう努めていたのである。

溥儀が訪日した主要目的は、昭和天皇から天照大神を祭る許可をもらうためである。昭和天皇は満洲国皇帝が日本の皇祖を祭ることを許し、これによって帰国後、溥儀の宮廷でも天照大神を祭る神社がつくられることになった。[8] 日本訪問中、溥儀は七月三日午後一時二十四分に伊勢神宮に参拝した。この時間に合わせ、満洲国の人々は一斉に天照大神を祭る神社のある方向に一礼した。[9] 翌日、溥儀は橿原神宮と神武天皇陵、畝傍山《うねびやま》にあるほかの天皇陵も訪れている。こうした儀礼には、満洲国政府が七月十五日に発表する声明をお膳立てするねらいがあった。この日、満洲国政府は、これから満洲国全土において天照大神を祭るという決定を下した。[10]

こうした定時の儀礼が成功するかどうかは、それにかかる時間が短いことと、それが均一かつ同時におこなわれることが鍵だった。帝国内のほとんどすべての人は、階級や民族、その他さまざまのちがいを忘れて、一分間、同じ儀礼に加わることができた。政府機関と民間組織が、国民に決められた儀礼を周知徹底させ、それを問題なく実施させるよう仕向けたことにより、ほとんど全員の参加が実現した。もちろん、こうした動作は短い時間、ほんの一礼だからこそできることである。しかし、儀礼は繰り返すことが可能であり、また実際に繰り返された。一九四〇年には、日本の内地でも帝国のほかの地域でも一二回の儀礼、満洲国ではそれ以上の回数の儀礼がおこなわれたものである。

国民の団結を示す黙禱などの定時の儀礼は、日本特有のものではない。多くの連合国では、一九一八年の第一次世界大戦終結を祝う停戦記念日にあたる十一月十一日十一時に、黙禱がささげられている。しかし、一九三七年から四五年にかけて、とりわけ四〇年を頂点として日本でおこなわれた儀礼は、他に例を見ないと思われる。ナチス・ドイツでは、軍や準軍事組織、それに帝国労働奉仕団（RAD）の団員が、ニュルンベルクのナチ党大会に向け、何カ月もかけて、見事にそろった行進の練習をしたものである。しかし、ナチスでさえ、これほど定時の大衆儀礼を実施できたと伝える資料はどこにも見あたらない。すべてのドイツ国民を日本と同じようなやり方で動員することは夢に終わった。

ファシスト・イタリアでも、ファシスト体制を祝う行進などが実施されるときには、きちんとすることがかなり強調されていたものの、ムッソリーニ体制は、戦時の日本でおこなわれていた「時間支配」めいたことは何もできなかった。日本のような見事な定時の儀礼は、毎日五回メッカのほうを向いて祈るイスラムの慣行を思い起こさせるが、これは国をまたがる慣行である。イスラムの国民国家はこの慣行を促進しているにはちがいないが、その儀式は国家に向けられたものではないのである。

勤労奉仕

日本人を紀元二千六百年記念行事に参加させることになった、もう一つの注目すべき手段が、勤労奉仕である。全国にわたる皇室史跡の場所を拡張したり、整備したりする作業が求められていた。一九三七年七月に発生した日中間の小競り合いが全面戦争へとエスカレートするなかで、軍はますます多くの兵員を召集していった。地方では人員不足が目立つようになる。その結果生じた労働力不足を補うために、日本政府は市民、とりわけ学生を勤労奉仕にかりたて、国家の緊急時に不可欠な食糧維持にあたらせようとした。

しかし、そうこうしているうちに、宮崎県知事の相川勝六《あいかわかつろく》（一八九一―一九七三）は、愛国的な勤労奉仕という考え方を、紀元二千六百年のために進めている県の事業と結びつけることを思いついた。宮崎県の当局者が「祖国振興隊」の結成を発表したのは、宮崎神宮の社域を拡張するとともに、県内の聖蹟を整備し、そこへの交通の便をよくすることが目的だった。だが、祖国振興隊で無給の勤労奉仕に加わった一万七一八二人のうち、県外からの参加者はわずかにすぎなかった。

宮崎県につづいたのが、奈良県知事の三島誠也《みしませいや》である。三島は宮崎県の手法をすぐさま取り入れ、「建国奉仕隊」の結成を表明する。建国奉仕隊がめざしたのは、橿原神宮の整備と社域の一〇倍拡張（その一部として橿原道場の建設）である。さらに、神武天皇陵をはじめとする県内の天皇陵にいたる道路整備も、それに加わった。奈良県の当局者は、建国発祥の地である大和の聖蹟を改良するための勤労奉仕をおこなう絶好の機会が、県民だけではなく全国民にも与えられることを明らかにした。[11]

紀元二千六百年記念行事の公式記録によると、一九四〇年にいたる数年間に、天皇陵などの皇室関連史跡への訪問者数は一挙に増加したものの、そこにいたる道路は昔のままのことが多かったという。[12] 三九年に政府は、奈良県、京都府、京都市、鹿児島県に対し、四三の天皇陵への道路を整備するための許可と資金を与えることを正式に承認した。そのうち一〇近くの天皇陵が、実在の疑われている天皇のものであり、実在した天皇の陵と認定された場所についても、つくりだされた可能性があった。[13] だが、専門家は道路を設計し、勤労奉仕隊が実際の道路建設にあたったのである。

奈良県の建国奉仕隊は一つの県の例にすぎないが、これを手がかりに研究を進めると、国への奉仕を旗印にして、一九三〇年代後半に数多くつくられた勤労奉仕隊がどのようなものであったかを知ることができる。勤労奉仕隊は農業分野を手伝ったり、聖蹟を整備したり、満洲国の発展を助けるといった仕事をしていた。奈良県の当局者は建国奉仕隊を統括していたけれども、奉仕隊に加わったのはいつも同じ人々とはかぎらなかった。大阪朝日新聞（当時、大阪朝日と東京朝日はともに一〇〇万部以上の発行部数を誇っていた）の支援を受けて、奈良県は三八年春に宣伝活動を展開する。それが功を奏し、六月八日以降、多くの人が団を組み、奉仕隊として橿原を訪れ、日帰りないし数日間、勤労奉仕にあたるようになった。そして六月八日の例祭につづく三週間のあいだには、一万人強の人が勤労奉仕に加わったのである。

初めのころ、建国奉仕隊には記事で取りあげられるような参加者も含まれていた。たとえば、六月二十六日には大阪府知事が三五〇人の市民参加者を引き連れやってきて、一日、橿原神宮社域での奉仕にあたっている。七月七日の支那事変一周年記念日には、二〇〇人の傷痍《しょうい》軍人が奈良陸軍病院から訪れ、一日勤労奉仕をおこなった。この愛国的な行動には多くの称賛が寄せられた。大阪朝日をはじめ、さまざまな新聞・雑誌、ラジオが一斉に建国奉仕隊のことを伝え、それによって運動はさらに盛り上がることになった。

大阪朝日はさまざまな記事を流しただけでなく、七月二十日締め切りで、「建国奉仕隊の歌」の歌詞を公募した[14]。二週間であっという間に八六一四通の応募があり、選考の結果、一等賞として兵庫県の小学校教師、今井《いまい》広史《ひろし》に一〇〇〇円の賞金（この額は中流サラリーマンの数カ月の給与に相当した）が贈られた。八月三日付の新聞紙面に結果が発表されたときには、有名な作曲家、山田耕筰《やまだこうさく》（一八八六―一九六五）が作曲を引き受けることが決まっていた。山田は橿原を訪れて、まず建国奉仕隊に接し、それから聖地の雰囲気をつかんだうえで、作曲をしたという。その曲は翌日（八月四日）の大阪朝日新聞に発表されている。建国奉仕隊の活動がピークに達した二カ月後の一九三八年十月、コロムビア・レコードは「建国奉仕隊の歌」を発売した〔歌手は霧島昇〕。

その年十月には、一五万以上の人が勤労奉仕のため橿原を訪れている。なかには朝日新聞社長の上野精《うえのせい》一《いち》（一八八二―一九七〇）に率いられた一団もあった。新聞社の社員三九〇人が、二十三日を勤労奉仕の日として参加したのである。[15]建国奉仕隊の仕事が終わる一九三九年末までに、一日あるいはそれ以上の勤労奉仕をおこなうために全国から集まった人数は、延べにして七一九七団体一二一万四〇八九人に達している。[16]

一九三〇年代から四〇年代前半にかけての日本を理解するのに、ファシズムという概念は有効ではないとする歴史家は、二二年にイタリアの権力を掌握したファシスト党や、三三年にドイツの実権を握ったナチ党のような政党が、日本にはなかったことを常に強調する。しかし、日本に大衆的なファシスト政党がなかったとしても、この期間に大衆レベルで何が起こったかを見過ごしてよいわけではない。万世一系思想を祝う紀元二千六百年の行事は、まちがいなく大衆の参加をともなっていた。そして万世一系思想という愛国主義は、少なくとも四〇年の形態としては、ナチズムやイタリア・ファシズムと軌を一にしていたのである。

次ページの写真は橿原道場近くにある石碑だが、勤労奉仕に参加した一二〇万人の人々を記念するために建てられたものである。石碑の裏には内地だけではなく帝国各地からどれだけ多くの人がやってきたかという一覧が刻まれている。朝鮮からはさまざまな地域から九つの大きな派遣団が参加しており、植民地からの人の流れがどのようなものであったかがうかがえる。[17]学生や、二十代の青年からなる青年団も大きな割合を占めているが、勤労奉仕に加わった人々の多数派というわけではない。奈良県がまとめた統計や、写真の記録によれば、奉仕隊に参加した人の年齢や職業はさまざまである。大阪帝国大学病院から一〇〇人以上の看護婦が参加したという記録もあるし、一九三八年十月に松下電器からこぞって四〇〇〇人以上の従業員が参加したというとてつもない記録もある。[18]

　どの隊も橿原で奉仕をするあいだは、決められた儀礼を順守した。満洲帝国協和青年奉仕隊一〇六人は、一九三九年十月に橿原にやってきたが、とりわけ二つの国をまたがっている状況が興味深い。奈良県の当局者と相談して同意が得られたため、青年奉仕隊のメンバーは、すべての隊に求められる儀礼に加えて、満洲国臣民であることを示す儀礼をおこなってもよいことになった。

建国奉仕隊の碑　1940年に橿原道場に建てられた。勤労奉仕に加わった120万の人々の功績がたたえられている。

　満洲帝国協和青年奉仕隊は、橿原神宮にやってきた一般的な団より、少し規模は小さかったが、多様な民族から構成されていた点がほかとちがっていた。隊の「記録」にあるように、メンバーは満洲五族から選ばれ、日本人、満洲人、朝鮮人、モンゴル人、ロシア人（満洲五族という場合はロシア人の代わりに、ずっと人口の多い中国人を入れることもある）から構成されていた。満洲国からの正式使節ということで、奉仕隊は行く先々で公式の歓迎を受けた。橿原に十三日滞在というのは、ほかの隊よりずっと長い期間である。[19]

青年奉仕隊を日本に送りだすにあたって、満洲国協和会（関東軍と満洲国政府の公認のもと、「民族協和」を唱えたかつての満洲青年同盟のメンバーも加わり、一九三二年に結成された官製組織）は奈良県の当局者に奉仕隊の訪問を保証するようにという申請をおこなっている。奉仕隊は、たとえば訪問先、橿原というように、旅行前に許可申請をしなければならなかった。日程表をみると、奉仕隊は十月十二日に新京を出発し、朝鮮を列車で縦断したあと、釜山から汽船に乗り、十月十四日に日本に到着している。聖地、橿原に到着したのは一九三九年十月十五日のことである。

ほかの奉仕隊より、はるかに丁重な歓迎を受けたあと、奉仕隊の隊員は橿原道場内に一一棟ある「八紘《はっこう》舎《しゃ》」の三棟に宿泊したが、道場内では多くの施設がまだ建築途中だった。八紘舎の完成は最優先され、一九三八年八月七日から利用可能となっていた。宿泊代は無料で、鉄道会社も特別割引料金で便宜を図ってくれた。しかし、食事に関しては自弁でまかなわねばならなかった。奉仕隊の負担金額は、移動距離と滞在期間によって異なるとはいえ、大きな問題だった。こうした費用は各隊員がそれぞれ負担するというより、隊員の所属する機関がしばしば立て替えていたのである。

十月十六日、満洲帝国協和青年奉仕隊の隊員は、舎内の他の宿泊者と同様、朝五時半に起床。六時までに集合し、満洲国と日本の国旗を掲揚し、両国の国歌を斉唱することになっていた。つづいて全隊員が日本の宮城遥拝に加えて、満洲国の宮廷府遥拝をおこなうとされていた。そのあとが体操で、それが終わって朝食となる。八時二十五分には橿原神宮参拝が待っていた。

この日は最初の勤労日だったため、奉仕隊は九時半に作業を開始する代わりに、開始式に参加した。十五分の式が終了する際、奉仕隊には作業用の道具に加えて建国奉仕隊の旗（**口絵7**）が手渡された。旗は丁重に扱わねばならなかった。作業は朝の九時四十五分から夕方の四時四十五分までである。合間に何回か休みがあり、作業それ自体はとくにきついものではなかった。雨が降って、作業がやりにくい日もあったが、あまりに天気の悪い日は作業は中止になる。夕方には朝方ほど儀式はなかった。しかし協和青年奉仕隊には夕方、ほかの隊よりも多く、講義や日本人青年との交流といった教育活動が設けられていた。舎の消灯は九時、そして翌日五時半から、同じ日程が繰り返された。

橿原滞在中、協和青年奉仕隊は十月二十三日の午後、後醍醐天皇陵のある吉野山を見学し、二十七日には奈良を訪れた。橿原近郊の史跡訪問は、おそらく建国奉仕隊全員の日程に組みこまれていたのだろう。しかし青年奉仕隊はそれに加えて一週間以上にわたり日本を観光する機会に恵まれたのである。

十月二十九日に橿原での奉仕作業を正式に終えたあと、奉仕隊は翌朝、大阪に出て、大阪を二日間見学した。それから夜行列車で宇治山田に向かい、もっとも神聖な神社として知られる伊勢神宮に参拝している。そのあと東京には五日間滞在し、明治神宮や靖国神社、満洲国大使館のほかいくつかの政府官庁や議事堂も訪れている。在京中、首相官邸で開かれた紀元二千六百年奉祝会感謝状授与式に出席し、何人かの要人とも会見している。汽船で大連に戻る前には、一日を京都観光で過ごし、桃山御陵に拝礼したり、嵐山の光景をゆくりなく楽しんだりしている。[20]

天皇崇拝を補強

一九四〇年に阪神急行電鉄は、橿原の途中までいくつもの建国奉仕隊を運搬していたが、この運動について考察した藤田《ふじた》宗光《むねみつ》の著書を出版している。藤田は橿原神宮の拡張計画に携わっていた。内務省の都市研究会にも加わり、都市と農村の調和にとりわけ強い関心を寄せていた。

著書の冒頭、藤田は皇国の起源と歴史を短くまとめている。皇祖皇宗の祭祀という言い方をしながら、藤田は天皇の赤子たる帝国臣民がおこなうべきもっとも重要な儀礼は、皇室の創始者を崇《あが》め奉ることだと強調する。藤田によると、この儀礼を達成するには橿原神宮と神武天皇陵を参拝するのが最善だという。[21]さらに彼はドイツやイタリアのような大衆運動を見習うべきだと考えるまでもなく、日本はこれまでも奉仕という長い伝統を築いてきたと断言している。

一九三四年から四五年にかけ、満洲に移住するおよそ八万六〇〇〇人の開拓民を訓練した満蒙開拓青少年義勇軍は別として、日本の内地の人々を巻きこんだ勤労奉仕は、三〇年代のナチス・ドイツや米国でのように国家が全面的に運営する機関へと発展することはなかった。[22]したがって、日本とドイツ、あるいは米国の場合を比較する際には、そのことに十分注意を払う必要がある。三五年の時点で、ドイツにはすでに帝国労働奉仕団（RAD）を運営する財政基盤のしっかりした官僚組織が設けられていた。そしてRADの階級や名簿には、何十万もの青年が登録され、半年ないしそれ以上の労働に従事していた。[23]その点、地域を基盤にする建国奉仕隊とは全く質を異にしている。

満洲国は日本の軍部や急進派官僚が日本の内地でめざしながらも、既得権益に阻まれて実現できなかった国家主義的政策を体現していたといわれるが、強固な反共団体である協和会が、内地の団体よりむしろナチス・ドイツの大衆組織と似ていたことは注目に値する。協和会の青年グループ（青年奉仕隊）は、ナチス・ドイツのRADとある面でよく似ている。会員は一九四〇年以来、強制加盟となっていた。[24]

RADを大々的に研究した歴史学者のキラン・パテルは、ナチス・ドイツのRADの場合は、訓育面のほうが経済面よりも重要だったと結論づけている。米国の民間保全団（CCC）とはその点がちがっており、天皇のために働いた日本の奉仕隊などとはその点が似ている。パテルはRAD設立法の文言を引用する。「帝国労働奉仕団は、国家社会主義の精神にもとづいて、ドイツの青年をフォルクスゲマインシャフト［国家共同体に収斂する同一民族を指すナチス流の表現］へと教育し、真の労働理念、とりわけ規律正しい仕事に敬意を払うことを教えるものである」[25]。パテルはさらにRADの主要目標が、政治的教義を注入し、肉体を鍛えることに置かれていたと明言している。

国民養成という点で、規律正しい労働を尊重したり、肉体を鍛えたりするという部分においては、藤田が論じたように建国奉仕隊の目標もRADと同じ素地をもっていた。藤田は勤労奉仕を高く評価しながら、肉体労働に参加することが、都市と農村の分離や、知識階級・労働者・農民の対立を克服する手段として役立つのではないかと考えていた[26]。建国奉仕隊に参加することによって、橿原神宮への意識が高まり、二千六百年の祝典に対する理解が深まり、敬神崇祖の念がいっそう深まり、さらに実体験を通じて労働への尊重を認識できる、と藤田は論じている[27]。

藤田はまた、日本が産業化・都市化するにつれて、人々の体力が落ちたことに懸念をいだいていた。一九三〇年代には、多くの地域が重工業段階の経済発展を迎えていたにもかかわらず、東北などの農村部では周期的にやってくる飢饉に見舞われたりして、相変わらず極度の貧困がつづいていた。農業にロマンを感じていたためだろうか、藤田はそうした苦難によって健康が損なわれたとは考えなかったようである。肉体的に頑強な若者の多くは、都市にではなく田舎で暮らしていた。陸軍省が三八年に厚生省を創設し、そこに健康局を含めるよう主張したのは、農村部から徴集した兵の体力があまりに損なわれていたことが一つの大きな理由である。[28]

藤田は国家主義によって階級のちがいが克服され、さらに階級そのものが消し去られることを期待していたが、そうした考えをいだいて国を全面戦争へと向かわせたイデオローグは、帝国日本やナチス・ドイツ、ファシスト・イタリアの論客だけではない。枢軸国以外でも、そんなふうに考える論者もいたのである。建国奉仕隊が、はたしてさまざまな社会的区別の克服に成功を収めたかどうかはわからない。確かなのは、大勢の人がこの活動に参加し、とりあえず日々の身過ぎ世過ぎの仕事から離れて、短期間でも祖国のための作業に従事したということである。建国奉仕隊に階級のちがいが投影されていなかったわけではない。定時の遥拝や万歳とちがい、橿原のような愛国的な場所での勤労奉仕は、誰もが参加できるようなものではなかったからである。

肉体労働で日々の生活を支えている大半の農民などは、橿原に出かけるだけの経済的余裕もなかったし、毎日の仕事を取りやめにするゆとりもなかったと思われる。もちろん、皇室ゆかりの場所を整備することで国家に奉仕する機会は、豊かな階級の人々にかぎられていたわけではない。とはいえ、こうした活動は、失業者や不完全就業者に向けられた福祉事業というわけでもなかった。勤労奉仕は、天皇崇拝を中心とする民間信仰を補強するためのさまざまな装置のひとつだった。政府がそれによって、さして費用をかけずに全国の皇室関連史跡の場所を整備したり拡張したりすることができたというのは、二の次の問題だったといえるだろう。

寄付と寄進

政府は記念行事の費用をできるかぎり民間部門にかぶせようとして、愛国的な勤労奉仕を利用し、さらに国家の名のもとに資金援助ないし寄進を求めた。半官半民の紀元二千六百年奉祝会がつくられたのは、記念行事への幅広い参加を求めるためだが、その役割は財政支援の分野にも広がっていった。

紀元二千六百年奉祝会の公式記録によれば、奉祝会を設立した際、創設者は一万円から、もっとも低いところで一〇円以上一〇〇円以内の献金者まで、五段階の会員を設定した。一〇円以下の寄付でも喜ばれたが、一〇円以下の場合は通常会員ではなく「賛助員」にしかなれなかった[29]。もっとも上級の人々が、紳士録に載るような政財界の人物だったことはいうまでもない。

一九三八年以来、紀元二千六百年奉祝会は内閣の紀元二千六百年祝典事務局と一体となって、『紀元二千六百年』という宣伝雑誌を発行していたが、そこには寄付の要請とともに、大きな貢献を果たした人のリストが載せられていた。橿原神宮や宮崎神宮に献木を要請する運動が展開されることもあった[30]。四〇年四月号の『紀元二千六百年』には、橿原神宮に五三〇二本、宮崎神宮にこれよりずっと少ない二三五本の献木がなされたという記事が載っている[31]。

二つの神社への献木は金額面でみると、奉祝会への寄付金額と比べれば微々たるものである。一九四〇年六月号の『紀元二千六百年』には各都道府県別の金額が棒グラフで示されているが、これは地域の競争をあおるためによく使われる手法だった。その時点で寄付金総額は六三七万四一九三円となっている。

約六四〇万円のうち、その三分の二強は東京府と大阪府からの寄付だった。五番目までは内地の都道府県だが、六番目に一七万八〇八四円を寄付した朝鮮がはいっている。満洲国は一〇位で七万一〇二九円、そして「海外同胞」が一一位の五万八七二四円となっていた。朝鮮や満洲国、それに海外同胞が割合高い地位を占めているのをみると、一九四〇年に日本という「国」の境を決めるのは、決して容易でなかったことがわかる。

四七位の最終位は栃木県で、その額はかろうじて表に載せられるわずか二五円という金額だった[32]。こうした順番をつける方法は、互いに競争をあおって、寄付を募るという面ではおそらく有効だった。しかし、その順位は人口のちがいもあるにせよ、日本の地域格差、とりわけ都市部と農村部との経済格差を反映していた。

懸賞募集

もうひとつ祖国の祝典に際し、日本人の射幸心をかきたてたのが、愛国的なテーマを中心とする懸賞募集である。懸賞募集は紀元二千六百年当時の大衆消費動向ともからんで、無視できない参加形態の一つとなっていた。こうした募集は一九四〇年の日本で大流行し、二千六百年にいたる数年にわたって広くおこなわれてきた。募集のなかには、その賞金額が家計の平均年間収入を上回るものもあった。一等になる可能性はきわめて低かったものの、募集に人気が集まったのは賞金額が高かったからだろう。

もっとも人気の高い懸賞募集は、決まったテーマに沿う歌詞を選ぶというものだった。応募者数も多かったが、選考の結果、生まれた作品がよく売れたことが人気の秘密だったにちがいない。一九三七年秋の内閣情報部による懸賞募集は、「愛国行進曲」を選定するというものだが、この種の事業としては、愛国心発揚の面でも商業面でも、けた外れの効果をもっていた。十月の締め切りには内閣情報部に帝国全土から五万七五七八通の歌詞が寄せられた。さらに引きつづいての曲の募集には九五五五通の応募があった。[33]

この応募数は少なくはなかったが、当時おこなわれていた別の愛国歌の懸賞募集と比べて、とりわけ群を抜いていたわけではない。とはいえ応募して一等になった作詞と、一等になった作曲を組み合わせて「愛国行進曲」をつくるという工夫がもたらした盛り上がりと商業的成功は前代未聞のものとなった。主催者は一つのレコード会社だけにこの「愛国行進曲」の発売権を与えるのではなく、主要レコード会社すべてに録音の許可を与えた。レコードは一九三八年一月一日に主要六社から発売されたが、それから二年間で一五〇万枚を売り上げた[34]〔作詞森川幸雄、作曲瀬戸口藤吉。藤山一郎や松田敏江などが歌っている。「見よ東海の空明けて、旭日高く輝けば」と始まる〕。雑誌『紀元二千六百年』の三八年七月号には「愛国行進曲」に合わせて踊るために三二のステップが図入りで詳しく紹介されている。[35] この雑誌ののちの号にも、「奉祝国民歌　紀元二千六百年」（口絵8）のように愛国的な懸賞募集で選ばれた作品の踊り方が同じように写真で示されていた。[36]

歴史学者のテイラー・アトキンズは戦間期日本のジャズを研究した著書で、帝国日本で音楽産業が隆盛していたことに注目している。[37] 同じく歴史学者のバラク・クシュナーは、音楽だけではなくお笑いのレコードも戦時中人気があったと述べている。[38] 一九三〇年代後半から四〇年代半ばにかけ、日本が「暗い谷間」にあったという説がそれほど強固でないなら、当時レコードの製作にどれほど消費市場の動向が重要だったかをくどくど述べる必要もあるまい。三七年に日本では二九万台近い蓄音機が売れているが、この年を境に、政府は規制を課するようになり、何年もたたないうちに一般消費用の蓄音機は生産できなくなってしまう。ところが蓄音機とちがい、レコードの生産と販売は、中国大陸での戦争がマイナスの影響をもたらしたにもかかわらず、四二年になってもかなりの売れ行きを保っていた。三六年のピーク時には帝国日本におけるレコードの販売は三〇〇〇万枚近くに達していた。そして、四〇年でも、日本の消費者は二一〇〇万枚もレコードを買っていたのである。[39]

レコード会社はしばしば時局に便乗して、猛スピードでレコードを製作した。一九四〇年九月二十七日に、日本はドイツ、イタリアとの三国同盟に調印する。その前にフランスはすでにドイツと不名誉な休戦条約を結んでおり、それによってアジアでは日本がフランス領インドシナ（仏印）をねらいやすくなった。しかも英国は進退きわまり、ナチスの脅威から身を守るのが精一杯のようにみえた。日本では、かなりの人々が、この同盟を時の勢いととらえていた。同盟が締結されてから五週間後の十一月初旬、コロムビア・レコードは「日独伊同盟の歌」を発売する。[40] この特別な歌は公募でつくられたわけでも、さほど評判になったわけでもない。それは同盟を祝福する歌につきまとう宿命だったともいえる。三国同盟は日本にほとんどこれといった利益をもたらさなかった。そして、米国人の多くはこれによって日本が敵陣営にあることを強く意識するようになり、ルーズベルト政権は何のためらいもなく日本への経済制裁を強化することができるようになった。

レコード会社が愛国的な歌を発売してかなりの利益を得たのに、愛国的な曲を生むきっかけとなった多くの募集をおこなったのがレコード会社ではないというのは、ちょっと意外かもしれない。愛国的な曲に対する消費者の需要に火をつけたのは、とりもなおさず新聞や雑誌だった。もっとも政府関連機関や国営メディア、非国営メディアもそれなりの役割を果たしている。日本のレコード文化史を研究する倉田《くらた》喜弘《よしひろ》は、一九三八年から四三年にかけておこなわれた歌詞募集のリストをまとめている。愛国的なテーマの歌詞を選ぶこうした募集には、多くの応募が寄せられていた。これらを主催したのは、ほとんどが新聞社や出版社で、例外は陸軍省と大政翼賛会の二つだけである[41]。

こうした傾向が強かったのは、懸賞募集が新聞や雑誌の部数増に大きく寄与したためだが、それだけではない。新聞社や出版社などの印刷メディアは、レコード会社と持ちつ持たれつの関係を保っていた。一九四〇年の日本の主要新聞や雑誌を調べてみれば、レコード会社がヒット曲を宣伝する広告を載せていることに気づかざるをえない。レコード会社の広告は、印刷メディアにとっては大きな収入源だった。印刷メディアとレコード会社は、同じように愛国的消費主義によって利益を得ていたのである。四〇年二月十日の満洲日日新聞に掲載された日本ビクターの広告は、「紀元二千六百年」や「満洲開拓の歌」を宣伝しているだけではない。もっと広く「愛国歌はビクター」と強調していた。

二千六百年記念行事のためにつくられた愛国歌の大半は、全国に知られることはなかった。祝典を盛りあげるために地域レベルで歌われることが多かったからである。一九四〇年四月二日、紀元二千六百年鹿児島県奉祝会は「肇国《ちようこく》聖地の歌」を制定した。鹿児島が日本の起源に特別の役割を果たしていることを強調する歌である[42]。レコードとして出されることのなかった「肇国聖地の歌」は、鹿児島以外ではほとんど知られないまま、鹿児島で特定の儀式の際に歌われただけで終わった。

歌の懸賞募集はとりわけ人気があったけれども、広く帝国全体にわたっておこなわれた愛国的な募集としては、それが唯一のジャンルである。ほかには綴《つづ》り方の募集もよくおこなわれていた。一九四〇年五月十九日付の満洲日日新聞は「あこがれの日本」という課題で、日本に行ったことのない小学校生徒を対象に綴り方の募集を実施すると発表した。満洲の五族から二人ずつ、計一〇人が選ばれて、当選者は内地の聖地を訪問できることになっていた。[43]

同じように、少女雑誌の『少女倶楽部《クラブ》』も「紀元二千六百年を祝う」というテーマで短い綴り方を募集した。その審査員には藤谷みさをも含まれている。藤谷は広く人気を集めた募集で栄冠を射止め、一躍脚光を浴びており、のちにその原稿は『皇国二千六百年史』という単行本として出版されることになっていた〔第1章参照〕。『少女倶楽部』主催の募集で一等になったのは、鹿児島県の松山房子《まつやまふさこ》で、一九四〇年の元旦に高千穂峰に登って祈ったときの体験を綴っていた。松山は高等小学校を卒業したばかりで、初日の出をあおぎながら、歴史のさまざまな気高い場面を思い起こし、どれほど「悠久な国史」に感謝したかを述べている。[44]

このころもっとも大きな賞金が出たのは、国際文化振興会（一九三四年に設立され、日本文化を海外に紹介することを目的にしていた）が主催した懸賞論文募集で、日本人以外でも応募することができた。欧米語で発行されている雑誌『Ｎｉｐｐｏｎ』や、海外メディアの広告を通じて、国際文化振興会は三九年秋に紀元二千六百年を祝う懸賞論文の募集を始めた。その規定によると、世界を五地域に分け、そこから選ばれた最優秀者には、日本までの一等往復切符と、三カ月の日本滞在を保証したうえで三〇〇〇円の奨学金が与えられることになっていた。

懸賞論文の締め切りは一九四〇年十一月三十日で、そのテーマは次の三つから選ぶようになっていた。（1）日本文化の特質、（2）日本と諸外国との文化的交渉、（3）世界における日本文化の位置――である。応募者は「日本文化の重要性と影響、その発展をできるだけ論じるよう」求められていた。[45]帝国主義の絶頂期に、日本が国民国家を基盤とする世界システムに引きこまれた時点から、日本の指導者が関心をいだいていたのは、この国が西洋列強に伍する文明国だと証明することにほかならなかった。紀元二千六百年記念行事の企画者は、それを単に国内向けに考えたのではなく、その成果を広く海外に知らしめようとしていた。四〇年には、日本人は自分たちの国の業績が他の文明諸国と等しいだけではなく、それより優れていると考えるようになっていた。日本文明を国際的に宣伝しようという動きは、二千六百年に東京にオリンピックを招致しようという動機と重なっていたのである。[46]

端的にいえば、この懸賞論文募集の目的は、紀元二千六百年の基本テーマでもある日本文化の独自性と偉大さについての証言を外国人から求め、その考えを国内外で広めることだった。これまで紹介したさまざまな募集とはちがい、この募集にはさほど商業的な要素はなかった。これによって、新聞の部数が伸びたり、雑誌の売り上げが増えたりすることはなかったからである。ただし、この応募作品から一つの単行本が生みだされている。

五〇二の応募作は著名な学者らによって審査され、翌一九四一年の天皇誕生日（四月二十九日）に入賞者が発表された。同じ年、国際文化振興会は第一位、第二位となった一六編の論考を収録した『日本文化の特質』と題する単行本を発行した。このテーマは参加者のあいだで、もっとも人気のあったものである。[47]この論集の巻末につけられた解説は、応募作にかなりの重複があったことを指摘しているが、応募者の多くが、万世一系からなる日本の「国体」の特性を強調していたと述べている。応募者は結局のところ、肇国二千六百年をことほぐための企画で入賞を競っていたのである。[48]

新聞と記念行事

新聞社は紀元二千六百年を厳かに祝う催事や企画を、帝国全域にわたってわれ先に主催していた。懸賞募集はそうした事業のごく一部にすぎなかった。日本内地の最大手である大阪朝日新聞社、朝鮮の有力日本語新聞「京城日報」を発行する京城日報社、満洲で主要日本語新聞「満洲日日」を発行する満洲日日新聞社も、二千六百年を祝う催事を懸命に企画していたのである。

大阪朝日新聞は一九四〇年元旦の記事で、大阪朝日が橿原道場の建設を支援したことを強調している。橿原道場は橿原神宮外苑に位置する複合施設で、紀元二千六百年の前に完成していた。翌日、大阪朝日はさらに四つの事業を主催すると表明する。その一つが、官国幣社に国運隆盛を祈願して全国の二一一社に大真榊《おおまさかき》を奉納するというものだ。[49] そのほかにも朝日は、この年、日本列島を二六〇〇キロにわたって空中飛行するなどの記念事業を共同主催していた。その出発地となるのは、天孫降臨の地と目される場所に近い九州の都城《みやこのじょう》空港だった。[50] 朝日は戦場の様子をいち早く伝えるために飛行隊を使用していた。したがって、記念事業に合わせて飛行機からただちに記事を書かせるのはお手の物だった。

また朝日新聞は海軍協会と組んで、一九四〇年に小学生教師を対象に「聖地巡航海上訓練」を企画した。教師は国史に欠かせない聖地をじかに回り、生徒に責任をもってそれを教えることができるというわけである。この巡航で、内地のさまざまな地域から集まった教師には、橿原神宮や神武天皇陵など最近修復されたばかりの奈良県の史跡をはじめとして、神武天皇が東征に乗りだした九州のさまざまな史跡を訪れる機会が与えられることになった。[51] 三月から四月にかけての第一回と第二回の「海上訓練」は、四〇〇人以上の教師が利用し、大阪朝日新聞はその詳報を伝えている。

京城日報社は五つの記念事業を主催していた。そのなかには朝鮮大博覧会、伊勢神宮から朝鮮神宮までの聖火継走、さらには橿原神宮参拝への小学生代表派遣などが含まれている。[52]これに対し、満洲日日新聞社は六つの記念事業を主催した。内地のプロ野球チームを満洲に迎えて、公式戦を展開したり、日満両国の知名講師による「二千六百年講座」を開いたりするという企画である。そのほか、小学生を対象に「あこがれの日本」という課題で、綴り方を募集する事業なども主催している。

商業新聞社は損得抜きにこうした事業をおこなったわけではない。どの程度一般の参加を働きかけるにせよ、こうした事業や企画にはそれなりの金銭的計算がなされていた。主催する事業や募集は、当時日本の印刷メディアが主要戦略としていた話題づくりに役立ったし、その多く（たとえば展覧会）は入場料による収入増をもたらしたのである。

リレー（継走）では、青年団を選出して、ある場所から別の場所へと聖火を運ばなければならなかった。しかし、新聞社にとってより大事なのは、少なくとも主催者側からすれば、リレーがつづいているかぎり、毎日記事を更新できるというメリットがあったことである。京城日報は、自社の主催するリレーをかなり丹念に追っていた。釜山に聖火が到着したのは二月三日午前六時ちょうど、それから六日かけて聖火は朝鮮各地を回り、二月九日午後三時、京城（現ソウル）の朝鮮神宮に到着した。新聞はその記事を連日載せている。

懸賞募集も広く関心を集める材料だった。ビジネス上重要だったのは、最初の発表や増えていく応募者数、その選考過程が記事のネタになっただけではなく、最終決定の様子や受賞の模様（できれば両方）も取りあげることができたことである。歌の懸賞募集でもっともドキドキするのは、当選作が発表され、そこで歌詞が紹介される瞬間だった。

とはいえ「あこがれの日本」の綴り方に関しては、満洲日日新聞は児童の入選作についても、一〇人の入選者に日本の聖地訪問という賞についても、さほど大きく取りあげなかった。実際一〇人の生徒が聖蹟を巡拝したのだが、そこは皇帝溥儀がすでに何日か前に訪れた場所で、そちらのほうがずっと報道価値が高かったのだろう。とはいえ、さまざまな新聞社の主催する巡礼は、報道価値があるとみられていた。京城日報は、日本への巡礼に送りだされた二九人の生徒の話題を二週間にわたって取りあげたが、一九四〇年四月二十七日付の新聞で、生徒たちが前日、橿原神宮を訪れた際に、帝国臣民の誓詞を唱和したことを伝えている。

何はともあれみずから主催する事業に注目を集めることによって、新聞社は多様な材料から収入を引きだすことも可能だった。たとえば満洲での野球や、朝鮮大博覧会は、新聞の部数増につながる記事を生みだしただけでなく、入場料による収入ももたらした。博覧会などの有料事業の前宣伝として、新聞は一面トップにその記事を掲げ、それによって開会日に押し合いへし合いの人が集まるという仕掛けをつくった。こうした劇的な仕掛けによって、さらに多くの人が催しを見逃すまいと集まったため、新聞によると、ほとんど誰もがこぞってこうした博覧会に出かけたものだという。

新聞は紀元二千六百年を祝うこうした催しは、国に奉仕するものだと強調していた。こうしたお題目を立てることで、新聞社は何のてらいもなく消費者を引き寄せる事業を提供することができたし、消費者自身も、カネを払って得をしたり楽しんだりしても、それはもともと忠順を示すものだと弁解することができたのである。二千六百年記念行事は印刷メディアにとっては、絶好のビジネスチャンスとなった。ファシズムと愛国主義をはぐくむうえで、メディアの果たした役割は決して小さくはなかったのである。

百貨店の催事

百貨店はもうひとつの忠順な消費とつながっていた。ほとんどすべての百貨店が、何らかの紀元二千六百年関連催事を展開していた。英文雑誌『オリエンタル・エコノミスト』〔東洋経済新報社が発行〕の一九四〇年十二月号には、この年八月までの百貨店の状況がまとめられているが、それによるとこの年の消費が堅調だったことがうかがえる。「商況の全般的水準は、百貨店の利益状況に敏感に反映されている。表にあるように、三越、松屋、白木屋など東京の代表的百貨店の推定総売上高は、支那事変勃発以来、着実に増加している。この売上増は東京の主要店舗にかぎらず、主要都市の系列店でも同様である。売り上げが伸びているのは、近年の産業活動の恩恵を受けている都市部、ならびに都市近郊の購買力が増加していることに起因する[53]」

一九四〇年夏に贅沢禁止令が出され、政府が消費部門への統制を強めたことで、『オリエンタル・エコノミスト』は百貨店の業績見通しが厳しくなると予測している。しかし三〇年代後半から四〇年にかけての消費者購買力の増加があったからこそ、百貨店の売り上げが伸び、観光をはじめとするほかの消費部門でも、この間すばらしい実績が上がったといえるだろう。当局が四二年半ば以降、戦況を優位に導くために全資源を軍事部門に投入するという絶望的な試みを始めたために、戦時の消費部門はすっかり冷えこんでしまうが、それ以前は、多くの部分で消費が好景気を呼んでいた。とはいえ、そのころ消費がこうした機能を果たすには、愛国心というひねりを利かさなければならなかったのである。

一九二〇年代以降は、専門家と管理職からなるホワイトカラー層が成長し、その購買力が消費主義と結びつく数々の兆候がみられるようになった。それ以前はともかく、この時代以降は、百貨店に始終出かけたり、毎年家族旅行に行ったりというようなレジャーを楽しむ手段をもつことが、中産階級の特徴となりつつあった。帝国日本では中産階級の規定について一致がみられたわけではないが、その概念についてはよく論議されていた。四〇年に東京朝日新聞が二カ国語版で出版した『満洲国』には「新京における平均的な公務員四人家族」の生活費が紹介されている〔これは「満人官公吏の生活費」である〕。この家族の月収は七〇円で、そのうちふだんの消費には六二円二一銭が使われていた[54]。『Ｎｉｐｐｏｎ』の記事によると、一九四〇年に東京に住む中産階級の六人家族の月収は三五〇円で、そのうち三〇円が贅沢品に、二〇円が貯金に、そのほかが食料品や家賃、燃料代、電気代、水道代、教育費、交通費、衣服費などに使われている[55]。月三五〇円の収入を得ている人の職業は示されていないが、これは日本内地の一人あたり平均年間所得よりやや高い給料だと思われる[56]。この水準の所得を得る家族が、レジャー旅行であれ百貨店での買い物であれ、かなり自由に使える所得を享受していたことはまちがいない。

百貨店は大規模な小売店舗であると同時にレジャーの場所でもあったが、一九四〇年に百貨店に人が流れたのは異様といえるほどだった。東京では開店日（月曜は定休日）に平均して四〇万人が百貨店を訪れていたと推測される[57]。どの百貨店もだいたいいつも一つは催事をおこなっていた。買い物客はデパートに行くたびに、無料の催事をのぞくのが当たり前になっていた。そのため百貨店は、建国であれ国史であれ、大衆の関心を引きつけようとする展覧会を企画する際には、魅力的な開催場所となったのである。

次々と百貨店を回る最初の紀元二千六百年記念展覧会は、一九三九年四月十二日に東京の高島屋で開かれ、初日に四万人以上が訪れた[58]。「肇国精神の発揚――紀元二千六百年奉讃展覧会」の主催者は紀元二千六百年奉祝会である。高島屋と奉祝会の協力関係をみても、帝国日本で国家と民間とのあいだに線を引くことがいかに難しいかがわかる。奉祝会自体は半官半民の組織で、今回は愛国的な展覧会を企画するために企業と手を組んだのだが、高島屋にしても展覧会はじゅうぶん商売になると踏んでいた。無料の展覧会は直接収入に結びつかないにせよ、客の財布を店内に引き寄せる効果があったのである。

「肇国精神の発揚」の宣伝ポスターには、八咫烏《やたがらす》に先導される騎馬隊――神武天皇の率いる皇軍――が描かれていた。高島屋大阪店が展覧会を開いたときにつくったパンフレットやその他の記事を見ると、展覧会には大きな二つの特徴があったことがわかる[59]。まず九人の著名な画家が神話時代の一一の場面を絵巻に描いていたことである。一一番目の最後の大きな絵巻には、神武天皇即位の場面が描かれていた。高島屋はこの「肇国創業絵巻」の複製を二〇〇円で売り出し、商魂たくましいところをみせている（口絵9）。もうひとつの呼び物は歴史ジオラマで、建国後の三七場面からなっていた。この展覧会には天皇陵や歴史的遺物の写真、二千六百年を祝うために企画された六つの主要事業の展示、祖国振興隊や建国奉仕隊の展示品なども飾られていた[60]。

絵巻とジオラマをともに眺めることによって、来場者は天照大神を象徴する日輪の絵から始まって、建国、さらに「新支那の建設」（三七番目）などといったごく最近の展開までを確かめることができた。当時一般的だった判で押したような皇国史と毛色がちがっていたという意味で、興味深かったのが、二三番目のジオラマだった。そこでは江戸幕府が一八六二年に最初に神武天皇陵、そして続いてそれまで無視されてきた、それ以外の古代天皇陵の「修陵」を決定する場面が描かれている。だが全体的に見て、その物語は大和国史館などに展示されている五一場面からなる「祖国精神発揚ジオラマ」と酷似していた。

東京での開催が四月二十七日に終わると、展覧会は五月から六月にかけて高島屋の大阪店と京都店へと移り、つづいてさまざまな百貨店が京都、福岡、鹿児島、名古屋、札幌、広島、さらには朝鮮の京城、そして満洲の新京、ハルビン、奉天、大連で展覧会を引き継いだ。[61]一九四〇年になってもつづいたこの巡回展覧会の公式入場者は四四〇万人だった。[62]帝国の大都市では、そのころ大きな百貨店で同じような商品が買えるようになっていただけではなく、同じ展覧会を見ることができるようになっていた。東京や大阪は開催が早かっただけである。経済史が専門の平野隆によると、三九年には日本の一一の百貨店が、内地だけではなく外地、さらに満洲で、七〇の店舗を展開していたという。これを見ても、中心部と植民地が密接に連関していたことがわかる。[63]

最初の巡回展覧会が成功を収めたのに気をよくして、紀元二千六百年奉祝会と東京の六つの百貨店は提携し、一九四〇年一月に国家奉祝の七つの展覧会を同時開催した。その内訳は(1)「我等の生活、歴史部」(松坂屋上野店)、(2)「我等の生活、新生活部」(松坂屋銀座店)、(3)「我等の精神」(松屋)、(4)「我等の国土」(白木屋[64](東急日本橋店、一九九九年閉店))、(5)「我等の祖先」(三越)、(6)「我等の皇軍」(高島屋)、(7)「我等の新天地」(伊勢丹)からなっている。[65]鉄道会社は一月九日から二十八日まで、こうした展覧会を回ることのできる特別割引切符を発売した。

二つの「我等の生活」展も、ほかの展覧会と同じようにジオラマやパノラマなど視覚に訴えるものを駆使していたが、まずその「歴史部」では、摂取と創造という精神を通して、いかに日本という国が東西の文化を融合させて、独自の優位文化をつくりあげてきたかが展示され、次に「新生活部」では将来の新生活様式が提案されていた。[66]二部編成の展覧会は、全般的に「国民史」に焦点をあてていたが、皇国史への考慮がなされていたことはいうまでもない。たとえば「歴史部」の最初のパノラマでも、二千六百年前に神武天皇が橿原宮を造営する際に雇われた工匠の姿が描かれている。ここでも社会史と皇国史が都合よく統合されていた。

「我等の精神」展は、その表題が示すように、とりわけ愛国的な色調が強かった。公式記録で強調されているように、比類なき日本精神の根拠は国体にほかならなかったから、松屋の展覧会の入り口に、天照大神が皇孫に地上を治めるべしと神勅を授ける場面と、神武天皇が東征のため日向《ひゅうが》を出発し、橿原で即位する場面が掲げられているのはしごく当然だった。第一室には「肇国精神の発揚」展のときの絵巻やジオラマに見られたような皇国史の物語があふれていた。

しかし第二室は、予想にたがわず帝国主義の色調が弱まっていた。そこには前近代から現代にいたる、日本での科学的発見の歴史がモンタージュ風に展示されており、多くの科学分野で日本の到達した水準は「世界的水準を超ゆる」との評価がなされていた。紀元二千六百年記念行事のメッセージは、日本古代の伝統を称揚するものから、近代性の進み具合をほめちぎるものまで、多岐にわたっていたのである。

とはいえ、すべての展覧会が、いずれにせよ皇国史を前面に押しだしていたのはまちがいない。白木屋は二つの階を割いて、「我等の国土」の展示にあてていた。その題名からして、地勢に焦点があてられていたことはいうまでもない。しかし、この展覧会で強調されていた場所は、皇室ゆかりの地だった。会場に入ると、入場者はまず九州南部のパノラマに出合う。そこには高千穂峰や神代の山陵、霧島神宮、鹿児島神宮（神武天皇の時代にさかのぼるとされる）、鵜戸《うど》神宮（ここには神武天皇の父の魂が祭られている）、さらには宮崎神宮の場所が示されていた。

「我等の祖先」展（口絵10）では、万世一系を示す皇室系譜の表示が際立っていた。ほかに来場者を引きつけたのは、和気清麻呂や紫式部、乃木希典など歴史人物にちなむ展示である。そこでは無私の忠誠から善行にいたるまでの数々の徳行（少なくとも一人の偉人がひとつの徳を表していた）が顕彰されていた。こうした伝説的な人物が数々の徳行によって成し遂げた偉業が、パノラマやジオラマ、写真、人形で展示されていたのである。

「我等の皇軍」展は、一点を除いて概して代わり映えがしなかった。その一点とは、ノモンハンの戦いのパノラマがはいっていたことである。一九三九年の夏、日本軍とソ連軍は満蒙国境で衝突し、日本軍は完敗していた。日本政府は一個師団が全滅した八月の決戦を受けて、その詳細を秘匿していた。政府筋がどうであれ、日本側の死傷者が甚大だという情報は、負傷した兵士の親族の伝える消息や、災厄を生き延びた者の話などによって、少しずつはいってこないわけにはいかなかった。とはいえこのパノラマに、どれだけノモンハンの戦いが実際に反映されていたかは、現存する資料からは定かでない。

それよりも紀元二千六百年の典型的な文脈に沿っていたのは、左右の壁面に配された絵巻ジオラマからなる皇軍の歴史である。右の壁面は神武天皇東征の皇軍に始まり、一八七三年の近代的な徴兵軍の創設で終わっていた。左の壁面はそれ以降の歴史である。また、さまざまな軍事的遺品に加えて、支那事変における皇軍の陸海空にわたる活躍ぶりを示すパノラマや油絵も飾られていた。

そのころ最新技術だった飛行機は、多くの子供や大人を魅了していた。ワイマール時代とナチス時代のドイツにおける、技術と文化のかかわりを研究した歴史学者のジェフリー・ハーフは「反動的モダニズム」という概念を用いて、「ドイツ・ナショナリズムに見られる反近代主義的でロマン的、非合理的な観念と、手段＝目的という合理性のかたまりである近代技術とのあいだの両立」について記述している。[67] 政治学者のマーク・ネオクレウスは、反動的モダニズムというハーフの概念は、ナチズムだけに適用できるのではなく、ファシズムの基本的性格にもあてはまると論じている。[68]

万世一系イデオロギーのもつロマン主義的で非合理的な性格は、日本ナショナリズムの中心をなしていたけれども、それによって日本の技術者や科学者は、先端技術の追求を妨げられなかったし、軍部もしばしば先端技術を熱心に支持していた。零戦《ゼロせん》は紀元二千六百年の年号にゼロがふたつ付いていることにちなんで名づけられ、日本の技術の粋を集めた戦闘機として一時代を画した。日本人が二千六百年を祝った一九四〇年に導入されたものとしては、世界で最先端の戦闘機だったといってよいだろう。

「我等の新天地」展のテーマは、「新天地」に向けて海外に発展していた日本の開拓精神にほかならなかった。そこでは日本の農村地帯からアジア大陸に入植することを積極的に支援していた当時の日本政府の姿勢がはっきりと示されていた。とりわけ強調されていたのは、日本人がもっと開拓精神を発揮しなければならないということである。この展覧会は伊勢丹で五階分を使って繰り広げられた。支那館（一階）、満洲館（二階）、朝鮮館（三階）、台湾・南洋館（四階）、そして本会場（七階）という構成である。

本会場では英雄的先駆者のパノラマがつくられていた。十七世紀のタイ日本人社会で影響力をもっていた山田《やまだ》長政《ながまさ》（一五九〇？—一六三〇）や、日本人で初めて樺太《カラフト》を探検し、地図を作成した間宮《まみや》林蔵《りんぞう》（一七七五—一八四四）などである。当時、こうした先駆者や探検家は、国じゅうにあふれる英雄信仰の対象となっていた。展覧会は、徳川時代に日本が世界から扉を閉ざしていたという見方が一面的であることを示し、近世においても海外で活躍しようとした日本人がいたことを強調していた。本会場の一部は近代にあてられ、南北アメリカ大陸や台湾、満洲、朝鮮、樺太、南方への発展に寄与した海外日本人の経済的・文化的功績が力説されていた。

東京の展覧会の総入場者数は四九七万二九三〇人にのぼった。[69] この数はそれぞれ入場料をとった七つの展覧会の単純累計である。昭和天皇の弟で紀元二千六百年奉祝会総裁の秩父宮（一九〇二―五三）も、七つの展覧会をすべて回った。こうした七つの展覧会は、その後巡回され、多くの人々を引きつけた。もっとも七つの展覧会がこれ以降、一度に一つの都市で開催されることはなかったが、大阪ではそごう、三越、松坂屋、高島屋が、一九四〇年四月に協力しあい、四つの展覧会を同時開催している。

一九四〇年には、帝国じゅうの百貨店がほかにも愛国的な催しを企画した。高島屋東京本店は十一月に、この月開かれた海外同胞大会に合わせて日本民族海外発展大展覧会を開催した。この展覧会では、海外日本人から寄贈された四万にのぼる兵士への慰問袋が正面に飾られていた。こうした海外同胞から寄せられた愛国心に、マスメディアはかなり注目した。[70] 百貨店が愛国的な展覧会を開催したのは、いうまでもなく紀元二千六百年記念行事の一環としてである。しかし、売り上げが増加したこの年、百貨店が多くの愛国的な展覧会を開催したことは、戦時日本においては、当初、ナショナリズムが消費部門を妨げるのではなく、むしろ消費部門がナショナリズムに後押しされていたことを、はっきりと物語っている。帝国日本では、百貨店は美の基準をつくるだけではなく、愛国主義をあおる役割も果たしていたのである。

忠順な消費と反動的モダニズム

この章の中心に置かれている二つの中心的概念、すなわち忠順な消費と反動的モダニズムは、相矛盾しているようにみえるかもしれない。消費は概して忠順を示すものとは考えられていない。また近代性《モダニティ》は、いかにして反動的目的に利用されうるというのだろうか。

極端な例として紀元二千六百年の公的な修辞を取りあげると、それは帝国臣民に危機の時代における「滅私奉公」を求めていた。『主婦之友』一九四〇年九月号のエッセイは読者にこう呼びかけている。「もはや個人の幸せのために結婚を考えるわけにはいかない。良い結婚とは、国家を強くするためのものだ」[71]。女性の場合、国家への奉仕はまず何よりも母親たることであり、未来の兵士を生み育てることを意味していた。

とはいえ、消費文化は紀元二千六百年に欠かせなかった。百貨店や新聞社、出版社、レコード会社にとっても、それから以下の三章で見るように旅行会社にとっても、それが絶好のビジネスチャンスとなったのである。消費主義は本質的に二千六百年記念行事への国民の参加を特徴づけていた。消費文化は二千六百年記念行事への幅広い参加を促し、幅広い参加は消費主義を刺激し、そして参加と消費主義は相まってナショナリズムをあおる。このように正のスパイラル効果が働いていたのである。

一九四〇年に言いふるされていた印象的なスローガン（たとえば「贅沢は敵だ」）を見て、あのころはたゆまぬ犠牲が求められていたとうのみにするのは、早とちりといわねばならない。当時は忠順を示すものに向けられるかぎり、消費それ自体は何の問題もなかった。二十一世紀初頭の米国では、消費をすることが、アメリカ人の大量消費によって大きく支えられている国内経済や世界経済を不振から立ち直らせることにつながる。しかし、一九四〇年の日本では、現在の米国などの場合とちがって、忠順な消費というのは、国民としての一体感と国家的使命を強化するという、一挙両得の副次作用をもたらす消費の仕方を指していたのである。

消費が忠順性によって刺激されることがあるように、近代性も反動的目的に奉仕することがありうる。昭和天皇が天照大神をうやうやしく祭るのは、人間はみずからの信念を根拠とし理性にもとづいて行動すべきだという啓蒙主義的な考え方にそぐわないようにみえるかもしれない。だが、そもそも天照大神は、帝国日本でつくられた国史の中心をなす太陽神であり、そして国史をつくること自体が近代的だったといえるのである。さらに、一億五〇〇〇万人の全帝国臣民を、現人神《あらひとがみ》が皇祖に祈りをささげている同時刻に伊勢神宮に拝礼させるという技術もきわめて近代的なものだった。また、一二〇万の帝国臣民を動かし、橿原へと往復させる手段にしても近代的だったといわねばならない。その橿原で人々は、初源的な日本人の徳性を体現しているとされる想像上の天皇の陵や神社を整備するために働いたのである。

紀元二千六百年奉祝のため東京の百貨店が一九四〇年一月に開いた七つの展覧会では、それらをすべて見てまわった忠誠心あふれる人もいたし、さほど熱心でなく、ひとつの展覧会しかのぞかなかった消費志向型の人もいた。だが、彼らは一様にあるメッセージに出合った。自分たちの国はたぐいなく古く気高い起源と聖なる神秘に包まれた歴史を有すること、だが同時に、自分たちの国は科学的な分野であれ零戦に代表されるような実用的な分野であれ、驚くべき近代性をもっていること。当時、日本の指導者のなかには、軍事的勝利を導いた大和精神に心酔し、近代戦の技術面、兵站《へいたん》面に無頓着になっている者もいなかったわけではない。だが、紀元二千六百年を論じる際の主要テーマは、大和民族の優越性を称揚する祝典のさなかでも、大和民族の優越性を誇るという反動性に凌駕されることのなかった日本の突出した近代性にほかならなかったのである。

第3章　聖蹟観光

役所が観光に力

観光が重要なのは、それが戦時の日本で広がっていた忠順な消費のもうひとつの形態だっただけでなく、自主的な国民養成という概念の典型となっていたからである。政治体制が自由主義的であれ権威主義的であれ、世界じゅうの国民国家でおこなわれる国民養成の多くは、国の圧力によってではなく、むしろ自分自身や子供たちをもっと教養ある国民にしていきたいと願う自主性から発している。史跡観光はそもそも国家が国民にそうするよう命じてなされるものではない。それは大体において自発的な行動であり、たとえば軍役でみられる命令対応型の動きとは対極にある。

日本の場合は、大衆的な史跡観光やその他の余暇旅行を容易にする多様な社会基盤《インフラストラクチュア》が、一九二〇年代ないし三〇年代にはできあがっていた。二〇年代には汽車やフェリー、汽船が日本の内地、そして帝国全体を結んでおり、世界の最先進国に匹敵する輸送ネットワークが築かれていた。さらに旅行の促進と観光客の支援にあたる組織も、観光に欠かせないもう一つの大きな役割を果たすようになっていたのである。

歴史学者の高木博志が指摘するように、鉄道省が一九三〇年に国際観光局を設置し、外貨獲得をめざして西洋の観光客を誘致するようになってから、日本では県や市が観光部門を設けたり、半官半民の協会をつくったりして観光の促進に努めていた。[1] そうした両方の手段をとる地方団体はめずらしくなかった。京都は文化遺産の多い市だが、三〇年に全国に先立って、市役所内に観光部門を設けている。それから十年もたたないうちに、帝国内のどこの地方でも、役所内に観光部門をつくることが当たり前になっていく。

当時の商業雑誌は読者の要望に細かく応えるようになっていたが、余暇旅行のアドバイスも怠らなかった。この分野に手を伸ばしたのは、それほど観光に人気が集まっていたからである。読者の獲得をめざし、綴じ込みの帝国観光地図などの付録も定期的につけられるようになった。当時、日本で広く読まれていた雑誌『キング』の一九三六年八月十五日号には、大きな綴じ込み地図がつけられているが、そこには実にいろいろなものが盛りこまれている。鉄道や道路だけではない。帝国全土にわたって、スキー場やアイススケート場、海水浴場、温泉、歴史遺産などの場所が示されていた。[2]

百貨店は消費文化の中心に位置し、それ自体観光の場でもあったが、旅行文化とも密接な関係をもっていた。ナチス・ドイツで、ベルリンのカウフハウス・デス・ウェステンスのような百貨店が旅行部門をもっていたのは事実だが、日本の百貨店が観光の促進に果たした役割はとりわけ大きかった。[3] 一九四〇年には大きな百貨店のほとんどが、店内に日本旅行協会(ジャパン・ツーリスト・ビューロー)のサービスセンターを置き、あるいは自社の旅行サービスセンターを設けていた。多少なりとも実際の旅行につながる展覧会を催すことも多く、百貨店が旅行案内書を出版することもよくあった。たとえば四〇年に大阪電気軌道百貨店部（現在の近鉄百貨店）は『肇国《ちょうこく》の聖蹟《せいせき》を巡る』というガイドブックを発行しているが、この本は神武天皇東征にかかわる史跡を幅広く取りあげたもので、そのいくつかが同社の鉄道を利用して行ける場所にあった。[4]当時、何社かの鉄道会社は、人の多く行き交うターミナル駅に百貨店を戦略的に所有していたのである。

百貨店は旅行を勧めることで、それ以上の見返りがあった。旅行はほかの消費の促進にもつながったからである。観光客はせっかく旅行に行くのだからと、旅に必要なものを買いこんだ。一九四〇年には多くの中産階級の日本人がカメラで旅先の写真や映像を収めるようになった。その行き先が異郷の外地である場合は、なおさらだった。百貨店ではカメラやフィルムに加えて、旅行に欠かせないスーツケースなども売られていた。

日本旅行協会は帝国全土にわたってサービスセンターを展開していただけでなく、旅行客の便宜をはかるために、多種多様な案内書を発行していた。なかでも実用的な案内は、イラスト入りの一〇〇〇ページ程度のもので『旅程と費用概算』と題されていた。一九四〇年の値段は二円五〇銭で、日本旅行協会のサービスセンターに行けば見ることができた。このガイドにはお勧めの場所だけではなく、帝国内（満洲や中国も）ならたいていどこでも、ここからここまで行くと、どれくらい費用がかかるかという情報がこと細かに載っていた。たとえば東京を発着点として、二十二日間台湾を周遊するとすれば、二等で二九一円、三等で一八七円というように、この費用で、どんな旅行ができるかもわかったのである。[5]

紀元二千六百年までの数年間、とりわけ日本が一九三七年七月以降、戦時にはいってからは、観光をめぐる論議は主に経済的利益を中心としたものから、愛国主義の促進に役割を求める方向へと移っていった。

評論家は観光には国民の自覚をはぐくむ要素があると擁護し、実際、観光をほめたたえもした。消費としても認められたのは、観光が教育的な側面をもっていたからである。

日本の草分け観光雑誌『観光』のある寄稿者は、イタリアやナチの観光政策を引きあいに出して、日本も観光によって民族精神を涵養《かんよう》すべきだと主張している。一九四〇年十一月号に掲載されている「ナチ観光政策に学ぶもの」という論考で、橋爪克己《はしづめかつみ》は日本の観光政策の基本目的を変更するようにと提言する。「外貨獲得の狭小な資本主義的経済目的に跼蹐《きょくせき》していた我が観光事業は、以上のナチ観光事業の偉大な精神と組織と活動とから凡《あら》ゆる教訓を学びとり、全く新たなる任務に対する自覚に到達せねばならない。日本観光事業の新たなる動向は、高度国防国家の建設、大東亜共栄圏の確立という最高国家目的と緊密に結合して、その組織と指導原理を革新し、民族発展の素因たらしめねばならない」[6]。一九三四年にヨーゼフ・ゲッベルス（一八九七—一九四五）が、帝国観光委員会をみずからの指揮する宣伝局のもとに置くことにしたのは、偶然の一致ではなかった。ゲッベルスなどのナチ高官は、観光がそれほどプロパガンダ目的に役立つとみなしていたのである[7]。

紀元二千六百年を迎えるころ、旅行には、愛国的な日本人が国の歴史遺産や植民地の事業を理解するのに効果があると認められるようになっていた。そうでもなければ、貴重な資源、とりわけ燃料を使って多くの観光客を運ぶことは許されなかっただろう。もちろん、観光から経済的利益がもたらされなかったわけではない。商業面・戦略面において重要な輸送基盤を維持するうえでも、観光の果たす役割は大きかった。そこから得られる収入は、戦時経済体制のもとで苦しんでいた旧中産階級（たとえば旅館経営者）にも多少の潤いを与えた。軍事産業部門をいっそう発展させるために、日本政府は一九三〇年代以降、統制経済政策をとり、それによって資本を重工業と限られた消費部門に再誘導するようになっていたのである。[8]

日本を訪れた外国人が記したものをみると、紀元二千六百年を直前にしたこの国の旅行部門が活気に満ちていたことがわかる。一九三九年に日本を訪れた英国人のカーベス・ウェルズ（一八八七―一九六二）は、のちに出版した旅行記で、当時のレジャー部門の活況について次のように書いている。「一九三九年夏の日本は、豊かさと愛国主義の絶頂のなかをただよっているようにみえた。とくに旅行者が満洲国や中国北部に行きたいと思うときは、宿泊施設や寝台車、機関車の予約は何週間か先でないととれなかった。劇場は人でいっぱい、アメリカならコニーアイランドやイーストハンプトン、ロングアイランド、あるいはマサチューセッツ州のストックブリッジといったあたりのリゾート地も、その場所にふさわしい階級の人々で混みあっていた」[9]

観光と紀元二千六百年

紀元二千六百年は日本の内地の人々だけでなく、外地植民地の日本人移民や「地元民」、さらには外国の住民（そのなかには日系人も含まれていた）が史跡を訪問する格好の機会となった。帝国日本が一九四〇年に旅行のピークを迎えることになったのはそのためである。[10] 三九年の後半、鉄道省は二千六百年記念にふさわしい旅行奨励の標語を募集した。そのうち三等の当選者がつくった標語は「旅に培《つちか》え　興亜の力」とうたっていたが、これはまさに鉄道省の野心的な計画にぴったりの旅行目的を言い表していた。[11]

旅行の需要が多かったため、一九三九年十二月に日本旅行協会は「二千六百年祝典臨時施行事務所」をつくった。この事務所は以後十三カ月にわたって組織され、割引料金で一万六六〇〇団体の客が祝典関連で聖地を訪れることになった[12]。日本旅行協会の予算は半分以上が鉄道省に依存していた。これも日本でよく見られた半官半民組織の一例といえるだろう[13]。

神武天皇はじめ皇室ゆかりの史跡が多い奈良県や宮崎県などは、スキー場や温泉、先住民のアイヌを目玉にしている北海道などに比べて、この年観光客を引き寄せるのに有利な立場にあった。とはいえ、日本人の多くは戦時であっても冬場のスキーを楽しんでいた。スキーはハイキングや山登り、あるいは水泳など、さらに一九二〇年代に中産階級のあいだではやるようになったレクリエーション活動と同じように、健康を促進する活動として正当化することができたのである。国民の健康は、優秀な兵士や有能な労働者を確保しなければならない政府にとっても、大事な問題だった。病気にきくともてはやされている温泉旅行も同じように認められていた。一九四〇年の日本の状況からいえば、遊びのための遊びはなかなか認められなかったかもしれないが、レクリエーション活動の多くは、国益のためだとして容易に正当化することができたのである。

健康づくりは、雑誌『旅』の一九四〇年一月号が「東京中心の敬神ハイク」で勧めているような、神詣でに組み入れられていく場合もあった。そのコースは、宮城（皇居）から始まって、次に明治神宮、そして最後に靖国神社を訪れることになっていた。これは昭和天皇、それから日本を近代化に導いた明治大帝、さらには国の戦争で命をささげた英霊に敬神の念を示すことによって、肉体と精神を鍛える旅のプランなのだった。このコースで四〇年後半に新しい呼び物となっていたのが、個人の寄贈により宮城の大手濠端に立てられた和気清麻呂像である。この銅像は一九〇〇年以来、同じく宮城外苑に立っていた三人の忠臣の一人、楠木正成の像を補完するものとなった。

史跡観光はニワトリが先か卵が先かのジレンマに似た問題を生じさせる。史跡が保存されるのは、人々がもともとそれに関心をもっていたからなのだろうか。それとも、史跡への関心はだいたいがあとでつくられたもので、その場所を制定し、あがめていくなかで生まれたものだろうか。「国の史跡」は国民国家と同様、近年の産物でしかありえない。国民国家は、近代に定められた国境内の地理的領域に属するものであるなら、たとえ太古であってもすべての過去にさかのぼって国の史跡に対する所有権を求めるものである。そうだとしても、「国の史跡」はやはり近代の産物なのである。近代国家は国の史跡を定めるのに大きな役割を果たしている。とはいえ、その過程にかかわるのは国だけとはかぎらない。

史跡観光は歴史的な場所の商品化を伴い、ある種の消費活動となる。クリスティン・セメンスがナチス・ドイツの観光を研究した際に使った言葉を借用すれば、それは「見るに値する何か」を維持し（あるいはつくりだし）、商売として利用するため、国と民間の関係者が一体になってまとめあげたものといってよい。[14]そのことは九州の宮崎県を例にとれば歴然とする。二十世紀になって、宮崎県の人々は役所も民間も一体になって、中央から遠く離れた人口の少ないこの県を「肇国の聖地」と懸命に売りこみ、観光産業を発展させようとしてきたのである。

肇国の聖地、宮崎

高千穂奉祝会は宮崎県の観光団体の一つだが、この協会が一九四〇年に発行した絵葉書セットは、高千穂が「日本民族《ひのうから》の故郷《ふるさと》」で、「日本精神の発祥地」だとうたっている。さらに「日本人ならば一生に一度は必ずこの聖地を訪れて肇国の大精神を体得すべきではあるまいか」とも記している。[15]何十年ものあいだ、宮崎県の人々は、天孫がこの地に降り立ったと主張してきた。宮崎県の観光関係者は、紀元二千六百年で盛りあがる聖蹟ブームにあやかるため、幅広くキャンペーンを展開してきたが、この絵葉書もそうした一環にほかならなかった。[16]

万世一系思想が国家信条として採用されたために、聖蹟の場所を制定し、場合によってはつくりだすことが必要となった。それを主導したのは主に地方である。宮崎県にはそのような場所があちこち点在していた。聖蹟に人気が高まるのは一九四〇年のことだが、その評判は一夜にして生まれたわけではない。ここにいたるまで、宮崎県民は自分たちの県こそ肇国の聖地だと主張するのに合わせて、かなりの文化資本を投じてきた。紀元二千六百年を活用して、観光客を引き寄せられるのではないかと思ったからである。

宮崎の歴史からみれば、一九三四年は県の観光産業発展に寄与した年としてきわだっている。この年、二つの出来事が日本全国の注目を浴び、それによって旅行先としての宮崎の魅力が高まった。一つは、宮崎・鹿児島両県の関係者による幅広いロビー活動が功を奏し、一九三四年三月に、両県にまたがる霧島山岳地帯が日本初の国立公園に制定されたこと。そしてもう一つの出来事は、そのうれしい発表がなされたときに、十月に開催される「神武天皇御東遷記念二千六百年祭」の準備が進んでいたことである。神武天皇は西暦紀元前六六六年に、六年にわたる東征に出るため宮崎を発ったとされていた。

新たに制定された霧島国立公園のなかには高千穂峰が含まれていた。複数の候補地があったにせよ、天孫降臨の候補地として最有力視されていた場所である。一九三六年には、すでに一二の国立公園が制定されている。しばしば「暗い時代」として描かれる三〇年代に発足し、ほぼそのかたちを整える日本の国立公園制度の歴史は、さらなる研究に値するテーマといってよいだろう。[17]

神武天皇の東征記念祭は、ほぼ宮崎県にかぎられていた。紀元二千六百年の祭典が一九四〇年に国家的規模で大々的におこなわれたのとは対照的である。神武東征二千六百年を祝う一九三四年の祭典は、皇祖発祥の聖地としての宮崎県の評判を高めるうえで大きな役割を果たした。多くの点で、それは六年後の大規模な祝典のモデルとなったのである。[18]

一九三四年に宮崎県の観光業界は二つの基本的な問題に直面していた。一つは遠隔地にはちがいない宮崎県に県外からどうやって多くの人を呼び寄せるかという問題、もう一つは訪れた旅行客に来てよかったと思わせる体験をどのように刻みつけるかという問題である。宮崎県は確かに大都市圏から離れていたが、一九二〇年代には九州圏内の鉄道も通じ、全国から行き来できるフェリーも動いていた。とはいえ本州から宮崎に来る人はまず下関から門司にフェリーで渡り、それから宮崎市まで十二時間列車に乗らなければならなかった。[19]

一九三四年の時点で、宮崎県には中規模の市が延岡（人口七万六〇〇〇人）と宮崎（六万四〇〇〇人）しかなく、観光といっても都会風の呼び物で旅行者を引きつけるわけにはいかなかった。県の主な観光資源は、天皇伝説をもとに発展した史跡と、うまくすれば青島で味わえる亜熱帯気候、砂浜から霧島国立公園の山岳地帯へと広がるさまざまな風景くらいのものだった。

県内各地の協会は、神武天皇東征二千六百年の年に旅行客を引き寄せるために、宣伝活動を繰り広げた。宮崎市観光協会は「日向へ」というシンプルなポスターをつくってキャンペーンを展開し、その年長崎で開かれた「国際観光産業博覧会」にも出店し、とりわけ史跡に重点を置いて、県と市の観光資源を売りこんだ。[20]九州風景協会は作家の国府種徳《こくぶたねのり》（犀東《さいとう》、一八七三―一九五〇）、大佛次郎《おさらぎじろう》（一八九七―一九七三）、田《た》中純《なかじゅん》（一八九〇―一九六六）に依頼して、文芸面から宮崎のよさをアピールする『神国日向』を出版した。[21]

宮崎県にとって、もっとも賢明で、しかもカネのかからない方法を考えだしたのが知事の君島清吉《きみしませいきち》（一八八九―一九六六）である。一九三三年に君島は全国的な協会をつくり、「神武天皇御東遷記念二千六百年祭」を立案・実行する立役者となった。「神武天皇御東遷記念二千六百年祭全国協賛会」は貴族院議員の松平頼寿《まつだいらよりなが》（一八七四―一九四四）が会長となり、全国から一七万九四一〇円九一銭の寄付を集めた。[22] 宮崎県内からの寄付の割合はわずかにすぎなかった。[23] こうしてこの愛国的な行事にかかる費用の大半は、宮崎県外によって負担され、しかも県はそこから大きな利益を得たのである。

神武天皇御東遷記念二千六百年祭全国協賛会は十月五日に秩父宮列席のもと、宮崎神宮で式典をとりおこなった。協賛会は東京や大阪の百貨店で開かれた展覧会も主催したが、その会場には神武天皇東征のパノラマが飾られていた。また協賛会は、祖国の聖地を訪れた若者が泊まれる施設を宮崎市内に建設する費用も負担したばかりではなく、一九三四年に県内の一三カ所を「神武天皇聖蹟」と指定している。[24] つづいて、こうした聖蹟の写真三万枚を小学校などにも配った。[25] だが、のちに文部省の神武天皇聖蹟調査委員会は、宮崎県当局がもちあげた聖蹟をどれひとつとして公式に認めようとしなかった。

とはいえ、宮崎県がこうした史跡を指定したことにより、宮崎こそ肇国の聖地だとする評価が定着する。国史に興味をもつ観光客が、ここをぜひ訪れてみたいと思うようになったのも、そのためである。宮崎県は一九三五年に『日向の聖地伝説と史蹟』という一八二ページのガイドブックを増刷するが、そのときに六ページの付録をつくって、県の指定を受けた一三の神武天皇史蹟を紹介している。[26] 新指定の聖蹟として最初に挙げられたのは皇宮屋《こぐや》で、ここは神武天皇が東征に出発するまで住んでいた皇居とされていた。皇宮屋があったとされる場所は、宮崎神宮から歩いてすぐの便利なところにあり、宮崎バス会社（一九二四年創立）の当時のバスツアーは宮崎神宮を最初に訪れるようになっていた。

宮崎市とその周辺の主なバスツアーは、神武天皇とその父親が祭られている宮崎神宮と鵜戸《うど》神宮を必ず訪れることになっていた。[27] 個人で車を所有する人がほとんどなく、タクシーが贅沢《ぜいたく》だった時代は、遊覧バスがいちばん人気のある交通手段で、観光客はわずか半日のツアーで何カ所も回ることができた。宮崎新聞の一九三四年十月の記事によると、遊覧バスは人気があっただけではなく、「花のような美しい」ガイドが聖蹟について記憶に残る説明をしてくれるのが大評判だったという。[28]

神武天皇船出の地

史跡としての重要性という点で、県内で宮崎市周辺と並ぶのが海沿いの美々津《みみつ》だった。観光客は美々津まで行き、神武天皇が東征のために船出したといわれる湾を一望した。美々津訪問のもうひとつの目玉が、神武天皇が差し迫った遠征に備えながら一服して腰掛けたとされる「御腰掛け岩」を見学することだった。この岩は海ぎわに立つ立磐《たていわ》神社の境内に置かれていた。一九三九年の小冊子で、神武天皇御聖蹟美々津地方顕彰会は国史上この岩が重要性をもつことを指摘した。だが、神武天皇聖蹟調査委員会はその認定を保留している。[29]

「神武天皇御東遷記念二千六百年祭」のアイデアを出したのは立磐神社の社司、橋口健《はしぐちけん》で、君島知事は彼のひらめきに飛びついて、このアイデアを県全体の行事にまで拡大した。[30] 美々津は江戸時代に繁栄した港町だったが、汽車や汽船が大阪などの大都市圏に物資を運ぶようになると、それまでの小型船では太刀打ちできなくなり、次第に衰退していった。しかし、記念行事によって、宮崎県のほかの場所と同じくらい潤ったことはまちがいない。この海辺の小さな村は、神武天皇が船出した聖地として知られるようになり、地元観光業の発展によって、近代技術の普及がもたらした経済的衰退を多少なりとも挽回することになった。

地元の商人はいずれにせよ、諸手を挙げてこの天皇神話を歓迎した。たとえば一九三四年以降、美々津への旅行者は地元の店で、神武天皇ゆかりの団子を買うことができるようになった。西暦紀元前六六六年に神武天皇とその軍がすぐさま船出することになり、急いでつくったとされる団子を再現したという。地元名物の販売は、日本の観光地でどこにも見られる光景だった。旅行案内書には、地元名物にはどんなものがあり、おみやげにはどんなものがいいかといった詳しい情報が載せられていた。観光が盛んになるにつれて、便利な旅行ガイドがもてはやされていたことは、一九二〇年代に日本ですでに大衆文化が大きく育っていた証拠でもある。

宮崎の観光部門が一九三四年に地元に団体観光客を引き寄せたことを、当時の宮崎新聞が取りあげている[31]。同紙によると、近年宮崎を訪れる観光客の数が「著しく」増加したことにより、市内の和風旅館は九三軒に増え、宿泊可能人数は常時二六三七人にのぼるようになったという[32]。宮崎市の記録によれば、この年、市には団体客だけで一万四五四〇人の観光客が訪れていた[33]。宮崎県全体の統計はつかみがたいが、新聞は宮崎市以外のほかの地域でも旅行客が増えたことはまちがいないとしている。

宮崎がみずから肇国の聖地と名乗った一件は、全県にちらばる史跡が商品化されていたことを特徴づけているが、それと似た例としては、ナチス時代にローテンブルクの市長などがここは「ドイツのなかでいちばんドイツらしい町だ」と宣伝に努めていたことがある。[34] ヒトラーの観光と、神武天皇の観光とは似かよったところがある。一九三三年にヒトラーが権力を掌握してから、ランツベルク・アム・レヒの市長などは、そこを「総統の市」として売りだした。[35] ランツベルクは二三年の「ミュンヘン一揆」に失敗したあと、ヒトラーが投獄された場所である。ナチス・ドイツではヒトラーゆかりの場所が人気だったが、日本では昭和天皇に関連する場所の観光は一切なかった。とはいえ、地方の当局者は、みずからこの地こそ初代天皇ゆかりの場所だとしきりに言いつのっていた。観光客はみずから進んで比類なきカリスマ、神武天皇ゆかりの場所に押し寄せた。神武天皇のオーラは、生ける者のしるしともいえる人の欠点によって消え去ることはなかったのである。

　一九三六年から三八年にかけ、内閣の紀元二千六百年祝典事務局は、祝典事業への資金提供に関して一連の決定を下し、宮崎と奈良を皇統と肇国にかかわる「二つの主要聖蹟」と定めた。これが両県にとっては降ってわいたような観光の恵みをもたらした。宮崎の観光業界はさまざまな宣伝を繰り広げて、四〇年の紀元二千六百年に合わせて旅行客を引き寄せようとした。そして、今回助けられたのは、外部の関係者も宮崎県への注目をかきたててくれたことである。

建国搗入餅　旅行雑誌『霧島』（1939年12月号）に松月庵は建国搗入餅の広告を載せ、ブームにあやかった。

　半官半民の「紀元二千六百年宮崎市奉祝会」は宮

「祖国」と「躍進」の日向　４枚組セットのうちの２枚。左は「祖国日向」が天孫降臨の地であることをうたう。対照的に右は「新興躍進の祖国日向」を強調し、飛行機や工場などの近代的なイメージが表されている。

崎市役所内に事務局が置かれ、「肇国の聖地日向」という共通の標語のもと、その他の地方組織とともにさまざまな宣伝物を発行していた[36]。日向観光協会が発行した絵葉書セットのうち二枚を上に示したが、そこには県と天皇神話とのかかわりだけではなく、近代的な工場のイラストも描かれている。神秘性と近代性の合わさった複合的なメッセージこそ、紀元二千六百年記念行事の特徴だったのである。

　隣の鹿児島県は、みずからを肇国の聖地と称する宮崎県に負けてはいなかった。紀元二千六百年鹿児島県奉祝会は、観光パンフレットを発行し、鹿児島こそ肇国の聖地にふさわしいと訴えた（口絵11）。そして、隣県からのこうした挑戦に刺激されて、宮崎県民は自分たちの県こそ国史で特別の役割を担ったのだと、いっそう声を挙げることになった。

宮崎県の観光雑誌『霧島』は一九三四年以降、年数回発行されていたが、三八年からさまざまな読者を対象（たとえば若者向け）とした記事を連載し、神武天皇の宮崎での足跡を全体にわたり、あるいはその一部を詳しく追いかけていた。三〇年代の終わりには、宮崎にかぎらず全国の旅行業者が、「巡礼」とか「聖地巡り」「聖地巡拝」というような言い回しで、宮崎から旅順激戦地におよぶ聖地を訪れるよう呼びかけていた。巡礼と観光はしばしば重なりあっていた。旅行者には、区別のむずかしいふたつの境界を分けることは、ほぼ不可能だった。当時、巡礼という言い方がはやったのは、まさに愛国精神教育という名のもとで旅行を正当化するためである。戦時下にあっては、そういわなければ、どんな旅行も不要不急のもととして、あっさりしりぞけられる恐れがあった。

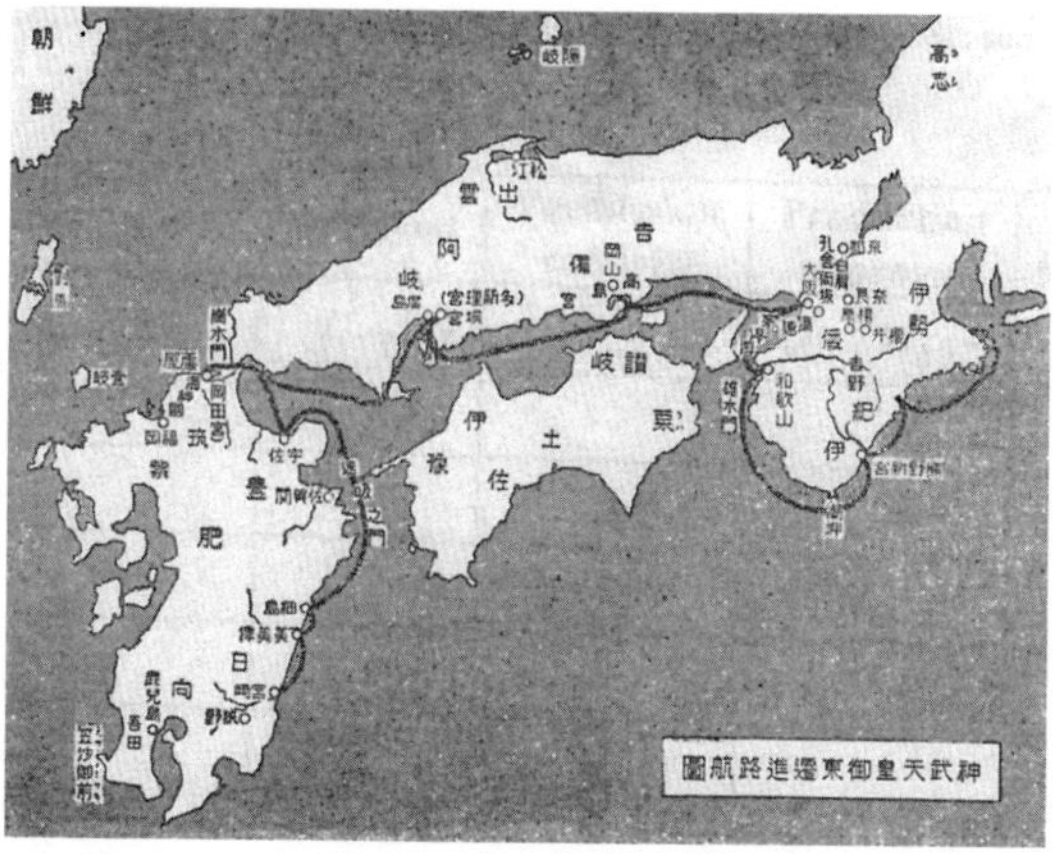

神武天皇の海路　1940年には神武東征の海路はほぼこのようであると信じられていた（「神武天皇御東遷進路航図」）。

　鉄道省は一九三四年以降、日本旅行協会と連携して、国内観光旅行の促進に努めてきた。三八年から鉄道省は、前年から始まった「国民精神総動員運動」にちなんで「祖国認識旅行叢書《そうしょ》」を出版しはじめる。三七年に日中間の戦争が勃発したため、観光旅行は一時自粛されたが、翌年にはブームが再燃し、むしろ以前よりも盛んになっていた。[37]

「祖国認識旅行叢書」としては一〇冊のガイドブックが刊行されるが、そのなかには『幕末烈士の遺蹟』や『吉野忠臣の遺蹟』というようなものが含まれている。幕末烈士とは尊皇を掲げて明治維新を導いた愛国者のことであり、吉野は後醍醐天皇が十四世紀に天皇親政を実現しようとした場所である。叢書が目的としていたのは、こうした歴史的テーマに関連する場所に即して旅行者を教育すること、そして関心のある場所を訪れる際に必要となる実用的知識を提供することだった。[38] 皇統の始まりを紹介した本には『肇国の聖蹟』という題がつけられている。[39] この本には、神武天皇の足跡を詳細にたどった何枚かの地図も載っており、その一枚は東征の海路をたどるものとなっていた。

作家も観光に一役

一九三八年以来、日本旅行協会の人気雑誌『旅』は、宮崎県の聖蹟を紹介する数多くの記事を掲載していたが、そこに登場するのは最近宮崎を訪れた人であることが多かった。三九年十一月号に「日向を語る」という座談会が載っているが、そこでは中村地平《なかむらちへい》（一九〇八—六三）、中川一政《なかがわかずまさ》（一八九三—一九九一）、尾崎士郎《おざきしろう》（一八九八—一九六四）、井伏鱒二《いぶせますじ》（一八九八—一九九三）、上泉秀信《かみいずみひでのぶ》（一八九七—一九五一）といった画家や作家の面々が、十日間訪問した宮崎の印象を語っている。[40]

一九三〇年代の終わりには、日本旅行協会や、その一二の支社、地方の旅行協会が文芸関係者に声をかけ、しばしば全額負担で決まった場所を旅行させ、文章や絵でその旅行記を綴らせるというのが、よく見られる手法になっていた。それまでも日本では新聞社が文学者らと契約して、本格的な紀行を書かせていた。ちなみに南満洲鉄道（満鉄）は、一九〇九年に鉄道を利用した夏目漱石（一八六七—一九一六）をはじめ、長年、著名作家が朝鮮や満洲を訪れる際のスポンサーを引き受けている。[41] 三〇年代後半から旅行会社や観光業界は、さらに頻繁に文芸関係者を活用して観光地の宣伝に努めるようになった。

宮崎を語る座談会のなかで、中村地平は宮崎神宮や鵜戸神宮を例に挙げ、「日向という国は、神さまに非常に近しい感じのする土地なんです」と話している。中村もその他の出席者も、聖蹟について長々と語っているわけではないが、それでも、だいたいの聖蹟を訪れたと話すことを忘れなかった。そうした場所を訪れたことは、とりもなおさず、彼らがある程度は天皇神話を受け入れていたことを示している。しかし、座談会の出席者たちは、宮崎県が国史に果たした役割を誇張しようとする地元の動きにも注目している。上泉は座談会のなかで、宮崎だけを「祖国」と言わせようとする地元の動きに辟易《へきえき》したかのような口ぶりをもらしている。[42]

ざっくばらんな面々が座談会で、旅行ガイドブックや旅行の宣伝に掲げられている精神的変革といったものにまったく言及していないのは、宮崎の史跡をちらっとしか訪れなかったためかもしれない。彼らはむしろどうすれば宮崎を観光地臭くない観光地にするかといった点も含めて、むしろ県のほかの部分に興味をもっていたようだ。この五人のなかで、今日もっともよく知られている井伏鱒二と白鳥神社の近くを訪れた上泉秀信は、たとえば宿屋などの適切な設備ができれば、このあたりはいい温泉郷になるだろうと語っている。

地元女性の品定めは当時の旅行雑誌の特徴で、男性の論者からなる座談会の共通テーマだった。これに加えて、五人の作家は地元のうまいものを端から取りあげたかと思うと、神楽《かぐら》など民間の伝統神事を観賞したりもしている。旅先としては宮崎の田舎が最高だと断言することによって、座談会の出席者は宮崎県の宣伝係としての役割を見事に果たした。はるか昔にさかのぼるとされた伝統行事は、昔の理想化された田園を探し求める都会人をひきつけた。当時、観光客がめざした宮崎県などの日本の辺境地域は、いつまでも変わらぬふるさとという印象をかきたてたのである。これは確かに観光客を引きつける要因にちがいなかった。[43]

高千穂の農家の娘　農家の娘を撮ったこの写真は、高千穂のベストショットを選ぶため、1939年後半から40年初めにかけて催された全国写真公募で入選した12作品のうちの1枚。大阪朝日新聞の担当者が応募作を審査し、1940年に高千穂奉祝会からこのような絵葉書が出された。

日本の民俗学者は、田舎に真の姿を見いだそうする人々に方向性を与えていた。「地方性の文化的価値」というエッセイで、民芸運動家の柳宗悦《やなぎむねよし》（一八八九—一九六一）は、こう書いている。「日本を親しく見つめようとする人は田舎に入らねばならぬ。そこには日本の厳然とした存在があるからである。日本がもし地方の文化を失うなら、日本と呼ばるべき特色の何ものをも失うに至るであろう」[44]

右の写真は田舎風の服装をした農家の娘を撮ったものだが、農村地帯の魅力が見事に表されている。農村地帯は、近代性によって汚されていないと考えられていたのである。写真撮影は観光と密接につながった趣味であり、一九三〇年代後半には、有名な場所の写真を選考する懸賞募集がごく普通におこなわれていた。製薬会社の仁丹は、四〇年二月十二日に「神武天皇聖蹟写真」を募集するという広告を出している。[45]入選作には全部で一〇〇〇円の賞金が出されており、腕に自信のある人々は二月二十九日という間近に迫った締め切りに向けて、初代天皇ゆかりの地の心に残る写真を撮ろうとはりきっていた。

日向観光協会の広報誌『霧島』は一九三九年十二月号に、中村地平ほか四人の面々が宮崎県を訪れた印象を語るという座談会を掲載している。[46]雑誌『旅』と同じような企画だが、そこにはずっと詳細にわたる箇所もあった。座談会の最終ページには、作家たちが宮崎について書いたさまざまな作品のリストが並べられている。この雑誌ができる前に、五人の作家は宮崎県訪問を機に二つの座談会に加え、全部で二四本の作品や記事を書いていた。「高千穂日記」とか「美々津」「日向の女」といった作品で、東京朝日新聞や読売新聞、『婦人公論』など、一九の雑誌や何紙かの大新聞に掲載されていた。五人のうち四人は『霧島』にも短い原稿を書いている。さらに中川一政は自分の経験したことをラジオでも話し、その番組は三九年七月に全国放送されている。

日向観光協会は作家たちの旅行を金銭的にも支援したようだが、その費用は宣伝費としては安いものだったろう。宮崎県訪問によって作家たちが生みだした全作品を掲げることによって、日向観光協会は一般の人々にまざまざと宣伝の威力を見せつけた。一方、中村地平や中川一政、尾崎士郎、井伏鱒二、岡田三郎（一八九〇―一九五四）は、読者の獲得にしのぎを削る新聞や雑誌の求めに応えて、宮崎の旅の印象をつづることができたのである。

一九三九年の後半、多くの読者をもつ女性雑誌『婦人倶楽部《クラブ》』は、人気のある詩人で歌人の西条八十《さいじょうやそ》（一八九二―一九七〇）に依頼して、「肇国の聖地巡礼」という紀行を書いてもらっている。それは五人の文学者の座談会よりはるかに愛国心あふれる作品となった。[47]『婦人倶楽部』は推定一〇〇万部の発行部数を誇り、主に中産階級を読者としていたが、西条の紀行は一九四〇年一月号、二月号、三月号の三回にわたって掲載された。そこには宮崎に始まって奈良に終わる「巡礼」で訪れた聖蹟の歴史的重要性が詳述されていた。さらにまた聖蹟を訪ねる著者を撮った写真が、紀行に趣を添えていた。「第二信」では五枚の写真が掲載されているが、そのうちの一枚には、神武天皇が座ったとされる大きな石のある美々津の立磐神社に参拝する西条の姿が写っている。

ガイドブックなどで大宣伝

宮崎の旅行記に人気が集まったため、宮崎県の聖蹟を中心とするさまざまな案内書が出版されることになった。一九四〇年に日本旅行協会は『神武天皇の御聖蹟——日向から大和へ』という旅行案内小冊子を出版した。このガイドブックがあれば、神武天皇の足跡をたどりたいときには、天孫降臨の地と目される宮崎県の三つの場所を起点として、一二六歳まで生きた神武天皇の三五の重要な場面からなる史跡を一つ（できれば聖蹟と認定されている場所）、さらにはたくさん（認定されていないものを含めて）見て回ることができた。神武天皇の史跡めぐりの最後がどこになるかについては一点の疑いもなかった。誰もが奈良県の畝傍山《うねびやま》にある神武天皇陵をその場所として敬っていたのである。[48]

鉄道省自体も一九四〇年に『聖地古日向』というガイドブックを出版した。この本には肇国の聖地について旅行者が知りたいと思うあらゆる情報が含まれており、若山牧水《わかやまぼくすい》の「日向国の歌」までが引用されていた。簡便で、いかにももっともらしい「宮崎県に於《お》ける神代並《ならび》に神武天皇聖蹟地図」もついていて、旅行者が行き先をしぼって、古墳や神社、その他の名所を訪れることができるようになっていた。[49]

風景協会は二千六百年を奉祝するため、雑誌『風景』に「聖地風景」という特集を組んだ。[50] 写真と組みあわさった随筆が、読者を聖蹟にちなむ風光明媚《めいび》な地へと誘《いざな》うようにできている。近代の旅行者に共通することだが、日本の旅行者も自然のすばらしさを味わい、それを文章に表現してみたいと思っていた。美術評論家の黒田鵬心《くろだほうしん》（一八八五—一九六七）は、「霊峰高千穂と附近の神蹟」という随筆のなかで、高千穂の山頂に登って一時間ほど付近を見て回ったとき「何とも言えない気分」に打たれたと書いている[51]。黒田のうっとりするような記述が、至高のものと聖なるものとを結びつけたいと願う人々の関心をかきたてたことはまちがいない。ちなみに『風景』奉祝紀元二千六百年記念号に寄稿したもう一人の著者は、神武聖蹟巡礼を「国民的行事」としたらどうかとまで提唱している。

宮崎県の観光宣伝には映画もよく活用された。鉄道省は一九三〇年代半ばに『聖地高千穂』というナレーション入りの映画をつくり、アシヤ映画製作所は四〇年に『聖地日向』という無声映画を公開している[52]。こうした観光映画は三〇年代のはやりの一つであり、このころ帝国全土にわたる観光を促進する手段として広く用いられていたのである。設立されたばかりの日本観光事業研究所が四一年に発行した『日本観光年鑑』には、この十年間に製作された観光促進映画が一五〇本以上並べられている。年鑑によると、これらの映画はほとんどが無料で貸しだされていた。劇場などで本編が始まる前に、別のものと合わせて短編映画として流されたようだ。

旅行業者だけではなく各マスコミがかなり宣伝に力を入れたこともあるが、宮崎県の観光部門を潤した事業はほかにもあった。大阪毎日新聞が主催して、神武天皇の航海を再現しようとした企画もその一つである。新聞社が応援して、県が宮崎市に建立した「八紘《あめつち》の基柱《もとばしら》」も評判を呼んだ。大阪毎日新聞は一九四〇年に三二〇万の発行部数を誇るようになるが[53]、三九年に美々津を拠点とする団体に五〇〇〇円を寄贈している。この団体は紀元二千六百年に合わせて、神武天皇の航海を再現しようとしていた。寄付は船の建造にあてられ、そこに選抜された八〇人の若者が乗りこんで、神武天皇の指揮する遠征軍が通ったと考えられるルートを航海することになっていた。それをできるだけ忠実に再現するため、企画者は信憑性にこだわった。神武天皇が実在の人物でないことが認められている今日の観点からすれば、その努力はやや滑稽とみられなくもないが、当時は真剣だったのである。

その船「おきよ丸」の設計は、古代（といっても神武天皇のいたとされる時代より千年ほどのち）の宮崎県西都原《さいとばる》の古墳から出土した船型埴輪をもとにしていた。凝縮された十二日間の船旅は、一九四〇年四月十八日に美々津から始まり、途中六県の一四港に立ち寄って、四月二十九日に無事、大阪港到着で幕を閉じた。大阪港では遠征した皇軍にふさわしい歓迎が待っていた。おきよ丸の到着を当日、日本放送協会は五十分にわたって放送している[54]。大阪に着いたあと、乗組員は上陸して橿原神宮と神武天皇陵の参拝へと向かった。毎日新聞は初代天皇の偉業の再現にかなりの紙面を割いた。これは新聞社が周到につくりあげた物語だったのである[55]。

歴史の再現はよく用いられる手法で、観光と密接なつながりをもつ史跡を印象づけ、広く伝えることを目的としていた。それは記念碑でも同じである。紀元二千六百年を記念して宮崎市に建設された八紘の基柱は、観光客がよく訪れる場所となった。歴史学者の古川隆久《ふるかわたかひさ》は、知事の相川勝六《あいかわかつろく》（一八九一—一九七三）が先頭に立って八紘の基柱を建設しようとしたのは、宮崎への観光を盛んにするためではなかったと論じている[56]。しかし、雑誌『霧島』の編集者は、あきらかにこの記念碑が観光客を引き寄せる可能性があるとみて、一九三九年十二月号の表紙に当時建設中のこの基柱の絵を使っていたのである（口絵12）。

帝国全土にわたる募金などをもとにしてつくられた八紘の基柱は、一九三九年に建設が始まった当初から、観光客を引き寄せていた。この建物は戦後「平和の塔」と改名され、論議がなかったわけではないのに、現在も観光客の人気スポットとなっている。塔の基底部に収められた彫刻や浮き彫りを見るには地元当局から特別の許可をもらわなくてはならないが、それらを眺めると、戦時期の日本においてどれほど万世一系思想が、軍事手段による海外発展を正当化していたかをはっきりと知ることができる。[57]

手元の統計によれば、聖蹟ブームによって宮崎県の観光産業はかなり潤っている。一九四〇年には団体だけで五万二五九九人の旅行者が宮崎市を訪れたが、これは三四年のほぼ四倍にあたる。さらに言えば、戦前では二番目の記録となった三九年と比べても、その数は二・五倍となっている。[58]『宮崎市史』によれば、四〇年に観光客が急増したのは、大陸での戦争がつづくなか、帝国内で異国情緒あふれる代わりの場所を求めて修学旅行団体が増加したことも一因ではないかという。しかし、増えたのは修学旅行生だけではなかった。この年、一〇〇以上の全国団体が宮崎で会合を開き、そのあと参加者はさまざまな場所を回っている。それに加えて、個人客もまた多かった。[59]県のほかの地域も、宮崎市ほど大もうけはできなかったにせよ、観光で潤ったことは確かである。

国史の故郷、奈良

奈良県は多くの面で宮崎県とよく似ているけれども、宮崎とは大いに異なるところがあって、旅行者はそこにひかれていた。一九四〇年の時点で、日本の五大都市圏のうち四つの地域、つまり大阪、名古屋、京都、神戸に住む人は、奈良を日帰りで観光することが可能だった。東京からでも宮崎ほど遠く離れてはいない。夜行列車に乗れば、次の日に奈良を見学することができたのである。

宮崎とちがい、奈良は明治時代以前から旅行者のあこがれの地だった。奈良には聖蹟も数多いが、旅行者はそれだけにひかれたわけではない。比類なき観光資源に恵まれた京都からもそう遠くはなかった。一九三六年に吉野熊野国立公園（吉野朝の史跡もそのなかに含まれていた）が制定されてから、奈良県の観光資源はさらに充実した。[60] それでも物足りないというなら、近くに伊勢神宮もある。もっとも神聖な皇室ゆかりの地であり、伊勢神宮は古くから人々が参拝してみたいと思っている場所として知られていた。そこで、伊勢、京都、奈良をめぐる旅程がよく組まれたのである。[61] 遠方からやってくる人には願ったりかなったりの旅程だった。伊勢神宮だけでも、四〇年に戦前では最高の四〇〇万もの人が訪れている。[62] 加えて四〇年の半ばには、すでに神武天皇聖蹟調査委員会が奈良県の八つの場所を神武天皇聖蹟に指定しており、それによって奈良県は紀元二千六百年において、他県とは比べものにならぬほどの優位を保つことになった。

以上のような理由から、一九四〇年に奈良県を訪れた人は宮崎県を訪れた人よりはるかに多かったのはいうまでもない。紀元二千六百年に奈良を訪れた旅行客が累計で三八〇〇万人を数えたということは、このころ日本の旅行ブームがいかに盛んだったかを物語っている。[63] 奈良に一泊以上した観光客のなかには遠方からやってきた人も多かった。朝鮮からは一万八〇〇〇人、満洲国からは七〇〇〇人、樺太からは五〇〇〇人、台湾からは一〇〇〇人という具合である。[64] 朝鮮からの一万八〇〇〇人と、樺太からの五〇〇〇人が、ほとんど日本人の開拓移民だったとすれば、朝鮮に住む日本人の四〇人に一人、樺太に住む日本人の八〇人に一人が、この年、奈良を訪れた計算になる。

個人で海外の植民地から日本の内地にやってくるには、かなりの費用がかかった。個人よりもツアーの団体に入るほうが、多少割安になっただろう。一九四〇年の初め、京城日報は橿原神宮、伊勢神宮、熱田神宮（ここには三種の神器のひとつである宝剣が収められている）、明治神宮、靖国神社、皇居を訪れる十一日間の聖地巡拝旅行を企画した。二等を使って京城（現ソウル）から往復する料金は、全費用込みで一三五円だった。[65] これは中産階級の月給からしても相当な出費である。毎月の給料に加えてボーナスも支給されるホワイトカラーは、年一回ないし二回の特別収入のない人々より旅行しやすい地位にあった。

外地に住む日本人の子弟が内地に修学旅行でやってくる場合もある。一九四〇年には外地で多くの日本人が生まれ育っていた。日本人移住者の子供たちの多くは、聖地をめぐる修学旅行によって初めて日本の内地と接したのである。京城生まれの長田《おさだ》かな子は、それから何十年たっても、一九三九年夏に経験した内地修学旅行のことを覚えていた。彼女は十代の同級生と一緒に橿原神宮や伊勢神宮、靖国神社に参拝し、宮城前では涙ぐんで、天皇への忠誠を誓ったものだという。[66]

初代天皇が即位した場所として伝えられ、神武天皇陵にも近い橿原神宮は、一九四〇年においては、奈良最大の観光地、東大寺をしのぐ人気を集めたと思われる。[67] この年の元旦三が日に一二五万人が橿原神宮を訪れたが、この数は前年の二〇倍にあたる。さらに二月十一日の紀元節にも七〇万人が訪れている。四〇年一月から十一月まで、橿原神宮と神武天皇陵に近い大阪鉄道（大鉄〔現近鉄〕）の二駅で降車した旅客は九〇〇万人。[68] 神武天皇陵を訪れた人数の統計はないが、橿原神宮の参拝者は神武天皇陵も参拝することが多かった。日本人が神社に参拝するときは、お賽銭《さいせん》を納めたり、おみくじを引いたりするのが通例で、そうなると一挙に参拝客が増えたことで、神社の財政が潤ったのはまちがいない。本書の口絵に示したの

建国奉仕隊の絵葉書　畝傍山のふもとを整備する建国奉仕隊の姿が写っている。記念スタンプは八咫烏の絵だ。

は、橿原神宮と畝傍御陵の巡拝記念として、当時購入することのできた絵葉書セットの写真である（口絵13）。

なかには七枚の葉書がはいっており、そのうちの一枚には建国奉仕隊が作業している様子が写っている。その後ろには畝傍山が見える。この葉書には、一九四〇年に橿原神宮参拝者なら押すことのできた記念スタンプのひとつが押されているが、その写真説明では、建国奉仕隊が全国津々浦々だけではなく大陸からも集まったことが強調されている。さらに三八年から三九年にかけ、奈良県には一〇〇万人以上が労働奉仕団としてやってきて、身分のいかんを問わず、「建国の聖地」の整備拡張に努めたとも書かれている。四〇年の橿原訪問者には、かつて建国奉仕隊に加わった人、さらには奉仕隊の成し遂げた仕事を見に来た家族や友人もいたことはまちがいない。

つくられた聖蹟

宮崎の場合と同様、奈良の聖蹟に人気が集まったのは近年になってからである。奈良県でもっとも知られた二つの皇室関連史跡は、国の起源にとってきわめて重要だと考えられて、近年つくられたものだ。歴史学者の前圭一《まえけいいち》は、尊皇攘夷派によって天皇の権威が見直されるようになった時代に、幕府は公武合体をはかるため、一八六三年に神武天皇陵を治定《じじょう》して、みずからの政治権力を維持しようとしたと述べている[69]。それから八十年にわたり、とりわけ明治維新以降は、初代天皇の墓所と目される地が、列島におけるもっとも神聖な場所として祭られるようになった。

同じように、歴史学者の高木博志のいう「国民が神武神話に参加する装置」としての橿原神宮も、一八八九年以前には神社として整備されていなかった[70]。神武天皇の墓所も橿原神宮も、紀元二千五百五十年にあたる一八九〇年には、旅行者にとってさほど意味をもつ場所ではなかった。そもそも神武天皇即位二千五百五十年自体が、とくにこれといった関心をもたれないままで終わっている。紀元二千六百年祝典事務局が祝典に関連して六つの事業を掲げ、それによって予算を橿原神宮に割り当て、その整備と拡張に努めるよう指示したのは一九三〇年代後半になってからである。畝傍山と神武天皇陵、橿原神宮が神武天皇聖蹟として三位一体の景観をなすのは、紀元二千六百年を迎えてからだと高木は指摘している[71]。この三つの場所は近接しており、四〇年は訪問者によってあふれ返るほどとなった。

建築史家のなかには、たとえばナチス・ドイツと比較して、日本には一九三〇年代のファシスト帝国イデオロギーをあがめるような建造物がほとんど見当たらないと思っている人がいる。だとすれば、橿原神宮や宮崎神宮などの大社の修復や拡張、さらには天皇陵の整備などはどう考えればよいのだろうか。神社の個々の建物や天皇陵にしても、その規模はヨーロッパ基準（たとえば高さ）からすれば、さほど大きいわけではない。しかし、重要な問題は、神社や天皇陵が万世一系思想とつながる記念物として機能したことである。アルバート・シュピアの設計したナチズムを代表する建造物と同じように、それらは帝国日本との関連において象徴的な意味をもっていたのではないだろうか。日本の紀元二千六百年では大規模な事業に伴い、ファシズム特有の参加方式がみられたが、ナチスが記念建造物をつくる際には、そうした特徴は見られなかったと論じることも可能かもしれない。それに関連して歴史学者のアキコ・タケナカも、一九三九年から四五年にかけて帝国日本ではさまざまな戦争記念建造物がつくられたが、その計画や発案にあたっては、建造物自体の性格より、参加という要素のほうがはるかに大きな意味合いをもっていたと述べている。[72]

記念品に人気

日本の数多くの地方と同様、奈良市と奈良県が観光に力を注ぐようになったのは、ようやく一九三〇年代になってからである。ちなみに奈良市の当時の人口は五万五〇〇〇人、奈良県の人口密度は宮崎県と同じく、さほど高いわけではなかった。歴史学者の古川隆久は、三〇年代の初めには、すでに奈良県の諸団体が中央政府に対し、紀元二千六百年に大規模な記念行事をおこなうよう働きかけていたことを明らかにしている。それをてこにして、奈良県は社会基盤《インフラストラクチャー》を改善し、さらに観光産業を発展させようとしていたのである。[73]

一九三六年には奈良市観光課が「国史の故郷、聖蹟大和の再認識」というスローガンを掲げるようになっていた。[74]三八年に奈良県観光協会は紀元二千六百年を念頭において、旅行雑誌『観光の大和』の発行に踏みきった。その創刊の言葉にいわく。「皇紀二千六百年を迎うるに当《あた》って、皇祖、御践祚《せんそ》の聖地大和を、吾々《われわれ》大和民族発祥の地大和を、唯《ただ》、徒《いたず》らなる名勝地として、見過ぎ、通り過ぎて行かるる事は、大和人に取っては、たまらなく残念な事ではあるまいか。茲《ここ》に本誌の重大な責任を痛感する次第である」[75]

この創刊号には「皇陵・大社を中心とした大和ハイキングコース」が八つ紹介されている。最初に挙げられた畝傍方面に行けば、「建国の聖蹟で伊勢大神宮に次《つい》で国民敬崇の最高聖域」を訪れることができた。[76]このコースをたどれば、橿原神宮や神武天皇陵に加えて、第二代、第三代、第四代、第八代、第二八代の天皇陵に出合える。最初の五代は実在の天皇ではなかったにもかかわらず畝傍コースにはいっていたが、第二八代とされる宣化《せんか》天皇は六世紀に皇位にあったことがわかっている。一八八九年に政府は正式に全天皇陵を治定した。[77]それでも、宣化天皇の陵とされる場所は、ほかの実在の古代天皇(実在しなかった天皇はいうまでもないが)の陵と同じく、公認されているにもかかわらず、疑わしい部分が残っていた。

雑誌『旅』は一九四〇年までの数年、あるいは四〇年を通して、奈良の聖蹟を多くの記事や座談会で取りあげていた。[78]日本旅行協会や鉄道省、それにさまざまな著者が、たとえば『関西聖地巡拝』や『聖地大和』『聖蹟大和』といった題で、大和の歴史遺産をめぐる数々の旅行案内書を出版していた。[79]紀元二千六百年祝典事務局は雑誌『紀元二千六百年』で二つの特集を組んでいる。一つは三八年の皇陵号、もう一つは三九年の神社号で、どちらも旅行案内として役立つようにつくられていたが、ここで主に取り上げられていたのは大和地方だった。[80]

聖蹟に観光客を運んでいる輸送会社は、大々的に宣伝を繰り広げていた。大阪商船会社(OSK〔現商船三井〕)は「紀元二千六百年記念、船で聖地巡拝」という簡潔な標語で、奈良と九州をつなぐ航路を売りこんでいた。[81]奈良と近隣の県を結ぶさまざまな鉄道会社は、何百万もの旅客をとりあう絶好の機会に恵

聖地巡拝必携品の広告　松林堂は聖蹟ブームにあやかり、「聖地巡拝必携」とうたって、さまざまな記念品を宣伝した。松林堂が売りだしたのは、聖地を巡拝して印を押してもらうための軸物や帳面である。こうした記念品は左ページの皇陵謹拝譜や、楠公遺蹟巡拝譜、大社めぐりの軸物という具合に史蹟ごとにつくられていた。（『肇国の精神』1941年８月号）

まれ、宣伝に余念がなかった。大阪と京都を結ぶ京阪電車は、頻繁に出る特急電車を使えば、官幣大社一二社や六九皇陵を全部巡拝できると、路線沿いの巡礼コースを宣伝していた[82]。これに負けじとばかりに、奈良電車〔現近鉄〕は「奈良電車ヲ中心トシタル皇陵巡拝案内図」を発行し、沿線には七〇以上の皇陵があり、簡単な乗り換えで一五以上の皇陵を見ることができると紹介していた[83]。

大宣伝を繰り広げていたのは大鉄電車も同じだった。駅から近いという利便性があったため、橿原神宮と神武天皇陵の人気を当てこむことができたのである。大鉄は雑誌や新聞などに、手を替え品を替え、聖地巡拝には大鉄を使うのが便利と宣伝していた[84]（口絵14）。大鉄が紀元二千六百年のために作った『橿原神宮参拝案内』によれば、橿原神宮前から大阪中心部まではわずか四十分で、その往復費用も一円二〇銭しかかからなかった[85]。この案内書には、大鉄の路線がどれほど神武天皇東征の一部と重なっているかを示す地図もついていた。同じ系列にある大鉄百貨店は、二月二日から紀元節の十一日まで「建国聖地展」を開催し、顧客を集めると同時に大鉄での旅行を促そうとしていた[86]。鉄道会社と百貨店、新聞社は、政府とは別に、数え切れないほどの文化事業を展開する三大スポンサーだった。そして当時の中産階級にとっては、こうした文化事業が一種のレジャーとなっていたのである。

一九四〇年に多くの人々が聖蹟を訪れたことからすれば、記念品関連の市場がにぎわったのもうなずける。大和の聖蹟を描いた紀元二千六百年の絵葉書はごまんと出ており、それから六十年以上たつ、二〇〇四年でも京都あたりのフリーマーケットで簡単に入手できるほどだった。こうした絵葉書には、皇陵のくすんだモノクロ写真から、神武天皇のまったく想像の肖像画、さらには吉田《よしだ》初三郎《はつさぶろう》（一八八四―一九五五）の描いた優雅なカラー図版まで、さまざまなものが含まれている。吉田は多作の画家で、大和の「聖蹟」や伊勢神宮、熱田神宮などの名所を微細に描いたことで知られる。絵葉書は送るためというより、コレクションとして集められることが多く、吉田の描いたセットもそのようなものだったらしい。吉田はほ

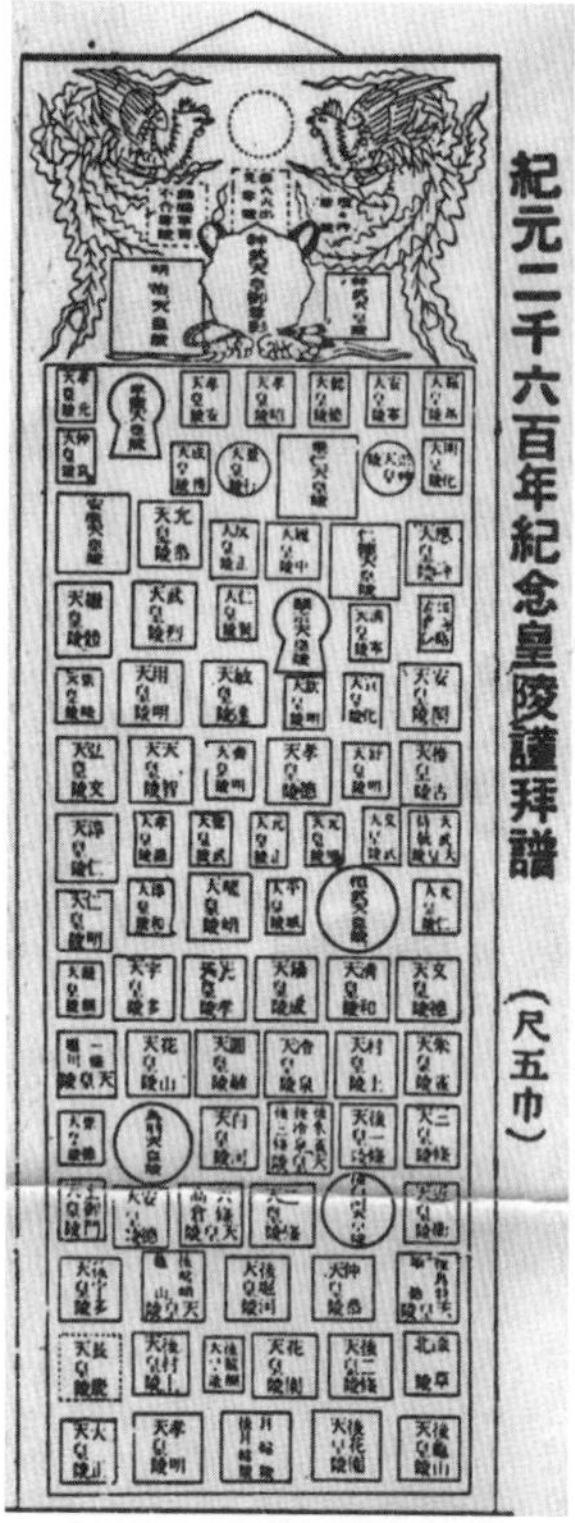

「紀元二千六百年記念皇陵謹拝譜」雑誌『紀元二千六百年』（皇陵号）1938年10月号に掲載された松林堂の広告から。神武天皇、明治天皇などを最上段に、以下、右上から左へ順に歴代天皇陵が配置されている。

かに大和地方の「神武天皇歴史場面」をカラー鳥瞰《ちょうかん》図として出しており、これも優美な記念品となった。[87]
松林堂は一六六、一六七ページにあるように「聖地巡拝必携」の品々として数々の製品を売りだしている。

聖蹟観光とは何だったのか

一九四〇年が進むにつれて、消費者が自由に選べる品目はだんだん少なくなっていくが、それでも中産階級の日本人にとって旅行はまだ認められた活動だった。人々は二〇年代以降、レジャーに気分転換を求めるようになっていたが、日々の生活が困難を増すなかで、旅行はいらいらを解消する調整弁としての役割を果たしていたのかもしれない。そして、旅行者が国の史跡を訪れるかぎりは、余暇としての旅行も、中国との戦争を含む国策を熱心に支持する手段になりうると正当化することも可能だったかもしれない。

観光が時の体制にとって大きな政治的価値をもっていたことは否定しがたい。観光には総力戦に向けての動員という側面も含まれている。それでも観光部門のにぎわいと、戦時日本が暗い谷間で苦しんでいたという見方を両立させるのは不可能である。たとえ聖蹟への訪問が義務でなされていたとしても、それは旅行者が気晴らしを求めて出かける余暇旅行であったことに変わりない。私が調査した旅行記録には楽しそうな面が見られ、何百万もの民衆が愛国的な史跡の訪問を押しつけられていたという見方とはかなり印象が異なる。この点でも「暗い谷間」論の支持者は聖蹟ブームを説明しきれないと思われる。

容易に想像できることだが、子供のいる家族が一九四〇年に奈良を訪れたとしたら、橿原神宮や神武天皇陵に行くよりも、奈良公園で鹿と遊ぶ時間のほうが長かったにちがいない。紀元二千六百年に合わせて奈良市がつくった観光ポスターがいまも残っているが、そこでも厳かな聖蹟より鹿が大きく取りあげられている。[88] 国の史跡を訪れた観光客の経験の幅は多種多様だったとみるべきではないだろうか。

多種多様とは次のようなことだ。極端な例を挙げると、若い恋人たちにとって聖蹟訪問は、愛国的な建前を持ちだして、デートをする口実にすぎなかったかもしれない。その一方で、敬虔《けいけん》な国家主義者にとっては、こうした訪問が精神を揺さぶる機会となった可能性もある。しかし、奈良や宮崎などの聖地を訪れて、聖蹟をとりあえず見ただけの観光客であっても、旅行を通じて万世一系思想がさらにしみこんだことはまちがいない。当時、日本人にあまねく受け入れられたこの思想は、日本と日本文明は比類なく、他の国や文明に卓越しているという主張を正当化していたのである。

日本の旅行者が利用した言説、象徴性、記念建造物は、当時の軍国主義的・拡張主義的な政策をさらに支持するように仕組まれていた。国は余暇旅行を史跡に向けるよう仕向け、いまと同様に「人と同じものがほしくなる」消費者意識が当時の消費者にも働いていた。それでも、最終的に聖蹟に行こうと決めるのは、消費者の自発的な意志にちがいなかった。本章で強調したのは、紀元二千六百年当時、何百万もの日本人が加わった聖蹟観光が、国の強制によってではなく、自主的になされていたということである。

第4章　朝鮮観光

同化と差異のジレンマ

日本人にとって帝国という名称は多くの意味を含んでいた。帝国は国の威信の源であり、原料の供給地であり、人口過剰の日本から脱出した開拓移民が新たに居を構える場所でもあった。そこはまた戦時中でも引きつづき観光客の旅先となっていた。外地への余暇旅行は紀元二千六百年の年においても、中産階級の日本人のあいだで、とりわけ人気を博していたのである。

その一九四〇年に朝鮮総督府の管轄下にあった朝鮮総督府鉄道は観光に力を入れていたが、一方、植民地当局は朝鮮人を日本人化する同化政策を強めようとしていた。日本の朝鮮半島支配における同化政策は、観光の促進に比べればはるかによく知られ、悪評が高いとさえいえる。朝鮮総督府は司法、行政、立法面で圧倒的な権力を掌握し、同化という面でもその力をふるっていた。

しかし、朝鮮が日本のレプリカそのものになるのなら、日本人観光客が内地から朝鮮を訪れる理由もなかっただろう。当時、日本人が休暇旅行で朝鮮に行ってみたいと思うきっかけとなった主な決まり文句は、朝鮮に行けば見たことのない文化に出合えるというものだ。そのころ日本人が牛耳っていた朝鮮観光に関していえば（観光でもうけていた朝鮮人もいなかったわけではないが）、朝鮮が魅力ある旅先でありつづけるには、朝鮮の古い文明の名残が感じられるだけでなく、日本とは異質の文化が見られることが大事だった。観光と同化は必ずしも両立しない考え方だったのである。

　朝鮮では同化の進み具合は最初ゆっくりしていて、それが強化されたときも、植民地当局はどこまで同化を進めたらよいか迷っていたようである。歴史学者のテッサ・モーリス＝スズキは「植民地秩序は臣民のなかに同一性と差異を共につくる必要があった」と指摘し、「同化と差別、日本化と異郷化は同じ植民地のコインの両面だった」と強調している。帝国主義を深化させようとすると、概してモーリス＝スズキがいうように、「支配国が自身の〝文明〟の価値を称揚し、普及させようとする思いと、権力への不均等な距離をそのままにして差異を維持したいとする欲求とがぶつかることになった」のである。[1]

　モーリス＝スズキが「同化と差異の両極の力」と評する例は、一九三九年十二月に東京の伊勢丹で開かれた「北門の護《まも》り樺太《カラフト》展覧会」でも確認することができた。モーリス＝スズキはこう書いている。「東京の展覧会では、オタス村（敷香《しすか》町〔現ポロナイスク〕近くにあった先住民の集落）の等身大パノラマもつくられていた。ここで入場者は、村の子供たちが日本の愛国歌を歌っているレコードを聞きながら、蠟《ろう》人形でできた集落のニブフ人（旧称ギリヤーク人）やウィルタ人（旧称オロッコ人）が伝統的な漁や牧畜をする様子を見ることができたのである」。[2] モーリス＝スズキは、この展覧会に観光の観点があったかどうかについて触れていないが、四〇年一月号の『樺太時報』は、展覧会では「観光の樺太」という一室も設けられていたと報じている。展覧会の写真を見ると、「観光御案内所」に観光用パンフレットが積まれ、若い女性が座っているのがわかる。[3]

帝国主義には同化を進める一方で、差異の維持を求める、相対立する傾向があり、それと同じことが観光にもいえた。植民地当局はその力を利用して地元の観光資源を制定・開発し、それによって植民地を本国からの訪問者を呼びやすいテーマパークまがいの旅行先へと改造することができた。日本の当局者は、朝鮮などの植民地に強大な警察権力を築きあげていた。いささかの危険もおよぶことのないよう観光客を守っていたのは、こうした警察権力である。植民地当局はこうした統制を徹底させることによって、異国情緒あふれる文化と現地の住民をほとんど危険のないものへと変えていった。

観光客はだいたいにおいて、気ままに「知らないところ」に行き、そこで好きなだけのんびりしたいと思っているものである。だとすれば、旅先となる植民地はまさに理想ともいえる場所だった。これは日本の植民地だけにあてはまったわけではない。少なくとも本国から訪れる者にとって、海外のたいていの植民地はそんなふうにつくられていたのである。

フランス帝国内の都市計画を研究したグウェンドリン・ライトは、モロッコのラバトからベトナムのサイゴンにいたるまで、植民地の都市を近代化する際に、都市設計家が観光という要素を考えて地元民の居住地を残したことを明らかにしている。[4] モロッコでは、フランス人の都市設計家が絵になるような一風変わった地区をつくった。その地区は旅行者のオリエント好みに合うように、テーマパーク風にまとめられていた。一九四〇年までの日本の植民地政策と度合いはちがうかもしれないが、フランスの植民地政策も帝国内一律とはいかないにせよ、あらゆる面で同化を進める一方で、それでも地元の雰囲気を何とかして残そうとする気配がみられた。のぞき見的な関心から伝統文化の要素を残しても、それで同化政策が根本的に揺らぐわけではなかったが、こうした矛盾は日本統治下の朝鮮ではさらにはっきりしていたのである。

イタリアの植民地政策も同化より過去とのつながりに重点を置く傾向があり、近代化計画と旅行者を呼び寄せる地元文化活用戦略とができるだけ両立できるように努めていた。建築史家のブライアン・マクラーレンが明らかにしたところでは、リビアのイタリア当局者は一九二〇年代から三〇年代にかけて、観光につながる近代化計画を推し進めていたという。[5] 北アフリカのイタリア帝国内では、植民地当局は古代ローマの遺跡を記録し、保全することに万全の注意を払っていた。その背景には、ムッソリーニ体制がかつての古代ローマ帝国の版図の広がりを念頭に、当時のイタリア帝国を正当化しようとしていたという事実がある。

しかし、北アフリカではローマの遺跡だけが唯一の魅力だった。マクラーレンは、リビアではイタリア当局が、伝統文化の要素を保全するにとどまらず、「文化のちがいを演出しようとしていた」と強調している。[6] 植民地当局はトリポリの旧市内に、わざわざ観光客用の「アラブ・カフェ」をつくった。マクラーレンによれば、「アラブ・カフェ」では、「観光客に本物を味わわせたいという思いが、たとえば〝伝統的な〟オリエンタル・ダンスのエロティシズムをただよわす地元の踊りへとつながり、かくて薄ぎぬをまとった肌も露わなアラブ女性の登場とあいなった」という。[7]

イタリア人やフランス人、英国人、ベルギー人、米国人が当時の自国植民地を旅したときと同じように、日本の観光客も外地を旅するときは特権階級の一員となった。日本人と朝鮮人の交流は必要とされず、あったとしてもまず対等なものではなかった。日本人観光客が一九四〇年に朝鮮を訪れたとして、そのとき出会った朝鮮人が七人のうち六人が日本語を理解しなかったとしたら、言葉ができなくて申し訳ないと思うのは朝鮮人の側だったにちがいない。[8] 地元文化を安全に探検してから、日本人観光客は整備された和風旅館や料理店、百貨店、映画館、その他の慰安や娯楽をのんびり味わうことができた。それらの設備は総じて、本国とさほど変わらない文化的環境に合わせてつくられていた。

にもかかわらず、観光部門にとって大事なのは、朝鮮への訪問者に常に朝鮮らしさを感じさせることだった。朝鮮総督府鉄道が一九二〇年代以降、三〇年代になっても、かなりの費用をかけて伝統的な朝鮮建築様式の駅舎をつくりつづけたのはそのためである。[9] 日本の植民地当局は帝国内のどこでも、現地の風景が旅行者の期待に沿うよう方策を講じていた。台湾の都市計画者は、「南洋」の情緒が味わえるようにヤシの木を植えたものである。[10]

たとえばセックスを求めてやってくる観光客は、新しい文化を味わうことなどどうでもいいと思っていたのだろうか。植民地朝鮮を訪れる日本人観光客のなかには、おそらくそういう人もいただろう。日本人旅行者が朝鮮の売春婦と手軽かつ合法的に付きあえたことは、まずまちがいない。セックスは戦前、日本の内地でも容易に合法的にカネで手に入れることができた。当時、男たちは遊郭に行くことにほとんど罪の意識を感じることなく、それを当たり前のように実行していた。

旅先の朝鮮でセックスを求めることは、それが簡単な内地より少しばかり冒険を伴ったかもしれない。朝鮮人女性とのセックスを思い描いて、日本の男たちは何かしらこれまでにないエキゾチックなものを覚えたのだろうが、これも新たな文化を経験する一形態にはちがいなかった。一九四〇年には、多くの朝鮮人女性が売春婦として日本の内地でも働いていた。だが、本物の朝鮮的な雰囲気や情緒が味わえないことが、内地あたりで手ごろに選ばれた楽しみに水をさしたのだろう。植民地の搾取を語る際には、日本帝国内で広がっていた性的な取引まで含めなければならないことはいうまでもない。

しかし、植民地を訪れたほとんどの日本人が、セックスを主な動機としていたとは思えない。その意味で「セックス観光」という用語は不適切である。これは現在の観点からみれば奇妙であり、受け入れがたいように思えるかもしれないが、当時の日本人男性が内地であれ外地であれ、売春婦のもとに行くのは当たり前とされていた。また国が植民地状態にあったのとは関係なく、それは朝鮮人の男性にとっても同様だった。アジアでの売春は日本帝国主義が発達する以前からあった。性的な搾取が、帝国主義と同様、男女間の不平等という問題を含んでいることは容易に想像できる。

絵葉書が物語ること

絵葉書は素朴とはいえ、観光客が当時どんなものにひかれていたかを物語る材料である。さほど驚くべきことでもないが、植民地に関する絵葉書のテーマのひとつは、まさに現地女性との出会いにからんでいた。日本の植民地で売られている絵葉書はどれも、あたうかぎりエキゾチックな地元の美人の写真がつきものになっていた。ほとんどの絵葉書に登場する植民地やその住民の様子は、本国の近代性や植民地主義者のいだく近代性とは対照的に、異国的な習慣や後進性をかもしだしていた[11]。

日本の場合でいうと、ミクロネシアの現地住民や、台湾の先住民、北海道やさらに北方のアイヌなどの絵葉書写真は、日本人に「原始的な文化」と出合う機会をアピールしていた[12]。それ以外のジャンルはもっと一般的なものである。北方の植民地、樺太の魅力をたたえる絵葉書セットには、釣りあげた大きな魚を抱えて笑みをこぼす釣り師の写真などがはいっている。

「京城名勝」は三二枚のモノクロ写真からなる絵葉書セットで、日本語と英語の説明がついている。これを見ると、一九四〇年に観光客が町のどんなところにひかれていたかがよくわかる。現存する二九枚のうち、一四枚には日本人によってつくられた近代的な風景が写っていた。九枚は植民地当局が歴史遺産としてつくりなおした植民地化以前の朝鮮の建物の写真。そして残り六枚のうち、一枚は町の全景、一枚は本町〔現在の明洞《ミヨンドン》〕のにぎやかな商業地区を着物姿で歩く男女の写真、さらにもう一枚は牛に載せた荷を市に運んでいる朝鮮人労働者、そして残りの三枚は朝鮮人の暮らしぶりをそれとなく伝えていた。日本人の居住区と朝鮮人の居住区は、当時はっきりと分けられていた。

次に三枚の絵葉書を示しておく。次ページ上は一九二五年に完成した朝鮮総督府の建物である。朝鮮王朝（一三九二—一九一〇〔大韓帝国時代も含む〕）の主要宮殿、景福宮《キヨンボックン》の正門前につくられた五階建ての建物で、宮殿はこれによってすっかり隠れてしまっていた。日本の植民地当局は景福宮内の建物を一〇〇以上打ち壊した。その多くが一九一五年に開催された朝鮮物産共進会のために取り除かれたのである。次に当局は、次ページ下の絵葉書にある慶会楼《キヨンフエル》など残りの建物を改造し、観光名所とした[13]。日本から朝鮮を訪れる観光客の目にとまる史跡をつくりだすには、単に新たな史跡を建設するだけでなく、元々あった史跡の解体と選択的保存を要したのである。

一七九ページ上の写真は朝鮮人町の様子をとらえたもので、その居住区は東大門《トンデムン》外にあった。朝鮮人の典型的な暮らしぶりを示すための写真であり、現地の朝鮮人がのぞき見の対象でしかなかったことはまず疑う余地がない。わら小屋や、重い荷物を担ぐ運搬人の様子は、京城で暮らす日本人が享受する近代的な

朝鮮総督府（京城、朝鮮）　植民地時代の朝鮮で行政を担っていた朝鮮総督府の建物。

景福宮の慶会楼

The Korean's Town out of the Todaimon, Keijo.
（京城名所）東大門外鮮人町

植民地時代の京城の朝鮮人町

快適さとは対照的だった。とはいえ日本の農村部でも、そうした快適な暮らしはとても手にはいらなかっただろう。

この絵葉書セットには、一九四〇年ころに朝鮮を訪れた日本人の誰もが目の当たりにした三つのテーマがうまく織りこまれている。そのテーマとは、日本人によって導入された近代性の数々、「かつての進んだ文明」朝鮮の遺産を日本が保全しようとしている姿、そして、現在もいまだに遅れた文化が残っている状況――である。あちこちにいまだに残る遅れた部分は、日本人が導入した近代性と、かつて精華を誇っていた朝鮮文明の立ち後れを際立たせることになった。その立ち後れが半島への日本の侵略を招いたとされたのである。[14] 本国の近代性と、異国情緒あふれた前近代の現地文化との対比。それは帝国主義の絶頂期におけるいわゆる「植民地観光」で何度も登場するテーマとなった。そして現在でも多くの面で、それは先進地域の観光客が開発途上地域に引き寄せられる要因となりつづけているのである。[15]

交通手段の広がり

一九一〇年に日本が韓国を併合してから間もなく、朝鮮総督府鉄道局は二年後に設立された日本旅行協会朝鮮支部と組んで、日本人や西洋人に朝鮮を旅行先として売りこむ事業に着手した。総督府鉄道局の配った観光ポスターは、半島必見の場所として金剛山《クムガンサン》を推奨している。朝鮮王朝時代、朝鮮の知識人や高官が巡拝の地とした場所である。[16] 日本統治時代、金剛山は京城と東海岸の商業都市、元山《ウォンサン》を結ぶ鉄道幹線の中央に位置していた。

金剛山は現在北朝鮮に属するが、一九三七年に朝鮮総督府鉄道局が発行した金剛山の英文宣伝パンフレットには、切り立った岩からなる峰々や渓谷、清流、流れ落ちる滝、昔からの仏教中心地に残る三四の伽藍《がらん》が紹介されていた。[17] 金剛山電気鉄道〔鉄原《チヨルウオン》からの私鉄〕の二十年史によると、最後に統計がとられた三八年にいたるまで、金剛山を訪れる観光客は徐々に増えていた。[18] 日本旅行協会の三九年版『旅程と費用概算』によると、東京を起点とする十日間の金剛山観光にかかる旅費は、二等で一三九円八二銭、三等で八一円四一銭となっている。[19] 四〇年には、朝鮮在住で観光事業にかかわる多くの日本人が、金剛山を日本の国立公園にする運動を繰り広げるようになっていた。[20]

一九三〇年代後半、朝鮮総督府鉄道局と日本旅行協会朝鮮支部は、朝鮮を観光地にしようとさらなる努力を重ねていた。三六年から四〇年にかけ、総督府鉄道局は『京城』『朝鮮金剛山』『朝鮮の旅』『四季朝鮮〈冬の旅〉』といった観光映画を製作した。日活、芸術映画社、鮮満記録映画製作所も、それぞれ『大金剛山の譜』『朝鮮の印象』『朝鮮温泉めぐり』といった旅行映画を製作している。[21] 海外に進出した日本人は、帝国全域にわたって温泉を開発しようとしていたのである。

朝鮮を旅行先として宣伝するのに、昔ながらの媒体も活用された。一九四〇年に朝鮮総督府鉄道局と日本旅行協会は手を組んで、『朝鮮の風貌』というしゃれた写真集を出版した。そこには朝鮮の「見るべき所」が数多く載せられている。[22]日本内地の百貨店はこれまでも植民地の展覧会を開いていたが、外地にある百貨店の支店も、帝国内にある別の場所の展覧会をよく催していた。京城日報の報じるところでは、紀元二千六百年を記念して伊勢丹で開かれた「我等の新天地」展の朝鮮館は「躍進している半島の姿を一目《いちもく》に盛ったもの（一覧できるもの）」だったという。[23]三中井《みなかい》百貨店の奉天（現瀋陽）支店は五月に「朝鮮展覧会」を開いている。満洲日日新聞に載っている広告によると、この展覧会では「観光の朝鮮写真」も陳列されていた[24]（三中井百貨店は戦前、朝鮮、満洲、中国に一八店舗を展開する大百貨店チェーンだった）。

朝鮮の観光情報を幅広く紹介した雑誌に『観光朝鮮』がある。これは日本旅行協会朝鮮支部が一九三九年から発行した隔月誌で、宮崎県の『霧島』や奈良県の『観光の大和』と同系列のPR誌である。『観光朝鮮』は読者に朝鮮の温泉や海水浴場まで紹介していた。運動好きの人には、ゴルフ（京城郊外には一八ホールのゴルフ場があった）やスケート、スキー、さらに狩猟の最適地と、遊ぶには事欠かなかった。四〇年四月号には釣りの座談会も載っているが、その参加者は朝鮮の穴場情報を提供しているだけではなく、釣りのもたらす精神的効用についても大いに論じている。

この雑誌には史跡のほか、半島の急速な経済発展ぶりを示す場所も紹介されていた。経済発展が本国にとって植民地の価値を示すことになったのは、こうした発展の果実が日本人をより多く潤したからである。日本旅行協会朝鮮支部はまた、以前の号の『観光朝鮮』を活用して、朝鮮観光に役立つ文芸や写真の募集もおこなった。たとえば紀元二千六百年を奉祝するため、朝鮮支部は「新観光性の作品」(文芸)に一等五〇円の懸賞、朝鮮の風光、風俗、産業、行事、教育、社会活動などを素材とする「観光写真」に一等三〇円の懸賞を出している。[25]

日本内地の観光の場合と同じように、外地の観光も、近代的な交通基盤が整備されるにつれて次第に発展してきた。朝鮮の場合、交通基盤については商業面に加えて軍事的な意味合いが、とりわけ強かった。朝鮮はアジア大陸の軍事作戦を担う重要な後方基地だったのである。戦時日本の特徴は明るさと暗さが共存していることだが、その点でいえば、日本人の観光客が朝鮮旅行をするために利用する同じ鉄道と汽船が、強制労働に駆りだされた朝鮮人を日本の内地や帝国内各地に運ぶためにも使われたということを忘れてはならない。[26]そのことは同じく、いわゆる「慰安婦」についてもいえることである。慰安婦とは朝鮮やその他の場所から連れてこられて、皇軍のために性的サービスを強いられた若い女性のことを婉曲《えんきょく》的に指す呼び方だった。

飛行機での旅行は最新形態の移動手段として商業化されるようになったが、多方面に利用される輸送システムというわけにはいかなかった。労働者を輸送するために飛行機を使うのはまだ贅沢《ぜいたく》すぎた。もっとも将校らに仕えるため、遠く離れた前哨基地に飛行機で慰安婦を運ぶことはあったかもしれない。金銭的に余裕のある個人が飛行機を使って朝鮮に旅行しようとするときは、福岡を経由して六時間足らずで東京と京城を結ぶ飛行機が、一九四〇年には毎日運行されるようになっていた。次ページの図は、四〇年十二月段階における日本の商業飛行ルートの広がりを示している。

紀元二千六百年記念行事が繰り広げられた当時、日本でもどこでも、資本主義的近代と帝国、軍国主義

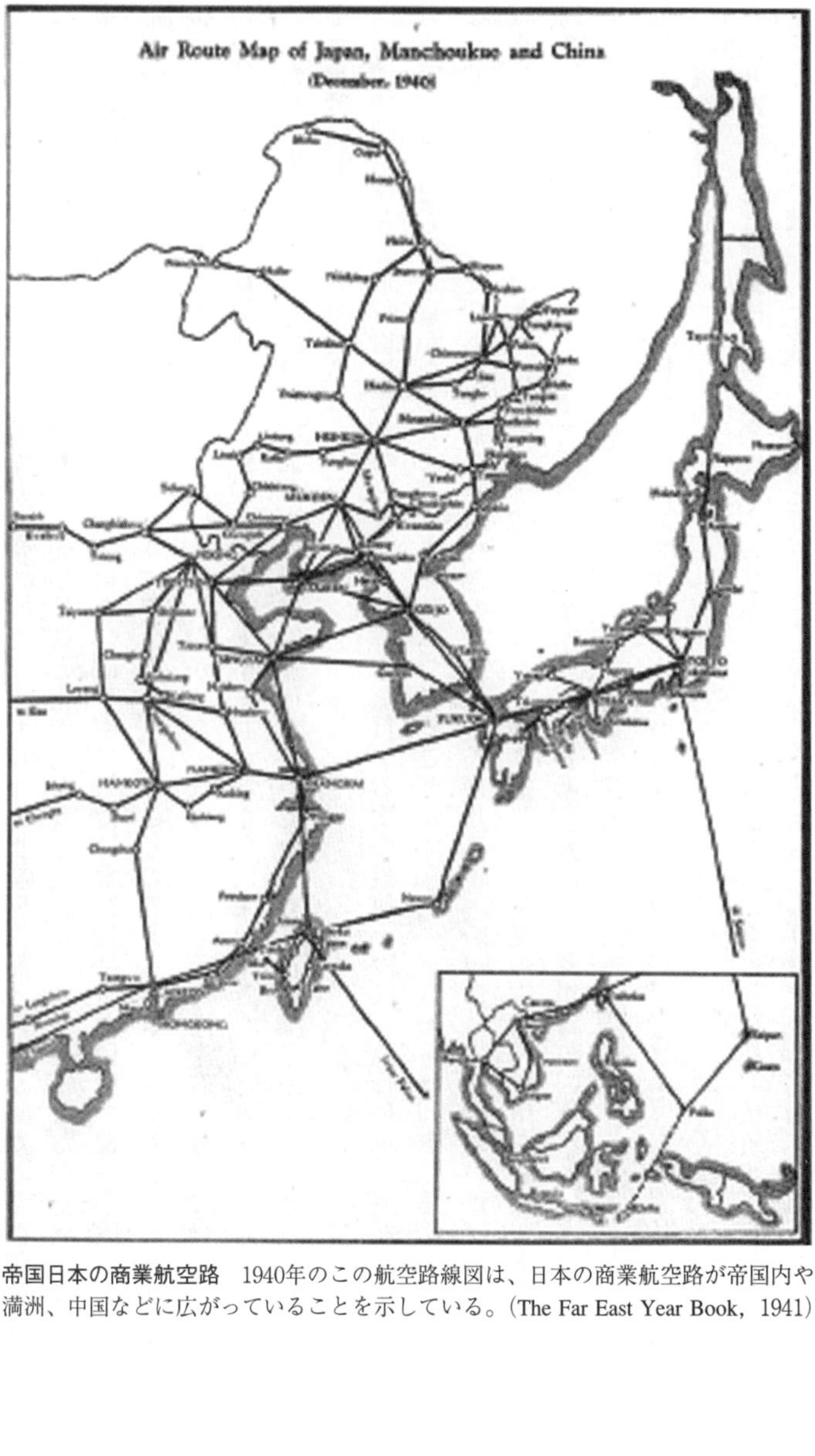

帝国日本の商業航空路　1940年のこの航空路線図は、日本の商業航空路が帝国内や満洲、中国などに広がっていることを示している。(The Far East Year Book, 1941)

が交わる部分に浮かびあがる象徴が飛行機だった。それは十九世紀の汽船と鉄道が果たした役割を技術的にさらに進めた形態だったともいえる。先端技術と集中的な資本投資によって生まれた飛行機によって、皇軍は帝国内、さらには中国戦線での制空権をほぼ手中にした。飛行機はまた民間の輸送手段ともなった。帝国内で定期的な運航ができる基盤づくりに資金をつぎこむことのできる日本の企業家からすれば、飛行機は新たなビジネスチャンスを与えたにちがいなかった。飛行機に乗りそうな乗客は確かにいた。たいていが日本人で、高い費用を払っても、帝国内を素早く回れるならば乗ってみたいと思う金持ちである。こうした富裕層が存在したのは、活発な資本主義的近代があったからで、日本は他のアジア地域に先駆けてそれを経験していたのである。

　経済的理由などで飛行機に乗れない人が、朝鮮を旅行する次の最速手段は、急行列車と連絡汽船を使う方法で、これならば東京から京城まで三十六時間で行くことができた。東京からは列車でまず下関に行かなくてはならなかった。下関からは釜山行きの二〇〇〇人乗り連絡汽船が日に二便出ていた。釜山から京城までは特急「あかつき」に乗るが、途中、ちょっと寄り道して、新羅の古都、慶州《キョンジュ》を訪れ、あたりの城跡や宮殿、寺院、陵などを見学する旅行者が多かったにちがいない。[27]『慶州古蹟図彙』という、一九三九年に慶州古蹟保存会から出された観光客向けの三カ国語（日本語、中国語、英語）パンフレットが私の手元にある。そのなかには仏国寺駅の記念スタンプが押されていた[28]（口絵15）。いうまでもなく仏国寺は慶州一の観光名所である。

　一九四〇年には朝鮮内の鉄道網は日本の基準からみても遜色のないものとなり、仏領インドシナや中国（ただし、日本の統制下にあった中国東北部、すなわち満洲は別である）よりもずっと進んでいた。観光客はこ

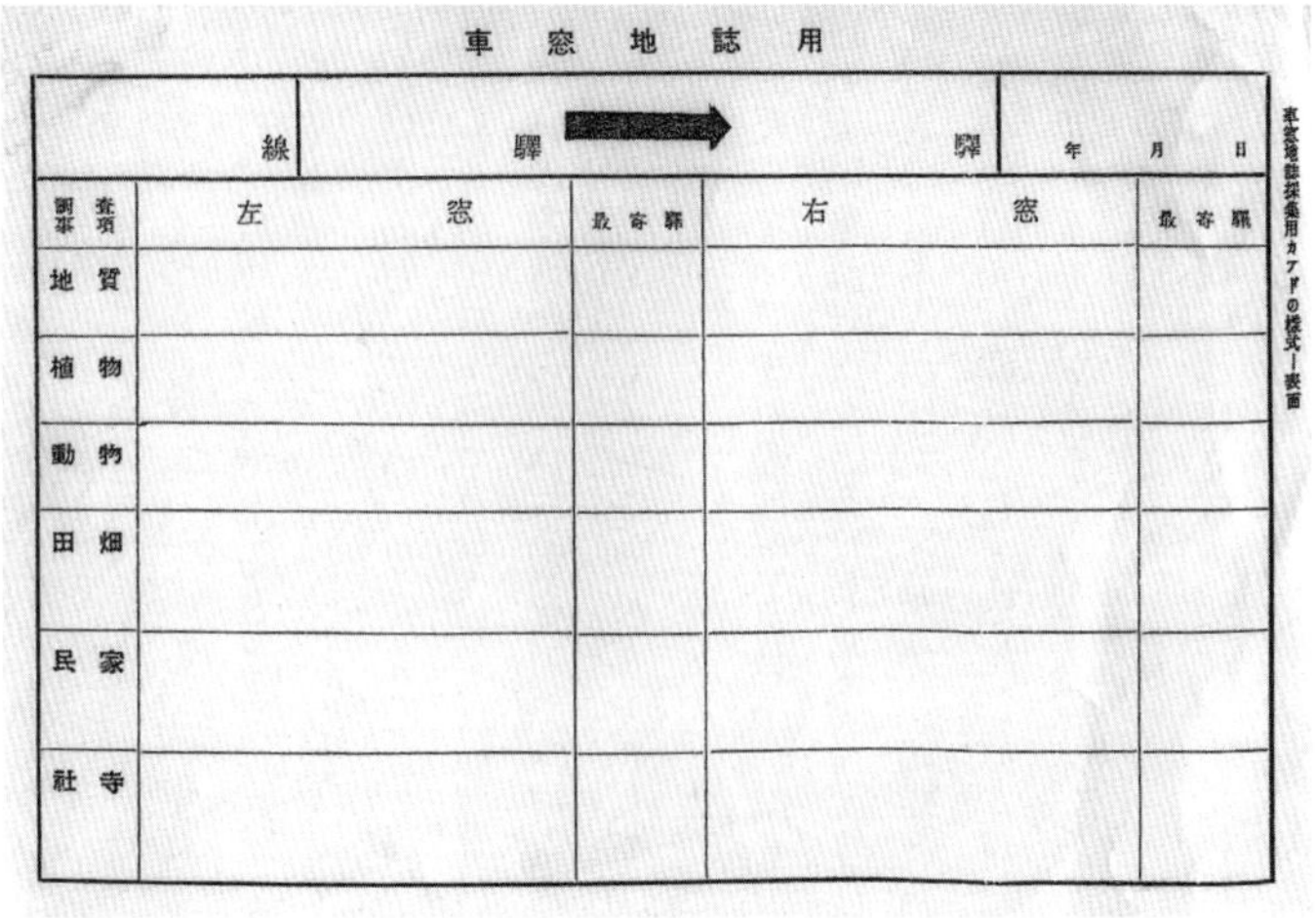
車窓地誌用

線	驛 → 驛	年　月　日		
調査事項	左窓	最寄驛	右窓	最寄驛
地質				
植物				
動物				
田畑				
民家				
社寺				

車窓地誌採集用カアドの様式－表面

「朝鮮車窓観」の表　雑誌『観光』は、朝鮮を通過する旅客がこの表を利用して、朝鮮の印象を書き留めることを勧めていた。

の鉄道を使って半島を縦断し、急ぎ旅なら、そのまま中国東北部へと向かうこともできた。朝鮮で途中下車することなく、釜山から中国東北部へ直行する日本人に対して、旅行雑誌の草分け『観光』は四〇年に「朝鮮車窓観」という記事を載せ、熱心な観察者が朝鮮を通過する列車内をうまく活用できる方法を伝授している。

この記事には簡単な表が二枚ついていて、そのうちの一枚を上に示したが、旅行者は車窓から見た地質や植物、動物、田畑、民家、社寺、風俗、伝説、方言、土産品、駅売品、その他について、その様子や印象を記録できるようになっていた。[29] 朝鮮語を話したり理解したりすることのできない日本人の一般旅行客が、列車が駅にちょっと停まったときとか、同乗した裕福そうな朝鮮人同士の交わす会話から、朝鮮の方言を聞き分けることができたとも思えない。しかし、この表からも、植民地の魅力が、何か新奇なものを経験できる機会を与えてくれる点にあったことが伝わってくる。列車旅行では田舎の景色をゆっくり堪能できなかったが、この表は旅行者に速度の欠点をカバーする楽しみ方を教えていたのである[30]。

総督府鉄道局が発行した一九三八年版『朝鮮旅行案内』には、朝鮮を訪れる旅行者が興味をもちそうな旅程がいくつか並べられている。いずれも京城市内を回るか、京城を起点として周辺を回る。ちなみに当時の京城は行政首都であるとともに、繁栄する大都会となっていたが、人口は九〇万人以上で、そのうち日本人は一六万七〇〇〇人を占めていた[31]。三九年に発行された五〇〇ページの詳しい案内書『朝鮮之《の》観光』によると、二等なら一六九円九九銭、三等なら九〇円五七銭で、東京から往復十日の日程で、朝鮮（京城観光の二コースを含む）を七日間楽しむことができた[32]。

京城は内地からの旅行者を引きつけただけではない。朝鮮には行政首都以外でも五〇万人の日本人が暮らしていたが、彼らにとっても京城は魅力的だったのである。一九四〇年には、大陸に一〇〇万人の日本人兵士が出征しており、こうした兵士がどのような観光をしていたかについては、さらに探究してみなくてはならない。また満洲にも日本人は一〇〇万人以上住んでおり、その大半は中産階級だが、満洲から一日列車に乗れば（たとえば新京からは十九時間で）、京城に到着することが可能だった。さらに中国には三〇万人の日本人が住んでいたが、朝鮮と満洲国、中国を結ぶ線路はすべて利用することができた。また三八年の時点で、満鉄は日本内地に置かれた九つの案内所で、朝鮮や満洲、中国への旅行を考えている人たちの世話をしていたが、日本人の旅行熱をますますかきたてているこうした地域についての詳細なガイドブックも発行している[33]。

日本人が戦前どれくらい朝鮮を観光したかという統計は断片的にしか存在しないが、内地からは一九三〇年代末まで、毎年おそらく何万人もの旅行者が訪れたことはまちがいない。四〇年に「日本旅行協会東京鮮満支案内所」は一二五団体七四七三人の朝鮮・満洲視察旅行を扱っている。[34] 日本旅行協会の扱った朝鮮旅行に加え、個人の観光客を合わせると、旅行者の数はかなり増えるはずだが、残念ながら四〇年だけではなく、それ以外の年でも、全体の旅行者数はつかめない。[35]

京城のバス観光

一九三〇年代末には、京城タクシー遊覧バス会社の運営する京城遊覧バスが、一年のうち八カ月は一日二回、冬季は一日一回運行されていた。このバスにそれなりの需要があったことをみれば、史跡を訪れる旅行客が一定数いたのは確かである。日本人旅行客を対象とする京城の遊覧バス観光を詳しく調べると、日本人旅行者がどのようにこの街を見たかを理解することができる。

女性ガイド（当時の言い方では「婦人案内者」）付きで三時間半の遊覧の値段は、大人で二円二〇銭と手ごろで、子供や老人、団体には割引があった。[36] 案内者の説明が、旅行者の史跡理解に果たす役割は大きかった。私の探したかぎり、その説明がどういうものだったかを伝える唯一の資料は、一九三九年九月に、この遊覧バスを利用した奈良女子高等師範学校の生徒が残した日記である（彼女たちは一週間前にも新京で遊覧バスに乗っていた）。外地を修学旅行で訪れた大勢の生徒たちは、大陸の団体旅行客のなかでは割合勉強熱心な部類に属していたが、日記を書いたのはその一人である。その日記によると、このときガイドをしてくれた「女車掌」は、日本語を上手に話したが、清音と濁音を混同するところから朝鮮人だとわかったという。[37]

作家の豊田《とよだ》三郎《さぶろう》（一九〇七―五九）が一九四一年に京城をバス観光したときの記録によると、朝鮮人の

「案内ガール」は朝鮮服に身を包み、いかにも朝鮮風で、「わる気のないおもしろい子」だった。[38] 拓務省の後援で朝鮮と満洲を回って書いた旅行記で、豊田三郎、新田潤《にったじゅん》（一九〇四―七八）、井上友一郎《いのうえともいちろう》（一九〇九―九七）の三人は、四一年十月の京城は内地人であふれていたと記している。和風旅館はどこも満員で、三人の作家は仕方なく超モダンな朝鮮ホテルに泊まった。

歴史学者は、植民地は離れた場所にあり、ごくわずかの日本人を除いて、それは想像のなかにしかなかったという見方を乗り越えなくてはならない。そうした見方は一九四〇年にはあてはまらなかった。中心国と植民地はかなり一体化しており、そのころはまた帝国内のさまざまな地域どうしが、日本の内地を経由しないままでつながっていることも多かった。とりわけ朝鮮の周辺では、かなりの人数の日本人が開拓移民や軍人、あるいは遊覧旅行者として、植民地を経験している。こうした相互交流は、日本という帝国が一夜にして瓦解したのちでさえ、大きな意味をもったにちがいない。植民地が戦後日本、すなわち列島規模に縮小した日本に残した文化的痕跡は、研究者がこれまでほとんど関心を寄せてこなかった問題である。

遊覧バスの出発点は京城駅前だった。人で混雑する近代的な鉄筋コンクリート造りの駅舎が竣工したのは、一九二五年のことだ。バスはまもなく五百年前につくられた南大門《ナンデムン》を通過。南大門はソウルにあった八つの門のひとつで、日本がみずからの設計にもとづいて都市改造をおこなうまで、この街は城壁に囲まれていた。新田潤によると、南大門の先で下ろされた観光客は団体で記念写真を撮影された。そのときの写真は、遊覧が終わるまでにできあがって、三〇銭で購入できるようになっていたという。いかにも観光気分で見学場所をぶらぶら見て回る参加者を案内嬢がせかす様子を、新田は幼稚園の先生が受け持ちの子供の面倒をみているかのようだと記している。このツアーは確かにしっかりとパッケージ商品化されていたのである。[39]

　南大門を経て、バスは広いアスファルト道路を通って最初の目的地である朝鮮神宮に向かった。朝鮮神宮は京城市街を一望できる南山公園のなかに建てられ、天照大神と明治天皇をまつっていた。一九二五年につくられたこの神社は、帝国日本による朝鮮支配の広がりをまざまざと示していた。それはまさに神武東征の現代版ともいえたのである。

　南山公園には市街を守護する京城神社や、乃木神社も建てられていた。乃木神社には、日露戦争中、旅順攻略を指揮した乃木希典が祭られていた。旅順攻略で日本側は膨大な戦死傷者を出したが、これによって一九〇五年に日露戦争における決定的な勝利を手に入れ、朝鮮支配を確実なものにしたのである。南山公園で新たに誕生した名所が、三九年十一月に完成した皇国臣民誓詞之《の》柱であり、このなかには大日本帝国への忠誠を誓う一四〇万枚の誓詞が収められていた。いずれも朝鮮じゅうの学校の朝鮮人生徒が手書きしたものである。[40]

　南山公園は現在もソウルで人気のある公共の場となっている。植民地時代の痕跡はほとんど消され、その代わりに日本の侵略を伝える安重根《アンジュングン》義士記念館などがつくられている。韓国を保護国とする一九〇五年の乙巳《いっし》《ウルサ》条約が結ばれたあと、安重根（一八七九―一九一〇）は日本の侵略に抗して立ち上がった。一九〇九年、安重根は日本による韓国の独立侵害に抗議するため、初代韓国統監の伊《い》藤博文《とうひろぶみ》（一八四一年生まれ）を暗殺する。公開裁判のあと日本の当局は安を絞首刑に処したが、その前に彼は裁判の陳述において、日本の韓国支配を糾弾する「伊藤博文の罪状十五カ条」を掲げた。解放後の韓国で、安重根は英雄として国家の殿堂に祭られている。現在、植民地時代に日本人観光客を引き寄せた記念建築物や史跡は、取り払われるか改造されるかして、日本人のおこなった暴力的行為が強調され、韓国の歴史遺産という面に重点が置かれるようになっている。

南山公園を出発する前、参加者が絶好の場所から市街を眺めているときに、ガイドは京城の概略や、その歴史について話した。[41]南山公園を出て、バスは奨忠壇《チャンチュンダン》公園に向かう。この公園は一八九五年に日本の刺客から閔妃《ミンビ》（一八五一—九五）を守ろうとして死んだ殉国者をたたえる場所だが、バスがここに停まった最大の理由は、この公園の西の丘にある博文寺を訪れるためである。この寺が完成したのは一九三二年で、「鎌倉様式」の二階建て建築だが、鉄筋コンクリートで補強されていた。[42]慶熙宮《キョンヒグン》正門の壮麗な興化門が移築され、韓国初代統監の霊を祭る博文寺の門に転用されていた。しかし、そうしたいきさつがはたしてツアー参加者に説明されていたか、またそうだとしても、どのように説明されていたかは判然としない。いずれにせよ、当時の日本の京城案内書にこの件についての詳しい記述はなかったのである。

バスにまた乗車したあと、ツアー参加者は東大門を通り越して、朝鮮王朝時代の儒教学問所、経学院（朝鮮王朝時代は成均館《ソンギュンガン》と呼ばれていた）に立ち寄った。独特の複雑な朝鮮的要素を備えた建物を見た作家の豊田三郎は、その庭が本格的な朝鮮様式であることに感銘を覚えている。[43]この史跡は東アジアに分布する儒教遺産のひとつであり、東アジアの自称指導者として日本はそうした遺産を維持し、引き継ごうとしていたのである。

歴史学者のジョシュア・フォーゲルは「儒教巡礼」という呼び方をしているが、帝国時代にアジア大陸を旅した日本人は、その多くがこうした巡礼に憧れていた。紀元二千六百年にちなんで、日本の孔孟聖蹟図鑑刊行会は、孔子と孟子（さらにその他の弟子たち）の聖蹟を図入りで紹介する本を出版している。この本では儒教が日本の国体の中心をなしており、日本こそ儒教の伝統を引き継ぐ指導者だとされている[44]。日本人旅行者の多くが、近代以前に東アジアの文人たちが訪れた孔子の遺跡に同じように関心をいだいていたのである。日本の当局者は儒教にもとづいて、天皇を長とする家族国家を規定しただけでなく、植民地や入植地を帝国のヒエラルキーのしかるべき地位に位置づけていた。儒教観光は、体制を支持させるには好都合だった。フォーゲルによれば、大陸から戻ってきた儒教巡礼者の多くは「日本人だけが、いまでも本来の儒教を忠実に守っている」と確信するようになっていたという[45]。

次に京城遊覧バスが停まった場所は昌慶苑で、ここには一時王宮があったが、いまは庭園になっており、このツアーではおそらく一番目か二番目に長く時間を取る場所だった。見るべき場所が多く、そのためには少し歩かねばならなかったからである。昌慶苑は日本流の呼び方で、ここは現在修復され、昌慶宮《チャンギョングン》となっている。併合後すぐに、日本の当局はこの宮殿にあった多くの建物を取り除き、動物園や植物園をつくり、単なる庭園としていた。こうした感心しかねるいきさつは、日本の観光客にはあまり伝えられなかったようだ。京城観光協会（一九三三年設立）と日本旅行協会による三八年刊の簡便なガイドブック『京城の観光』や、もっと本格的な『朝鮮の観光』を見ても、この公園は李王家の好意により京城市民に開かれたものであると書かれているが、日本の当局がここを宮殿から公園に変えたことについてはいっさい触れられていない[46]。

もし訪問時期が花の季節と重なれば、日本の旅行者は内地にいるような――いやそれ以上の――気分になったと思われる。昌慶苑には日本人の趣向にあわせて一九二二年に華麗な桜の木が数多く植えられ、そ

The Botanical real hall at Shokeien, Keijo. 館本物植苑慶昌るため集を物植な名珍（所名城京）

京城の昌慶苑植物本館の絵葉書　昌慶苑植物本館はガラス製の温室だった。

のあいだを歩くことができたからである。[47] 旅行者のなかには、いまも残る朝鮮の建物や、動物園にいる珍しい動物、さらには有名な植物本館に目を奪われる人もいたかもしれない。その東洋一と称される温室を上に写真で示しておくが、こうした建物は、日本が朝鮮にもちこんだ近代性の象徴として、よく引きあいに出されていた。

昌慶苑の次に旅行客はパゴダ公園〔タプコル公園が正式名称〕に向かった。この公園自体は西洋式の公園だが、ここの目玉は、一四六四年につくられたという一〇層の石塔〔パゴダ〕と、そこに刻まれた優美な仏教彫刻である。日本の植民地当局によって武力鎮圧されたものの、一九一九年に広がった朝鮮独立を求める民族主義運動、三・一独立運動は、ここパゴダ公園を起点にしている。しかし、当時の日本の旅行ガイドは、そのことを避けて通っていた。これまで紹介してきた当時の日本人によるいくつかの旅行記録にも、旅行ガイドが朝鮮人にとってパゴダ公園が特別の意味をもつことをにおわせたというような記述はみられない。

パゴダ公園を出た遊覧バスは総督府庁舎に向かった。三車線の目抜き通りを通って、総督府前の大きな広場に停まる。総督府庁舎内で、ツアー参加者はこの建物をつくるのに長い歳月（九年）と多額の費用（七〇〇万円）がかかったこと、さらに中央ドームの高さが約五五メートルであるということなどを聞いた。ここには和田三造（一八八三―一九六七）による「朝鮮と日本の融合」を表す壁画が飾られていた。一九四〇年の日米学生会議に参加した米国人のジェームズ・ハルセマ（一九一九―二〇〇五）は、この年、仲間と一緒に朝鮮総督府を訪れ、「日本が三十年の歳月をかけて、朝鮮を近代世界に引きいれたという英語の記録映画」を見せられたという。[48] しかし、日本人旅行者には、日本の朝鮮支配が正当であることを確信させるまでもなかったから、日本語版の記録映画もあったかどうかは定かではない。

次に訪れた総督府博物館は、よく手入れされた庭の前に立つ瀟洒《しょうしゃ》な建物で、ツアーでは昌慶苑に匹敵するくらい、時間を多く取る場所だった。博物館には朝鮮文明の精華が展示されていたが、それを並べたのは日本の植民地当局である。そこには古代から現代にいたる美術品の数々が陳列されており、そのいくつかは併合後、日本人の手によって掘りだされたものだった。帝国主義を担う側の特権のひとつは、支配した地の歴史を都合良く解釈してみせることだといってよい。それは博物館の展示でも歴史の記述でも同じことで、要は植民地の現状を正当化するやり方が用いられたのである。

植民地当局が来訪者に、日本が朝鮮の歴史遺産を守ろうとしているという印象をもたせようとしていたことは、ほとんど疑う余地がない。二十世紀に入るころから、岡倉覚三《おかくらかくぞう》（天心）に代表されるような汎《はん》アジア主義者は、アジアの盟主たる日本の役割はアジア文明を保護することだと考えるようになっていた。[49]
岡倉は『東洋の理想』で、日本は東洋と西洋のよい部分を統合することによって、より高度な文明のかたちを達成してきたと論じ、日本を「アジア的文明の博物館」と名づけている[50]。

とはいえ、かつては進んでいた朝鮮文明のすばらしさを示す総督府博物館の収蔵品が、日本による韓国併合の正当性に疑問をいだかせてはならなかった。ここでは朝鮮総督府が、世界に向けて、どのように韓国併合を正当化していたかを示す英語の文書を紹介しておくことにしよう。こう書かれている。「東洋最古の国のひとつである朝鮮は、かつては高度の文明を誇り、日本は朝鮮から多くの文物を学んだ。だが、その政治的独立が動揺にさらされないときはなかった。……日本は常に朝鮮が独立を保ち、その安寧を増進させるよう手を差し伸べてきたが、朝鮮は長年の失政、官の腐敗、民の堕落により、結局、自立することができなかった。……朝鮮が極東の絶え間ないもめごとの温床となる可能性が強くなってきたため、そうした状況にかんがみ、日本側としては、朝鮮を救う最良の方法は、これを日本の保護国にするほかないとの結論に達したのである[51]」

朝鮮はかつて進んだ文明を誇ったものの、その後、衰退したため、日本が干渉せざるを得なかったという言い方は、フランス領インドシナの歴史について、一九三〇年代のフランスの旅行ガイドに書かれている言い草とまるで同じである。歴史学者のエレン・ファーローはこう書いている。「ガイドブックは、インドシナにかつてアンコールワットに見られるような〝栄光の過去〟を伴う文明があったことを認めている。しかし、この文明の〝崩壊〟後は、長いあいだ衰退と暴力の時代がつづき、ようやくフランスの賢明な統治によって、平和と団結、進歩がもたらされたというのだ[52]」。アンコールワットを見学するフランスの観光客は、帝国内で安心しながら、エキゾチックな、かつて栄華を誇った文化を味わうことができた。一九二〇年代の終わりまで、この史跡は、フランス人の金持ちが旅行を楽しむルートにしっかりと組みこまれていたのである。

京城観光の最後の訪問先は、徳寿宮《トクスグン》だった。ここには朝鮮の伝統的な建物に加えて、石造殿《ソクチヨジヨン》が建っていた。高宗《コジヨン》（一八五二―一九一九）が外国の使節を謁見するためにつくった朝鮮初の西洋建築である。この朝鮮王朝の手による近代的な建物が完成したのは、日本が韓国を併合するわずか一年前の一九〇九年のこと。徳寿宮には李王家の博物館があり、朝鮮のすばらしい宝物が収められていて、観光客はそれをざっと眺めることができたようである。

ガイドブック『京城の観光』では、別の面から徳寿宮の重要性が浮き彫りにされている。その説明に日本人旅行客が関心を引きつけられたことは容易に想像がつく。「京城の秀吉軍」という一節で、ガイドブックは、一五九二年に朝鮮の首都を奪い占領した豊臣秀吉（一五三六―九八）の軍が司令部を置いたのは、どうやら徳寿宮あたりだと思われると記している（その後しばらくして、秀吉の軍は敗れ、日本に引き揚げることになるのだが）。これと同じように、一九四〇年から四一年にかけて、占領下のパリに駐留した一〇〇万以上のドイツ軍将兵は、人気のガイドブックを見て、作曲家のリヒャルト・ワーグナー（一八一三―八三）はパリにいたとき、こんなところに住んでいたというようなことを知った。こうしたガイドブックはドイツ史のなかにパリを連結させる作用を果したのである。[53]

観光客の別の楽しみ

当時のガイドブックや紀行は、京城に滞在する日本人観光客に、別の楽しみ方も簡単に紹介している。『京城の観光』には三〇のホテルと和風旅館の詳しい情報、それにお勧めの日本料理屋が一二軒掲載されていた。日本の芝居がかかっている劇場もあった。日本からの旅行客のほとんどは、必要やむを得ざる場合を除いて、なるたけ朝鮮人や朝鮮文化との接触を避けるほうが、安心して朝鮮の旅行を楽しめると思っていたようである。

しかし、朝鮮が日本とほとんど変わらなくなってしまったら、文化的なちがいは失われ、観光客が少しは刺激的な気分で、街を見たり体験したりするというこれまでの楽しみもなくなってしまうだろう。たとえば作家の豊田三郎は京城滞在中、朝鮮の芝居を見物して、その夜、劇場は満員で、こみあっていたと記している。[54]朝鮮館（コリアハウス）は、いろいろな旅行ガイドに、おみやげや朝鮮の特産品はこちらでという広告を出していた。京城の三越やほかの四つのデパートでも、旅行者をひきつけるさまざまな土産物が売られていた。

京城駅近くの写真館は、日本人観光客向けに「旅行記念は写真に限る」と呼びかける広告を『京城の観光』に出していた。写真館にはさまざまなスタイルとサイズの朝鮮服や満洲服が用意してあった。この広告から得られる結論は一つ。日本人観光客のなかには、朝鮮服や満洲服を着て写真を撮ってみたいと思う人がいたのである。

朝鮮服を着て旅の記念写真に収まるという日本人観光客の遊び気分には、植民者と被植民者とのあいだに横たわる権力の非対称性が表象されている。一九四〇年の同化強化政策で何といっても悪名高いのは、二月十一日に施行された創氏改名の指令である。この紀元節の日に、すべての朝鮮人は六カ月以内に日本風に姓を改めるよう求められていた。朝鮮人がその尊厳を奪われる屈辱をこうむろうとしているさなかに、日本人観光客は朝鮮服に身を包み、楽しげにくつろいでいた。一億強の帝国臣民にとって、暗さと明るさはしばしば近接して共存していたのである。
国民の結束を名目として進められた同化政策は、帝国全土においてさまざまな反応をもたらしたが、それは常に否定的だったとはかぎらない。同化と観光とのせめぎ合いは、沖縄言葉をめぐる一九四〇年の論争でもはっきり見て取ることができる。沖縄は日本の内なる植民地だった。つまり、明治維新後、日本によって植民地化され、現在の日本という国民国家に組み入れられた地域にほかならなかった。
一九四〇年一月七日、那覇の沖縄観光協会の共催で、あるシンポジウムが開かれた。そのとき沖縄の観光に携わっているある本土人が、地元当局が特色ある沖縄方言を使わせず、標準語の使用を強要しようとしていることを批判した。沖縄人のなかには、日本社会の主流から隔てられるのを避けるために同化は仕方ないと考える人もいた。シンポジウムに出席した沖縄人の代表は、こう言い返している。「われわれに独特な文化を保有せよというのは、たまたま外からおとずれる君ら旅行者の好奇心を満足させ、それの玩弄《がんろう》するのに都合のいいためではないか」[55]
肇国《ちょうこく》の精神にもとづき、一億五〇〇〇万の帝国臣民が一体になって、大陸での戦争を完遂しなければならないという標語が行き渡っていたが、この標語は、一九四〇年十二月に橿原の建国会館に集まった九二九人の被差別部落代表にとっても、日本社会へのさらなる統合をしっかりと約束するかのように思えた。日本の内地に住む被差別部落の人々は、人種的には日本人と全く変わらなかったにもかかわらず、「血統」による差別を受けており、「融和」を促進するためのさまざまな方策をかかげていた。そのなかには、山口県の代表が提案したように、帝国の最重要祝日たる建国記念日を「国民融和の日」とするというような議題も含まれていた。[56]

朝鮮では、日本の当局が朝鮮人に日本への同化を求め、それが創氏改名だけでは終わらなかったように、朝鮮を訪れた観光客が楽しみにしていたのは、朝鮮服に身を包むことだけではなかった。朝鮮の観光客の話によく登場していたもうひとつのテーマが妓生《キーセン》である。[57] 一概に説明しづらいが、なかには売春婦もいたけれども、妓生の多くは歌舞を披露する女性で、観光客は彼女たちと何とか関係をもちたいものと、はかない希望をいだくのだった。簡便なガイドブック『京城の観光』には、高級な妓生と、妓楼の入り口で客の兵士を取りあう妓生の写真が二枚載っており、新町や弥生町には公認の遊郭があるが、とくに新町は有名で安心できるとの説明がつけられている。新町の売春宿を所有していたのは、たいていが日本人で、ガイドブックが観光客にここを勧めたのは、たぶんそのためだろう。[58] 内地と同じく外地においても、観光は遊郭の所有者など旧中産階級層にとって、経済的な重要性をもっていたのである。

『京城の観光』には、日本の旅行者にも気持ちよくすごせると思われる朝鮮料理店が四軒紹介されている。旅行記のなかで作家の豊田三郎と新田潤は、京城の立派な朝鮮料理店を訪れ、夕食をとりながら妓生遊びをした話を詳しく書いている。その妓生は彼らのために朝鮮でも日本でもよく知られていた「アリラン」を歌ってくれた。[59] 日本人観光客の多くが、地元の料理と余興を楽しむことを重視しており、当局も「本物の」朝鮮を味わいたいという観光客の要望に配慮していた。[60] 旅行記のあとのほうで、豊田と新田は平壌第一の「焼肉屋」で、しこたま牛肉を食ったと書いている。[61] 歴史学者のカタジナ・ツビエルトカがいうように、これは植民地を訪れることによって、日本人がのちに自分たちのふだんの食事に海外のものを取り入れるようになった一例である。[62] 現在、たいていの日本人は焼肉を異国風の食事などと思わなくなっている。

本物の朝鮮とは

一九四〇年八月号の雑誌『観光朝鮮』では、一九四〇年が皇紀二千六百年というだけではなく、日本の朝鮮統治三十年にあたることが強調されている。「内鮮一体」を促進するとともに、こうした重要な出来事を祝うために、京城日報社は朝鮮大博覧会を主催した。この博覧会は九月一日から十月二十日まで京城で開かれることになっていた。入場料は大人五円で、京城遊覧バスの倍以上の値段がしたが、子供料金は二五銭と安かった。その中心となったのは皇国歴史館で、ここには肇国の場面から始まって、日韓併合のような近年の転換点も含めて、重要な出来事が五〇ほどのパノラマやジオラマによって展示されていた[63]。台湾や満洲、それに朝鮮など地域ごとに割り当てられた多くの館を通して、事実上、帝国全域の展示を見ることができた。朝鮮館が「躍進朝鮮館」と名づけられたのは、おそらく半島北部の豊かな水力を利用した電力開発にもとづいて、当時、急速な重工業化が進展していたことを踏まえたのだろう。会場には小さな動物園や子供館もあり、ミニ列車やミニ自動車に乗ることもできた[64]。入場者数は一五〇万人を記録した（この数字は来場者の累計と思われる）。入場者がどこから訪れたかという統計は取られなかったが、京城以外からも多くの人がやってきたとみるのが妥当だろう[65]。

一九三九年夏の『観光朝鮮』には、ある座談会がイラスト入りで掲載されている。出席者は、池上秀畝《いけがみしゅうほ》（一八七四―一九四四）、永田春水《ながたしゅんすい》（一八八九―一九七〇）、山川秀峰《やまかわしゅうほう》（一八九八―一九四四）、矢沢弦月《やざわげんげつ》（一八八六―一九五二）、川瀬巴水《かわせはすい》（一八八三―一九五七）。これらの画家は朝鮮総督府鉄道局の招きで朝鮮を訪れ、広く観光客向けに見せる絵を数多く描いていた[66]。座談会では、司会を務めた鉄道局の担当者が画家たちに、どのようなところが日本にはない朝鮮の魅力だと思うか話してほしい、と一度ならず水を向けている。

朝鮮が二回目の矢沢は、道路事情がよくなったことを挙げたが、それよりも建物や白い服など、朝鮮ならではの特徴にひかれている様子だった。山川は照れ笑いしながら、妓生の魅力にはかなわなかったと告白した。朝鮮は不潔と聞いていたので、たくさん予防薬を飲んできたが、内地より清潔さがまさっているように思えて、ほっとしたとも話している。池上は、今度はずいぶん朝鮮のきれいな寺院を写生したと述べた。矢沢はどこの寺院を見ても嬉しかったのは、日本と違って、それらが何世紀も変化せずに連綿とつづいてきていることだ、と学問的な根拠をさして示さないままに断言している。画家たちは都市部とちがって、農村部の風景に近代の手が入っていないことに感動を覚えていたのである。

司会者の一人がみやげものについて意見を求めると、矢沢は全員を代表するかのように、陶器や漆器、うちわ、紙などの伝統的な工芸品がすばらしいと絶賛した。画家たちは明らかに伝統的な朝鮮に興趣を感じていた。それは日本を訪れる西洋の旅行者と同じパターンだったといってよい。近代にはいってから西洋の観光客の多くは、近代の害毒が日本の「本来の」伝統をむしばんでいると嘆きながら、「真の日本」を発見するためにかなりの努力を払ったものである。

池上や永田、山川、矢沢、川瀬は伝統的な朝鮮に心を奪われていたが、朝鮮料理に対する見方は一様に肯定的というわけではなかった。自分は何でも食べられると思っていたが、朝鮮料理はどうにも食べられないと山川が述べると、池上もそれにただちに同調した。どの画家もどうやら香辛料をたっぷり使った料理が苦手だったようだ。そのとき、朝鮮に住んでいる司会者が、カルビなんかは案外うまいですよと口をはさんだ。すると、永田はきょう朝鮮料理屋で食べたものはとてもうまかったが、以前、鉄道局の人に連れていってもらって食べたときの日本流に味直しした「朝鮮」料理にはがっかりした、と両者を比較する率直な意見を述べた。

こうした画家たちは日本の平均的観光客を代表していたとはいえないかもしれない。だが、彼らが朝鮮に行きたいと思ったのは、本物の朝鮮を味わいたかったからである。この座談会をまとめて活字にしたのは、日本と異なる朝鮮のおもしろさを教えて、旅行をしてみようかという人の興味をかきたてるためだったにちがいない。日本人の観光客が快適、安全に過ごしながら、同時に本物の朝鮮を味わえるかというテーマは、旅行を勧める話のなかにいつも登場していたのである。

植民地時代の朝鮮観光をどう理解するか

朝鮮観光はどんな役割を担っていたのだろう。朝鮮観光にはマクロ経済的側面と戦略的側面とがあった。観光は朝鮮に対する日本の統制を強化・補強することに役立っていた。日本の当局が半島にかぎらず、満洲や中国（少なくとも日本が占領した中国の一部）を維持するには、社会基盤《インフラストラクチャー》（たとえば鉄道）の整備が必要だが、観光は経済的にそれを支えていた。満洲、中国への兵站《へいたん》線は、朝鮮を経由することが多かったのである。

その一方で、朝鮮に行くことは、多くの日本人にとって、まったくの気晴らしだった。戦争が日本人に暗い谷間をもたらしたという見方は、敗戦後につくられた社会通念であり、戦争末期になって日本の内地が大きな被害を受けたときの記憶にもとづいている。帝国内（満洲を含む）を旅行した多くの日本人も、植民地で特権的な生活を送った大勢の日本人も、また観光がまちがいなくはやっていた内地で暮らしていた大半の日本人も、一九四〇年に暗い谷間を経験したわけではなかった。暗い谷間という見方があてはまるのは、植民地臣民に言及する場合だけである。ただし、植民地でも物語は重層的であって、単一に分類できるわけではない。

本国から日本の主要かつ正式な植民地である朝鮮への観光は、訪問者に現地での帝国の事業がいかに適切かをあらためて認識させるように仕向けられていた。鉄道網の広がりと京城の近代建築は、日本人が文明の水準を引き上げたあかしにほかならなかった。商売であれ、視察の一環であれ、単なる観光であれ、京城を訪れた人が、要は帰るときに、みずからの力では後進性を抜けだせないとされたこの国に、日本が近代性をもたらすべく努力したことをしっかり理解してくれればよかった。植民地当局が受け取ってほしいと願っている主な公式メッセージは、それでじゅうぶん伝わったのである。

朝鮮に行く日本人観光客は、現地に足を踏み入れる前に、公式メッセージを頭に刷りこまれていた。それは、日本が近代性を導入するまで歴史の進歩に取り残されていた隣国を自分たちの国がいかに寛大に取り扱ったかという物語である。その当時、文明の定義には相対性という観点がなかった。国々は日本やその他の列強の基準に従って、文明国か非文明国かに分けられていた。この文脈でいえば、多くの日本人旅行者が、朝鮮はなぜか独立国たりうるだけの文明の水準を備えていない、という決めつけをうのみにしてしまったのも、それなりの理由があることになる。また観光客は、かつては進んでいた朝鮮文明の数々を守ることによって、日本人がアジア文明の保護者としての役割を果たしていると確信することもできた。日本側の説明によると、朝鮮文明は二十世紀初めにはどん底まで転落しており、そのため日本の当局が、この国を大日本帝国に融合させることによって、恩恵を施したというわけである。

朝鮮総督府が一九三五年に英語で発行した『繁栄する朝鮮』では、日本によって朝鮮の近代化がもたらされたことが吹聴されている。「日韓併合当時の朝鮮を知る者で、現在の朝鮮の大きな様変わりに驚かない者はない。……朝鮮は、同様の国が同じ期間に成し遂げたものと比べて、ずっと早く後進状態を脱して、発展してきたのである」[67]。とりわけ朝鮮人の状態と比較すれば、近代化の様相は歴然としていた。

一九四〇年には、朝鮮に住む一八万の日本人世帯がすでに電気を使っていた。ところが四二〇万の朝鮮人世帯で電気を使うことができたのは、わずか一〇世帯に一世帯の割合である。これもまた、植民者と被植民者に差異があったことを物語っている[68]。植民地政策は確実な差異を残して、権力と経済関係が不均等であることを証明するようにつくられていた。ところが、むしろ旅行者はなぜか現地の人々の異なった生活様式にひかれたのである。朝鮮の観光分野に関しては、総督府の一部部局を含めて、余暇旅行を促進するためには、ある程度こうしたちがいを残しておきたいという気持ちが強かった。それは朝鮮人を一日でも早く日本人化しようとする政策とは食いちがっていたのである。

多くの朝鮮人に不愉快な思いをさせた同化政策の度合いをできるだけ少なく見積もるべきだというのではない。そうではなく、日本側には植民地当局を含めて、全面的な同化を進めるのとは逆の流れのようなものがあったことを指摘したいのである。朝鮮を朝鮮たらしめているものを崩すことに反対した人々の動機は、必ずしも彼らの良心だったとはかぎらない。むしろ朝鮮半島の全面的な日本化は、彼ら自身の利益に反したのである。だが、そこにはもう一つ別の流れもあった。

植民地時代の朝鮮観光については、少なくとももう一つの側面が残されており、ここではそれを紹介しておかねばならない。それは抵抗の手段としての観光である。日本の支配に抗して、朝鮮の民族的独立性を強めるため、一種の歴史遺産観光をおこなった朝鮮人がいたのである。韓国の研究者ウ・ミヨンは、一九三〇年代初めに作家の李殷相《イウンサン》（一九〇三―八二）や玄鎮健《ヒョンジンゴン》（一九〇〇―四三）が、妙香山《ミョヒャンサン》を朝鮮王朝の創始者にして朝鮮民族の始祖である檀君ゆかりの聖地とほめちぎったことについて論じている[69]。檀君が最初の朝鮮王朝をつくったのは、神武天皇による日本の皇朝に先だつこと千六百七十三年（西暦紀元前二三三三年）とされていた。当時、多くの朝鮮人民族主義者は、この檀君神話によって、朝鮮人の民族的プライドを育成しようとしていた。

　ウ・ミヨンによると、二人の作家が執筆を禁止されるまでは、東亜日報や朝鮮日報など朝鮮の地元新聞が、こうした朝鮮観光を推進する役割を主に果たしていたという。東亜日報に掲載された別々の旅行記で、李殷相と玄鎮健は朝鮮人が妙香山を訪れ、民族としての自覚を養うよう訴えている。こうした動きは、一九三〇年代後半以降における日本での観光促進の話とよく似ている。そのころ日本人は神武天皇ゆかりの史跡を訪ねて、「肇国の精神を養う」よう駆り立てられていたのだ。

　ウ・ミヨンは、一九三〇年代の朝鮮人旅行者にとって、妙香山は愛国の聖地という以上に風景探勝の場だったことに注意を促すのも忘れていない。実際、植民地時代のこの十年に、朝鮮人による観光はピークを迎え、その一方、愛国的な朝鮮人にとって妙香山は日本の支配に対する抵抗のシンボルとなっていたのである。朝鮮の場合にかぎらず、植民地的支配構造が存在した（存在する）地域の帝国観光について、追加研究に値する視点があるとすれば、そのひとつはまさに、現存する政治体制を強化するのではなく、それに抵抗するために歴史遺産探訪を役立てた（役立てている）観光の形態を探ることなのである。

第5章　満洲聖地観光

皇軍慰問

満洲観光の世界は朝鮮と同じく日本人によって牛耳られていたが、一九四〇年は満洲にさらに多くの旅行客が訪れることが期待されていた。一月十八日と翌十九日、南満洲鉄道（満鉄）と日本旅行協会（ジャパン・ツーリスト・ビューロー）など、観光にからむ業界の代表が集まり、ハルビンで二日にわたる会議が開かれた。論議されたのは、紀元二千六百年に関連して日本を訪れると思われる多くの外国人の一部を、どうやって満洲に誘致するかという問題である。[1] 大陸に来てもらいさえすれば、外国人訪問者に「正しき満洲の認識」を与えることができるというのが満鉄側の言い分だった。そのころ日本の満洲政策は、米国と英国の政府から非難されつづけていたのである。[2]

観光に対するこうした教育上の観点から試みられたのが、一九四〇年十一月に東京で開かれる海外同胞大会の代表二九人を招待しようという案である。代表団はその招待を受け入れ、祖国訪問に加えて、満洲の「皇軍慰問」に出向くことになった。十三日間の旅行で「皇軍慰問」が目的に組み入れられたのは、参加者には満洲滞在中、高級将校レベルのもてなしを受ける一方で、前線兵士の活躍ぶりに感謝する機会が設けられていたからである。[3] 日本の当局者は、これら海外在住日本人が、祖国の大陸政策についての好意的な報告を、在住する国々の国民に発してくれることを期待していた。しかし、日本の内地観光と同じように、満洲におもむく日本人観光客の数に比べれば、外貨を落としてくれる西洋人観光客の数は圧倒的に少なかった。

正当化される日本の特殊権益

内地の日本人にとって、満洲は朝鮮と同様、海を越えた訪問先だった。テーマという点では、日本人による一九四〇年の満洲観光は、朝鮮旅行よりも、奈良や宮崎の「聖地」観光に似かよっている面があった。観光客の満洲への旅程を調べてみると、力を入れていた場所は、日清戦争や、とりわけ日露戦争、さらに一九三一年の満洲事変以降に日本人の血が流された戦跡だったことに気づく。

朝鮮でも観光客が旅程に平壌のような戦跡を加えることがあった。日清戦争の折に日本軍が敵の清国軍を打ち破った場所である。[4] しかし、観光客が概して朝鮮で重きを置く場所は、文字通り「兵士崇拝」の地たる満洲にある戦跡とは趣を異にしていた〔当時、満洲は日本兵の献身によって確保・維持されているという思いが根強かった〕。朝鮮で必見の場所は金剛山。ところが満洲で必見の場所は、日清・日露の戦いで共に激戦地となった旅順だった。このように観光にかなり性格のちがいが見受けられたのは、関東軍が満洲で勢威をふるっていたことも大きな要因である。

満洲ではあちこちに戦跡が点在していた。神武天皇の偉業にかかわるとされた史跡が聖化されたように、満洲の戦跡も神聖な場所としてあがめられるようになっていた。そして、神武天皇の聖蹟が商業的に観光客を引きつけたように、満洲では戦跡が広く宣伝されていたのである。一九四〇年の雑誌『観光朝鮮』には、満洲観光連盟の公募した満洲戦跡写真の入選者が発表されている。これも満洲観光が戦跡を目玉にしていたことの証左となるだろう。[5]

満洲旅行の大枠からは、四つのテーマが伝わるようになっていた。そのうちもっとも大事なのは、満洲で日本が特殊権益を有するのは、日本が戦場で大きな犠牲を払ったからだという考え方だった。[6] 後進地域に近代化をもたらした日本の役割も強調されていた。首都新京（現長春）の新建築をはじめ、鞍山《あんざん》の製鉄所、撫順《ぶじゅん》の炭坑、吉林《きつりん》から三〇キロほど上流の松花江《しょうかこう》で建設中のダムにいたるまで、一九四〇年に満洲を訪れた観光客の見学先には、日本人による近代化の成果がふんだんに盛りこまれていた。

日本人観光客を強く引きつけた三つ目のテーマが、満洲に住む現地住民の集団が遅れた状態に置かれていること。そのことも日本がもたらした近代性を際立たせる結果になったとはいえ、異なった慣習を維持するさまざまな民族が存在することは、観光のセールスポイントになった。[7] 満洲での同化政策は、どの場所でも朝鮮ほど過酷なものではなかった。しかし、満洲でも、日本とのちがいを押しだしたいとする観光業界の思惑と、地域を日本化しようという動きとのあいだに、緊張が走らなかったわけではない。

最後の四番目のテーマもはっきりしていた。それは日本人がアジア文明の保護者たらんとして、現地の歴史遺産の保護に努めているということである。だが、これもかたちとしては、朝鮮の場合よりずっと穏やかなものだった。現地住民と文明の保全に力を入れることは、そもそも満洲を未開地として描いて、帝国臣民の移住を求めたことと矛盾していた。[8] 実際、満洲の日本人移民開拓村自体が、一九四〇年には重要な訪問先になっていた。[9] 弥栄《いやさか》村や千振《ちぶり》村を称えた記事が評判になったため、二つの移民村は三〇年代後半には観光ブームを経験していた。[10]

だが、満洲では旅順以上に人気のある聖地はほかになかった。一九四一年に満洲日日新聞社が発行した『満洲国旅行』（英文）は、旅順には「歴史に残る砦と戦場のおびただしい遺跡があり、そのすべてが日清日露両戦役の包囲戦にかかわっている。とくに日露戦争では、どの戦史にもまして、英雄的な攻撃と絶望的な防衛が繰り広げられたのである」と紹介している。[11] 日清日露の戦争は、主として三国のうちどの国が朝鮮を支配するかをめぐって戦われたが、四〇年には、先の二つの戦争で、とりわけ旅順でもっとも多く血がささげられたからこそ、日本が大陸全土に特別の権益をもつのは当然という論法がまかり通るようになっていた。

一九三九年には二五人から三〇人を乗せた観光バスが、毎日二便、旅順を回っていた（車両保有台数は二五台）[12]。旅順につづいてバスを運行していたのが、近くの大連（四〇年の人口は五一万人）で、ここには一〇台の観光バスがあった。[13] 旅順の主な観光地は戦跡だったが、大連には評判の星ヶ浦（現星海公園）というリゾート地もあって、日本旅行協会大連支部は、その魅力を『夏は海へ』というパンフレットのなかで絶賛している。[14]

一九四二年に小説家の浜本浩《はまもとひろし》（一八九〇―一九五九）は、三九年から四〇年にかけて満洲で過ごした経験をつづった『旅順』を出版した。浜本は観光バスの案内者が戦場の様子をどのように説明したかを詳しく記している。案内者の役割は、訪問者に重要と思われる印象を刻みつけることだった。[15] 案内者の説明は、聴く者を圧倒したので、しばしば「神の声」と紛うほどだったという。関東軍はこうした説明の重要性を認識しており、観光バス会社に満洲の戦跡情報を提供する労をとっていた。[16]

浜本が初めて旅順の戦跡を訪れたのは冬休みのことだ。そのときの巡拝バスの参加者のなかには、多くの生徒や若い会社員、日本兵が何人か、それに満洲国の公務員も数名含まれていた。女性の案内者が台本に沿って、旅順のさまざまな名所について説明した内容を浜本は詳しく記録している。表忠塔では、こんなふうに説明がなされた。「この塔は我が勇士の遺烈を千歳に伝え、地下に眠る英霊を慰めるために、乃木、東郷両大将の発起により、明治四十年七月より、二カ年有余を費やして建立せられたものでありまして、当時、工費二十五万円を要しましたが、今日では百万円でもむずかしかろうといわれております[17]」

浜本によれば、日本人が多くの血を流した戦場について説明したのは、「女車掌」ではなく、男性の運転手だったという。浜本はこの戦場に立ちつくし、三人のバス運転手が口上を述べるのを聞いた。話の仕方や語り口の強弱は人によってかなりのちがいがあった。バス運転手の一人が、あとで浜本の滞在するホテルを訪れ、気持ちの入れ方を含め、話のテクニックや内容について、どういうふうに演じるかを詳しく教えてくれた。一人の男性案内人が、ロシア側の防衛線を突破するために日本の兵が犠牲を重ねたさまを感動あふれる口調で語ったあと、途中で説明をやめ、感きわまって次の言葉が出なくなった様子を浜本は描いている。これはまったくの演技だった。こうした演技は仕事として、毎週何回も繰り返され、その都度、皇軍のおこなった比類なき勇気ある物語が、声涙下るなかで締めくくられたのである。[18]

日本の勝利を強調

旅順では多くの日本人が、歴史に残る高地や記念館、東鶏冠山《ひがしけいかんざん》などの史跡を訪れ、その感想を残しているが、そのなかには案内人から皇軍の命を懸けた奮闘ぶりを聞いて、しばしば感情の高まりを抑えられなかったという記述がいくつも含まれている。京城電気〈朝鮮半島中央部の電力事業や京城市電を運営していた会社〉に勤めていた竹内正実《たけうちまさみ》は、外地に住む日本人の中産階級の典型といえる人物で、一九三八年に中国東北部を旅しているが、旅順を訪れたときの印象を社内誌『京電』につづっている。彼は、いかに装備の不完全な日本軍が、「精神力」によってロシア側の強固な抵抗を打ち破ったかについて触れ、三十年たったいまも、「数万の戦没英霊」をいたむ香煙があとを絶たないと記している。さらに当日、自身やツアーの参加者が味わった感動について、次のようにいう。「ロシアも全力を挙げて守ったであろうが、日本軍は精神力で攻めたというよりほかにないでしょう。……説明者の詳細を極めた説明に感激の涙を覚えないものなきは、一々この偉大なる精神力の活動に打たるるが故でありましょう」[19]

林富喜子《はやしふきこ》は南満洲での経験をつづった一九三八年の回想録のなかで、旅順の戦跡を訪れたときのことを長々と書いている。ここの土産物屋には、ほかとはちがう絵葉書や写真アルバムが多数並んでおり、銃や砲弾、銃弾、戦場から集められた残骸なども、日本軍とロシア軍の激戦を物語る本物の土産として、旅行者に売られていたという[20]。

日露戦争に関して、日本側は公式の説明で、旅順訪問者にロシア側をほまれ高い強敵とたたえていた。これは日本の勝利がいかに重要であったかを強調するための文飾である。日本がいわゆる白人の国に勝利を収めたことが、この文飾の背後にあったのはまちがいない。左の漫画は、日露戦争の最中ロシアで評判になったもののようだが、人種的な傲慢がロシアの敗北を招いたことを示唆しているだけではなく、いかにこの戦争が人種的な観点から見られていたかも明らかにしている。[21]日本がロシアに勝利し、世界の列強に仲間入りしたことは、欧米帝国主義による世界支配という構図を揺るがせた。歴史学者のセミル・アイディンはこう明言している。「日本人が近代化で成功を収めたことにより、西洋流近代という約束が、人種、宗教、地理を問わず普遍的で、どこでも適用しうることが証明されたのである」[22]

日露戦争中の人種差別的な漫画　この漫画はもともとロシアで出され、英国で紹介された。英語のキャプションはそのときつけられたもの。タイトルに「ナポレオンと日本の将校」とあり、ナポレオンの亡霊がこう話す。「わしの雷がロシアに落ちていなければ、おまえたち黄色い顔をしたこびとどもはお先真っ暗だった」

一九三五年に旅順から帝国全域に流されたラジオ放送の講義で、カリスマ的な国家主義者として知られる田《た》中《なか》智《ち》学《がく》（一八六一―一九三九）は、旅順でロシア軍を打ち破った近代の皇軍と、昔の神武天皇の功績とを比較して語っている。[23]田中の話は、旅順攻略三十周年を記念する大祭にちなんでおこなわれたものだ。三七年に発行された田中の著書『日本国体とはどんなものか――入門、日本の国家原理（*What is Nippon Kokutai: In-*

troduction to the Nipponese National Principles)』は、当時としてはめずらしく英語で書かれ、三〇年代の熱気あふれる天皇崇拝について解説した著作である[24]〔日蓮主義を唱えた田中智学（本名、巴之助《はのすけ》）は国体に関して数多くの著作を残しており、「八紘一宇《はっこういちう》」という用語を考案したことでも知られる。宮沢賢治にも大きな影響を与えた〕。

一九四〇年には、日本の指導者は西洋帝国主義によるアジア支配を打破せよと公然と主張するようになっていた。その流れからいうと、日本が西洋の列強に初めて勝利を収めたという物語が喧伝されていたのも驚くべきことではない。それは紀元二千六百年において神武天皇の偉業が称えられたのと同じように、歴史を画するエピソードだったのである。

現地訪問前に観光客が購入したガイドブック、さらには現地の案内人による説明、その場で購入できた絵葉書をみても、かつて日本軍は旅順で清国軍とも戦ったにもかかわらず、ここを訪れた人々の関心は、もっぱら日露戦争で日本が英雄的な勝利を収めたことに向

「聖地旅順戦跡巡礼」記念絵葉書　この絵葉書には、日露戦争中の猛烈な包囲戦で、日本軍が多大の犠牲を出した末に奪取した松樹山堡塁の写真が印刷されている。

けられていた。[25] 一九四一年発行の一五枚入り絵葉書セットの表紙を示したが、その題は「旅順戦蹟肉弾のあと」となっている（口絵16）。もちろん日露両軍の激突に焦点をあてたものだ。このセットに含まれる一枚の葉書も右ページに示しておくことにする。葉書の写真の下には、「聖地旅順戦跡巡礼」の文字が記されている。

スペインの戦跡ツアー

旅順を訪れた旅行者には決して語られなかったことがある。それは日清戦争初期段階の一八九四年十一月二十一日に、中国側からこの戦略的拠点を奪った日本側が、そのあと何をしたかという不名誉な出来事である。日本兵が地元の民間人を虐殺したという中立的な立場からの証言が残されている。日本の当局は、殺害された民間人とされるのは、道義を欠くやり方で戦闘をつづけた中国兵であって、彼らは軍服を脱いで民間人の服に着替えていたと主張した。[26] それから四十数年後、日本の当局は皇軍が南京を陥落させたあとも、同じような説明を繰り返すことになる。日清戦争でも、のちの南京事件の関連でも、日本の当局が述べた中国軍をおとしめる発言に対しては、事件を目撃した第三者からの反論がなされている。それらは日本軍兵士による理不尽な虐殺行為を証言しているのである。[27]

歴史学者のサンディ・オルギンは、日本の観光客が旅順に押し寄せた同じ一九三〇年代後半に、スペインの民族派がほんの少し前の戦跡ツアーを企画した様子をつづっている。敵側の共和派は堕落した連中として描かれていた。オルギンはいう。「民族派は敵の共和派を臆病で、まぬけで、血に飢えた連中とおとしめていた。それに対し民族派は神の愛する愛国者であり、敵側のテロにさらされながらも、あらゆる困難に打ち勝ち、スペインを〝赤の分離主義者〟から守ったとされたのである」[28]〔スペイン内戦は一九三六年から三九年までつづき、最終的には共和国政府に対しクーデターを起こした軍が勝利し、フランシスコ・フランコが独裁政権を確立する〕。こうした言い方は、日本人が日清戦争の直後に中国人に浴びせた侮辱と変わらない。しかし旅順が巡礼の地へと変わっていくにつれ、堕落した中国人を打ち破った一件は、強敵の「母なるロシア」を打ち破った日本の偉業を強調する説明へと置き換えられていったのである。

旅順での日本人の勇気と犠牲を、日本の大陸進出を正当化する根拠とするやり方は、マリエンブルク城（現在はポーランドのマルボルク城として知られる）の場合ともよく似ている。一時この城は、ゲルマン精神を体現したとされるチュートン騎士団の司令部となり、とりわけナチス時代には、文明の東方拡大というドイツの使命を象徴する記念建造物としてあがめられていた。[29]マリエンブルクに敵対する側はあっぱれな相手とみられたわけではない。それどころか、ナチス側はプロイセンとポーランドの国境を、文明化されたゲルマン人と野蛮人とを隔てる境界と解釈していた。実際、東方のポーランド人やロシア人を、低劣な生活状態にある者とみなしていた。その後の戦争で、ヨーロッパの東部戦線がとりわけ容赦ないものとなったのは、こうした人種差別主義があったからである。

ナチスが東方を敵とみなしたのと同様に、それ以上でないかもしれないが、日本人は中国を敵として見下し、スペインの民族派は共和派をさげすんでいた。ドイツ人観光客はナチス時代にマリエンブルク城を訪れたものだが、この城が果たした役割は、日本人が旅順を訪れたときと変わらない。つまり、それぞれの国の膨張政策に対する熱烈な支持を強化することにつながったのである。ファシズム、共産主義、自由民主主義、はたまた別の主義を問わず、世界じゅうの体制が、一九三〇年代には国家イデオロギーを促進

大連飛行場　大連の周水子飛行場（1940年ごろ）。

する道具として観光を利用するようになっていた。

特急「あじあ」で途中下車

日本の観光客にとって、旅順に次いで満洲で人気のあった旅行先は、大連、奉天（現瀋陽）、新京（現長春）である。一九四〇年には、日本人観光客が満洲に行くさまざまなルートができあがっていた。先進的で戦略的に重要な交通基盤としては、飛行機と超高速の列車があったが、満洲でそのコストを担ったのは、にぎわっている観光部門で、その重要性は朝鮮以上だったといえるだろう。新京には東京から福岡、京城経由で、毎日飛行機が飛んでいて、その飛行時間は九時間ほどだった。新京からは飛行機を乗り継いで、中国の主要都市に向かうこともできた。

関内正一《せきうちしょういち》（一八九七―一九六二）は、一九三九年六月に満洲と中国を二週間にわたって旅した。大連から北京に向かうのに初めて飛行機を使ったが、そのときの興奮を旅行記につづっている。[30] 関内は福島県議会議員として、

大連港で働く苦力たち　この絵葉書には、当時、苦力（クーリー）と呼ばれた労働者が、大連港で豆粕を運ぶ場面が写っている。大豆は帝国時代、満洲の主要産物のひとつだった。

訪問中、敬虔な気持ちで、愛国心をかきたてる聖地（戦跡など）を回っている。旅行の目的は、満洲の産業と福島県の開拓移民団の様子を視察するとともに、「満支」に駐屯する郷土出身の兵士を慰問することだった。

日本の内地から船で中国東北部に向かうと、ふつうは旅順に近い大連の港に着く。本土を起点にして満洲に向かう多くの人にとっては、朝鮮から、あるいは朝鮮経由ではいるほうがより早いルートだったが、場合によっては列車を使って満鉄本社のある大連に行くこともでき、それは中国からやってくる人にとっても同じだった。大連はアジアで、もっともにぎやかな港のひとつだったのである。

一九三九年に出された「朝鮮・満洲・支那」の旅行案内で、東文雄《あずまふみお》は日本の観光客に、満洲を汽車で見て回るなら、財布に余裕のあるかぎり一等、少なくとも二等以上で旅行したほうがよいと勧めている。三等は「満洲人や支那人で満員」だからである。[31]東は好奇心から観察するならともかく、できるだけ現地住民との接触は避けたほうがよいと考えていた。これは外地を見てみたいと思う日本人観光客の多くに共通する姿勢だったといえるだろう。

大連からは鉄道で特急「あじあ」に乗れば八時間ほどで新京に着く。その途中、観光客は満洲の古都、奉天で下車することも可能だった。満洲族の皇帝の陵はここ奉天にあり、人気の観光地となっていたのだ

（口絵17）。四〇年に満洲土地建物は、陵を訪れたいという観光客の要望に応えて、五〇室を備えた豪華ホテルを建設しようとしていた[32]。日本の当局者は、皇帝陵のような史跡を保護しようと努めていたが、それはみずからに課したアジア文明の守護者としての役割を果たせるかどうかの試金石となっていた。しかし、観光の印刷物や旅行計画のなかで、満洲が中国や朝鮮のように「かつては進んでいた」文明をもっていたというように描かれることは決してなかった。

新京のバス観光

新京での観光日程をみると、日本人旅行者が一応は独立国の体裁をとっていた満洲国の行政中心地をどのように見て回ったかを、ほぼつかむことができる。帝国内のほとんどの都市と同じように、新京も一九四〇年には自前の観光協会をもつようになっていた（設立は三六年）[33]。紀元二千六百年に、新京の人口は四四万七三〇〇人に達している。そのうち日本人は一〇万二八五九人で、残りの三四万四四四一人はほかの四つの民族、この場合は満洲人、朝鮮人、モンゴル人、中国人から成っていた。当時の印刷物では、満洲に住む五族のあいだには調和のとれた関係がつくられているとされていた〔いわゆる「五族協和」である〕。ほかにロシア人も住んでいたが、満洲五族というときには、彼らが中国人に代わって、その一つに含められることもあった。

新京に泊まる場合、旅行客は超近代的なホテル、和風旅館、現地式の宿を自由に選ぶことができた。和食、洋食、中華の料理屋もあり、案内書にはほとんど書かれていなかったが、地元の名物や朝鮮料理なども味わえたと思われる。ロシア菓子を売っている店もあった。平日は二円、週末と休日は四円で一八ホールのゴルフコースを回ることもできた。午後のひとときを乗馬ですごすのも一興だった。日本映画のかかる映画館が二つあり、地元の劇場で満洲式の影絵芝居を見ることもできた。妓楼に上がるのも実に簡単ときている。

買い物をしようと思えば、日本の百貨店から、「支那街」にある中国人・満洲人の小さな商店まで、選択の幅はいくらでもあった。新京の支那街は、大連の有名な露天市場を小規模にしたようなところだ（口絵18）。案内人は、現地人の生活水準が、一九四〇年の時点で大連に暮らすおよそ二〇万人の日本人の生活と比べて、どれほど低いかを強調していたものである。[34]

新京のバスツアーで、こうした対比が示されたかどうかはわからない。しかし、歴史学者のグレゴリー・ゲルチャーが所蔵する新京の「支那街」の絵葉書を見ると、「とりあえず構えがある、はいつくばったような建物が乱雑に汚らしく並び」、運搬道具替わりに、商品や人を重そうに運んでいる男や動物の姿が見受けられる。[35]それは日本人が作りあげ、暮らしている近代的な都市区域とはまるで別世界で、「京城名勝」の絵葉書セットに含まれる朝鮮人町を撮った三枚の写真とよく似ていた。

外地のたいていの大都市では同じことがいえるのだが、半日でその場所の雰囲気をつかむには、観光バスに乗るのがいちばんだった。『満支旅行年鑑』によれば、一九四〇年に新京の観光バスを利用したのは四万四七八八人で、その大半が日本人だった。その年四月には、新京交通は六台の観光バスを運行するようになっていた。[36]

三円の値段で、観光客は何を見ることができたのだろう。三時間四四キロのツアーは、新京駅を出発して、近代的な建物や広い公園、三車線の大通りを備えた急発展する都市の名所一八カ所を見て回った。主

新京神社　天照大神と明治天皇を祭った。

要道路は車が走るところと馬や人力車が通るところに分けられているのが特徴だった。女性のガイドが新生国家のさまざまな庁舎や、関東軍司令部の堂々たる建物などについて説明してくれる。関東軍は東京の中央政府からしばしば独立して活動する権力の発生源となっていた[37]。

米国人のジェームズ・ハルセマは朝鮮を訪問したあと、新京のバスツアーに参加したが、その日記に、新京は「日本人の支配する都市で、濃いカーキ色の軍服を着た関東軍の兵士にあふれ、将軍たちは旭日旗と星のついた旗をなびかせたビュイックに乗っている」と記している[38]。

バスは六つの場所で停まり、ツアー参加者はそこで降りて間近に見学することができた。初めにバスは駅前の中央通りを下り、まもなく新京神社で停まる。ここには天照大神と明治天皇が祭られていた。外地の神社は大半が天照大神、そして多くが明治天皇に奉献されていたのだ。観光バスが最初に停まるのは、まずこうした神社である。上に写真を掲げた新京神社につづいて、バスがまっすぐ向かった先には忠霊塔があった。

寛城子戦跡記念塔　ここでは、満洲事変の際、24人の日本人兵士が中国軍との戦闘中に戦死した。その霊を祭るためどっしりした塔が建てられた。

一九三四年に二五〇万円の巨費を投じて完成したことからみても、新京の忠霊塔の重要性は高かったと思われる。満洲の多くの忠霊塔のなかで、四番目につくられたものだ。紀元二千六百年の時点で、ここに祭られていたのは一九三二年から三三年まで関東軍司令官を務め、満洲国の基礎を築いた武《む》藤信義《とうのぶよし》大将（一八六八―一九三三）の霊と、近年、満洲で戦死した二九〇〇人の英霊である。新京の忠霊塔は、「新京の聖地」という八枚組み絵葉書セットの表紙を飾っている（口絵19）。忠霊塔の写真には、塔に向かってお辞儀をしている観光客の一団が写っているものもある。皇紀二千六百年を記念するために、満鉄も「満洲忠霊塔」という九枚組み絵葉書セットを発行している[39]。

次にバスが停まったのが寛城子戦跡。ここは満洲事変直後に戦闘が発生した二つの場所の一つで、その記念塔がツアーの目玉だった。満洲国設立の発端となった満洲事変のあと、「聖地旅順」の名のもととなった日本軍の犠牲者は、ますますあがめられて、当時、日本が中国東北部に対しておこなっていた要求を正当化する根拠となっていた。それだけではない。一九三一年九月十八日に奉天近郊で中国軍との戦闘が開始されてから〔いわゆる柳条湖事件〕、日本軍が敵と比較的小規模な戦闘をおこなった場所も、小競り合いが終わったあとはすぐに聖地とされたのである[40]。右に示した絵葉書は「新京の聖地」の一枚だが、そこには寛城子戦跡に立てられた堂々たる記念塔が写っている。

記念碑が大きいのは、ここが大戦場であったことを示したかったのかもしれないが、『満洲戦蹟巡礼』という詳しい案内書の二つの節をみると、一九三一年九月十九日に中国側の守備隊を排除する際に、ここで戦死した日本兵は二四人にすぎなかったことがわかる。[41] 新京のさほど重要ではない二つの戦跡を紹介する際に、この案内書は読者に、満洲国の首都である新京は、満洲の政治、経済、文化の中心ではあるが、ここが崇高な血の犠牲をささげた多くの人々の「粉骨砕身」によってつくりあげられた場所であることを忘れてはならないと注意を促している。

満洲事変に関連する戦跡がたちまち観光地に変えられていくのは、フランコの率いるスペインの民族派が、共和派（人民戦線）との戦闘がつづいているさなかに、民族派の制した戦跡を観光地にしてしまったのとよく似ている。一九三六年に共和派に包囲されてもちこたえたアルカサル〔トレドにある〕を、民族派はたちまち記念の場所へと変えてしまうのだが、アルカサルが象徴的な重要性を帯びていたのは、旅順の場合と同じだった。[42]

寛城子戦跡記念碑につづいてバスは満洲国の表向きの支配者、皇帝溥儀の皇宮に向かった。この場所でツアー参加者はバスを降り、満洲国皇帝に敬意を表すため、ひとかたまりになって、宮廷（次ページ上の絵葉書参照）に向かって拝礼した。[43] こうした儀礼がとりおこなわれたのは、独立満洲国の虚構を維持するためである。現在のソウルと同様、長春でもかつて日本人観光客用の日程に組みこまれていた記念碑や建物、史跡は取り除かれるか再編されるかして、日本帝国主義の罪状をとどめながら、中国の歴史遺産であることを強調するようになっている。中国政府は溥儀の宮廷府を博物館に改変した〔いわゆる偽満皇宮博物館〕。そして、この博物館では、日本の当局者による傀儡《かいらい》皇帝の操作や、北東アジアにおける日本の犯

皇帝溥儀の宮廷府　絵葉書「新京の聖地」から。

南嶺戦跡記念碑　絵葉書「新京の聖地」から。

罪、さらには中華人民共和国において溥儀が一般市民として「再教育」を受けて立ち直ったことなどが年代順に展示されている。

一九四〇年のバスツアーで次に訪れたのが、十九世紀初めに建てられた清真寺である。たまたま溥儀の当時の皇宮にほど近い場所に建っていた。日本人観光客にとって、古いイスラム教寺院（モスク）を訪れる機会はめったになく、なかなか興味深い経験となったはずだ。[44] とはいえ、古い建物や美術を見て回ることの多い京城の場合とちがって、歴史のない新京のバスツアーでは、昔ながらの建物もいくつか組みこまれていたものの、どうみても重点が置かれていたのは、新しいビルや愛国心にあふれる記念碑のほうである。

最後にバスが向かったのが南嶺の戦跡。ここには右ページ下に示したような記念碑が立っていた。新京交通が観光バスの参加者に配ったパンフレットには、南嶺と寛城子で戦死した勇士の階級と名前が一人ひとり載せられていた。[45] 歴史学者の高媛《カオユアン》は、新京交通のガイドが南嶺で語った説明の台本が次のようなものであることをつきとめた。「皆さまご覧ください。ここかしこに見えます墓標は、この戦闘において異郷の土となられました四十三勇士地上最期の場所でございます。……大君の御ため、祖国のため捧げられました貴き肉体は、ご覧の通り白い墓標と変わったのでございますが、その誠忠は護国の神と化し、英魂永久にこの

清真寺のモスク　新京・清真寺のモスク。絵葉書「新京の聖地」から。

地に鎮まって、わが生命線の護りとなっておられることでございましょう」[46]

当時、満洲は日本の経済的な「生命線」とみなされるようになっていた。一九三九年にこのバスツアーに参加した奈良女子高等師範の生徒は、その日記に「勇士」の尊い血であがなわれた南嶺の「霊地」で、クラスメートとともに「厳粛な祈り」をささげたと記している。またバスガイドの名口調に、生徒たちは「感激の涙を惜しまなかった」とも書いている。[47]

満洲ならではの場所

二〇〇九年に東京の古本屋に立ち寄ったとき、偶然にも私は一九三九年九月に満洲を訪れたある父親が東京の家族に送った絵葉書を見つけた（口絵20）。その裏面は忠霊塔の写真で、隅に「新京観光バス乗車記念」と印刷されている。彼は葉書の表面に走り書きしているが、その内容は当時の日本人が余暇を利用して気晴らしにどんな旅行をしていたかを彷彿とさせるものだ。葉書には三九年九月十七日に「四十三勇士」を祭る「南嶺戦跡記念碑」を参拝したときの記念スタンプが押されているため、文字を書くスペースはあまり残っていなかったけれども、彼は前日、新京で観光バスに乗り、当日の朝、ゴルフをし、夕方にハルピン（ハルビン）に行こうとしていた。

その男性が絵葉書を送る前にスタンプを押した南嶺だが、ここをあとにしたバスは、駅に戻る途中、いくつかの名所を通ることになっていた。最初に向かったのは建国忠霊廟。内地の靖国神社に相当する、戦死者を祭る満洲国の宗廟である。英米の観光客を読者に想定した、満洲日日新聞社発行の分厚い英語版ガイドブック『満洲国の旅』（一九四一年発行）には、こう説明されている。「完成間近い建国広場に立つ壮

建国忠霊廟（新京）　絵葉書「新京の聖地」から。

麗な神殿式の建物は……首都の中心宗廟である。ここには、満洲国を築く先駆けとなった勇士の霊が祭られている。この神域の建設には、東洋建築ならではの荘厳な美しさと魅力が取りいれられ、完成のあかつきには、四〇〇〇万《ママ》平方マイルに対応するはずである。正門をくぐると、本殿を前にした大きな広場や回廊に圧倒されるであろう。その建物のそれぞれが、神殿の特別の機能を表すように設計・建設されているのである」[48]

　新京の訪問者は、必ずしもこのような威厳に満ちた「東洋建築」の見学に時間を割く必要はなかった。一九三八年に大衆向けの中国案内を出した後藤朝太郎《ごとうあさたろう》は、プロの旅行作家で、二〇年からこうした本を数多く出版していた。彼は南京の格調高い東洋建築と比較して、「新京に見るアメリカ式のバタ臭い建物」などと書いている。[49]バタ臭いというのは、日本人が西洋のものを特徴づける際に用いる揶揄《やゆ》的な言い方である。同じく、日本の観光客は現地人で混雑しているため三等車は避けたほうがいいと言っていた東文雄は、新京は「大陸的というよりも日本的であるため異国的な香りはそれほど濃厚ではない」と旅行者に注意を喚起している。[50]中国通の後藤とはちがった流儀で、東は異国の文化を自分なりに、とはいっても現地住民とは距離を置いて、体験しようとしていたのである。[51]

新京は旅先としては、古い歴史遺産を見るのに適していなかった。できたのが新しかったからである。しかし、戦争で日本人の払った犠牲や、近代化に果たす日本の役割が強調されているという点では、満洲ならではの場所にちがいなかった。人々は日本が植民地を文明化する使命を果たしていること、また日本の大陸政策がまちがっておらず、実際、果敢に遂行されていることを通念として吹きこまれていたけれども、バスツアーはとりわけこうした通念をより強化するように仕組まれていた。

帝国内観光は、単に内地の人間が植民地を回るというだけのことではなかった。外地の日本人入植者が、現地や別の外地を旅行することも一九四〇年にはかなり盛んになっていたし、その後さらに戦争が本格化してからも、内地の余暇旅行や内地からの外地訪問は引きつづきおこなわれていた。旅行雑誌『文化朝鮮』は四二年の三回連載記事のなかで、東亜旅行社（一九四一年に日本旅行協会を改称）の別々の案内所の担当者に、旅行業の状況についてインタビューする企画をこころみている。[52]担当者はこれから期待のもてる遠方の人気旅行先として、香港や樺太、フィリピン、シンガポール、台湾の名前を挙げている。[53]

帝国観光と近代日本

一九三〇年代を否定的な観点から一方的に考察すると、往々にして日本で起こっていた発展を見逃すことになりがちである。この十年間、日本ではファシズムや軍国主義、権威主義と必ずしも結びつかない事態が、社会の内部で進展していた。そのころは日本の始原性とか無窮の価値といった国家主義的な美辞があふれていたが、一九三〇年代の日本を特徴づけているのは、過去への回帰ではなく、むしろさらなる近代性《モダニティ》への活力だったのである。

日本が封建時代に逆戻りしたと評されることの多いこの十年間に、近代の観光部門はとりわけにぎわいをみせた。歴史学者が観光にもっと関心をもってしかるべきなのは、観光には実に多様な近代性の側面が内包されているからである。そこにはナショナリズム、大衆消費主義、政治参加の拡大、交通基盤の整備、グローバルな統合、それに植民地観光に伴う帝国主義までもがからんでいる。

近代日本における国史編纂の貪欲ぶりは、内地だけではなく、帝国全域にわたる歴史遺産の建設と操作にまで拡張された。史跡観光は政治的な活動であり、旅順などに代表される満洲聖地観光が政治的な意味合いを含んでいたことは明らかである。満洲の記念すべき戦跡を訪ねることにより、日本人は私のいうところの「自主的な国民養成」を通じて、流布されている帝国イデオロギーや、軍事的手段による国家拡張がまちがっていないと確信するようになった。紀元二千六百年前後に満洲観光が隆盛をきわめたのは、愛国主義が大衆消費主義に拍車をかけ、消費主義が愛国主義を促すという連鎖の輪が、さらに帝国規模にまで広がったことを示している。

二〇〇五年に私は「偽満洲国体制」時代の日本人の観光について現地調査をおこなうため長春を訪れた。何人もの中国の省政府担当者が、とりあえず私を歓迎するための「宴会」を何度も開いてくれたが、その真の目的は、公務員がそれにかこつけて公費で飲み食いすることではないかと疑われたものである。その席で彼らは、せっかくの機会だから中国東北部での日本の戦争犯罪を調査して書けばよいのではないかと、あけすけに提案した。観光の価値がプロパガンダにあることを理解するのは重要だが、その点はしばらくおくとしよう。それでも日本人の多くが戦争に向かう時代にあっても、余暇旅行などの気晴らしを含めて普段の生活をつづけていたという事実を記述しておくことは、帝国日本の「悪の陳腐さ」を示唆することになるだろう。「悪の陳腐さ」という概念は、ハンナ・アーレント（一九〇六—七五）が、イスラエルでアドルフ・アイヒマン（一九〇六—六二）の裁判を報告したのちに、ナチス・ドイツを性格づけた言葉から借用したものである。

一九四〇年に満洲の観光関係者の代表がハルビンに集まって、この紀元二千六百年の年に満洲に旅行客をどのように誘致すればよいかを話しあった。ハルビンはロシアの影響が色濃く残る街として、観光客を引きつけていた。それと同じ時期、市内から一五キロほど南の平房では、生物・化学兵器の研究・開発にあたる、いまでは悪名高い「七三一部隊」の隊員が、拘束した中国人「匪賊《ひぞく》」や監禁者に対し、身の毛もよだつ人体実験を繰り返していたのである。ここで実験済みの毒ガスは、帝国陸軍により焦土作戦の一環として、中国の一部地域で広く使用されていた。しかし、たとえば七三一部隊の下級隊員だった田村良雄《たむらよしお》のインタビューを読むなら、ちょっとした人生の巡りあわせで、田村をはじめ多くの七三一部隊の隊員がごくありふれた仕事をして過ごしていたかもしれないと想像するのはかたくない。彼らは生体解剖に回される捕虜を監視するのではなく、ひょっとしたら満洲に観光客を引き寄せるために働いていたかもしれないのだ。[54]

本書がめざすのは、帝国日本の残忍な側面をできるだけ少なく見積もることではない。日本の統制下に置かれた地域で暮らしていた人々は、近代日本の加えた全面的な暴力と抑圧にさらされていたにちがいない。それでも、多くの日本人が、その生活を驚くほど普通に営んでいたことを知ってほしいのである。戦時期の日本にファシズム概念を適用することに批判的な人々は、ナチス・ドイツが国内の特定分子に弾圧や蛮行を加えていたのに対し、大部分の日本人はそこまでのことはしなかったと強調する。

戦時中、日本の国が内地で新興宗教を弾圧していたことを考えれば、お膝元であっても政府がある種の反体制活動に対しては、ほとんど寛容でなかったのは明らかである。だが、日本の内地ではほとんど弾圧がみられなかったという説明だけでは、帝国日本が大陸や帝国内の地域で、しばしば現地の人々を圧迫してきたことが見過ごされてしまう。帝国主義的でもある米国や英国の歴史学者が、こうした研究の方向を避けてきたのは、おそらくそんなことをすれば、自国の歴史にやっかいな問題を投げかけることになるからである。もし米国や英国が植民地臣民、総じて非白人をどのように扱ってきたかを考慮するならば、一九三〇年代まで帝国日本にはあやういながらもある種の「自由民主主義」体制があったと特徴づけることは、あまりにも単純であり、留保が必要である。

第6章　海外日本人と祖国——海外同胞大会

帝国外に二五〇万人

紀元二千六百年の時点で、日本国民とは何かを定義するのは容易ではなかった。何百万人もの植民地臣民の地位があいまいで、すでに複雑になっていたことに加えて、国民という以上は、日本の政治的統制のおよばない地域にある日本人移民社会《コミュニティ》をどう位置づければよいかが、なかなか判断しがたかったからである。人種や民族性、共通の歴史でつながった日本人社会は、世界じゅうに広がっていた。しかし、どこまでが日本国民かとなると、はっきりせず、なかにはそれを享受する人もいれば、環境に順応する人、国をまたがる身分という状況に苦しんでいる人もいたのである。

日本政府が一九四〇年の海外同胞大会用に用意したパンフレットの統計によると、この段階で帝国外に暮らす日本人は二五〇万一五四六人で、そのうち満洲国に一五七万八四九七人、中国に三四万五七三三人、ブラジルに一九万七七三三人、ハワイ（当時、米自治領）に一五万八四五一人、米国本土に一一万四九五六人、ミクロネシアに六万人以上、フィリピン（当時、米植民地）に二万四〇五八人、ペルーに二万二一五〇人、カナダに二万一一二七人が住んでいた。[1]大会のパンフレットにある二五〇万人という数字のうちには、たとえば朝鮮から満洲への移住者で、日本の内地からの流出ではない人がおよそ一〇〇万人含まれていた。[2]

しかし、大会でいう「海外」には、一九四〇年に当然日本の一部とみなされていた公式の植民地、すなわち朝鮮や台湾、樺太で暮らす日本人一二〇万人は含まれていない。[3]この時点では七三〇〇万人の日本人の二五分の一が、日本の内地以外の地域で暮らしていた計算になる。世界じゅうの大半の地域と同じように、日本の近代もこれまでにない流動性をもたらしていた。内地間であろうと、内地から別の地域へであろうと、人々の出身地以外への移動は、劇的に増加していた。こうした傾向は帝国主義によって、さらに加速されることになる。

大会で用いられた「海外」という定義では、同じ内地からの流出でも、公式、非公式の帝国内移住者と帝国外移住者との大きなちがいが、はっきりしなくなるのは否めなかった。近代帝国主義時代のまっただなか、日本は非白人国民国家では唯一の帝国主義列強となり、植民地臣民の上にみずからのヒエラルキーを押しつけることができた。植民地に移住した日本人は、地元で君臨する支配構造の一角に加わっているという意味で、主導的なディアスポラを構成していた。これと対照的に、帝国外に居住する日本人移民はしばしば非白人総体に向けられた民族差別に直面したのである。

ミクロネシアや満洲国、中国に住む日本人を「海外」在住に含める大会の規定には、いささか問題がある。というのは、海外での経験というかぎりは、公式の植民地における場合とはずいぶん異なり、つまるところ南北米大陸の海外日本人社会の人々が味わった経験に近いものを指すからである。一九四〇年には、中国在住の日本人は大体において、日本軍の支配下で暮らしていた。三七年の「支那事変」以降、日本は中国の沿岸部を軍事的支配下に置くことになるが、それ以前でも、中国の日本人在住者は租界の内外を問わず、たいていまわりの中国人の世界から分離されて、特権的な暮らしを享受していたのである。たとえば上海のエリート日本人社会（一九四〇年の人口は六万五二六一人）を分析している研究者は、上海の日本人はいつも快適に暮らせたので、外国にいると気づかないほどだったと結論づけている。[4]

満洲国在住の日本人は関東軍によって保護されていた。関東軍は溥儀を長とする現地政府の上に立って権勢を振るっていた。南満洲鉄道（満鉄）は都市部の移住者に、満洲拓殖公社（満拓）は農村部の開拓移民にさまざまな便宜をはかっていた。子供のころ満洲で過ごした倉本和子《くらもとかずこ》（一九二七―）は、当時、家族とともにすごした日本とほとんど変わらない快適な暮らしぶりを回想している。[5] 父親は公務員だった。倉本の描く植民地での中産階級の暮らしは、日本人の満洲開拓移民の経験とは異なっていたけれども、植民地の官庁や民間企業に勤める何十万もの日本人は、きちんとした給料をもらって、それなりに保証された生活を楽しんでいたことがうかがえる。一九四五年に大日本帝国が崩壊したあと、倉本は地元の日本人街が消えてなくなったと書いているが、これは外地全体で起こった現象である。

公式規定通りにミクロネシアを「海外」に含めるのは、この地域を日本が信託統治していたにすぎないことからみれば、法的に微妙な問題が残る。実際には、日本はミクロネシアを正式の植民地とほとんど同じように扱っていた。歴史学者の冨山一郎は、ミクロネシアにおけるヒエラルキーが、日本人をトップとし、次に沖縄人、朝鮮人ときて、地元の島民は一番下のレベルにランクづけされていたことを実証している。[6]

日本人を常にトップとする同様のヒエラルキーは、帝国のほかの地域でも見られた。外地では、日本人がやってくると、地元民は脇に追いやられた。このことは植民者と被植民者とのあいだに形成される不平等な権力関係を示す指標となっている。[7] そして日本帝国主義と日本内地からの拡散は、むしろ本来の意味のディアスポラを引き起こしている。もっともよく知られているのが朝鮮人のディアスポラである。[8] 一九二〇年代に、とりわけ朝鮮半島から日本の内地に入ってくる朝鮮人は、日本列島から外に出ていく日本人移民より数が多かったかもしれない。一九四〇年の時点で、一〇〇万人以上の朝鮮人がすでに日本の内地で暮らしており、満洲にも一〇〇万人の朝鮮人がいた。

日本人の植民者と植民地で暮らすその子孫は、自分たちが支配する外地の社会と何らかの接触をもつようになったという意味で、文化の橋を架ける経験をもたらしたが、彼らが日本国民の成員であることには何の疑いもなかった。日本の内地から帝国内の地域に移住した日本人は、支配的なエリートという地位によって恩恵を受けた。南北米大陸の白人が権力を握る社会で、日本人がみずから道を切り開かねばならなかった状況とは対照的である。

日本の政治的統制のおよばない地域に移住した日本人、とりわけその子孫にとっては、何かにつけ国をまたがるあいまいさがまとわりつくことになった。その大多数が南北米大陸に住んでいた。米国にかぎらず南北米大陸のほかの国に住んでいた日本人移民の経験が、本章の中心課題である。歴史学者のエイイチロウ・アズマは、米国の日本人移民と海外同胞大会が開かれたときの日本の同胞とのつながりを研究した論文のなかで、「公式の〝海外発展論〟における移民と植民の混同」という言い方をしているが、本章もそうした問題を取りあげることにする。[9]

日本人移民の背景

一九四〇年に海外同胞大会が開かれる前から何十年にもわたって、日本の評論家は、日本の内地、とりわけ農村部の過剰人口を解決する手段は移民しかないと唱えてきた。最初に出発した一団を含めて、日本人農民の多くを移民へと追いやったのは貧困である。評論家たちは紀元二千六百年の時点でも、日本の人口圧力について言いつのっていた。一九四〇年に、評論家で衆議院議員の鶴見《つるみ》祐輔《ゆうすけ》（一八八五―一九七三）は英文の論考のなかで、日本が直面する人口問題に触れ、「農地の不足と人口圧力が日本帝国のあらゆる問題の根っこにあるといってもいい」と断言していた。[10]

明治維新以来、移民に対する日本政府の関心は、世界における日本の地位と密接にかかわっていた。事実、明治維新から二十年のあいだ、日本政府の指導者は、日本が得ようとしていた国際的評価にふさわしくない扱いを日本人移民が受けることを恐れて、移民を禁止してきた。一八八五年にハワイへの移民を許可してからも、日本政府は国民がどういう扱いを受けるかをじっと見守ってきた。これはどちらかというと労働者階級に対する人道的な思いやりによるものではない。むしろ国際的な威信がかかっていたのである。[11]しかし、一九〇五年に日露戦争で勝利し、世界の一等国の地位をかち得たと思った日本の指導者たちがせいぜいできたのは、人類を白人と非白人、キリスト教徒と非キリスト教徒、文明人と非文明人に分ける、世界じゅうに広がる人種差別主義的な見解に反対するくらいのものだった。人種、文化、権力が日本の移民を方向づけていたのである。

日本は近代に北海道と沖縄を正式に統合することによって、国民国家として歩みはじめた。その日本が帝国を広げるようになると、さらに新たな領土が移住先として開けてきた。台湾は一八九五年の日清戦争終結後に、朝鮮、関東州の租借地、南樺太、満鉄の沿線地域は一九〇五年の日露戦争後に、ミクロネシアは第一次世界大戦の終わりに、満洲全土は一九三一年の満洲事変後に日本の圏内へ組み入れられた。日本政府はそれまでとりわけブラジルへの移民を奨励、助長する措置をとっていたが、一九三六年に新たな国家政策を採用し、全部で一〇〇万家族（五〇〇万人）を二十年かけて満洲へと送りこむ計画を立てた。[12]多くの時評家が満洲を広大な未開の地と持ちあげ、日本人に移民を促した。日本の貧窮農民の六分の一を満洲に送りこむ計画は多くの困難に直面したとはいえ、そこにはこれまで帝国外の地域で暮らす日本人移民がずっと受けてきたような事実上の人種差別といった屈辱感はなかった。

ブラジルから満洲へ

二十世紀の初めに、オーストラリアやニュージーランドで非白人の移民を禁止する政策が実施されていなければ、日本人はこの地域に競って入植していたはずである。渡辺勘十郎《わたなべかんじゅうろう》（一八六四―一九二六）は、将来、オーストラリアへの移民に関して二国間の話し合いもありうると見越した日本政府の委嘱を受けて、オーストラリアを徹底的に調査したが、一八九四年に「日本人排斥の感情および政略は北米合衆国よりも甚だしきこと」に気づいたと記している。[13]オーストラリアはヨーロッパから多くの移民を受け入れつづけていたが、その広大な大陸は日本人移民には基本的に閉ざされていた。一九〇一年に設立されたオーストラリア連邦は、国是として「ホワイト・オーストラリア」という考え方を掲げていた。それにつづいて一九〇七年に発足したニュージーランドでも、その政策はやはり「ホワイト・ニュージーランド」だった。

米国とカナダは当初、日本人移民を受け入れていた。しかし二十世紀にはいるとまもなく、隣りあう二つの国はいわゆる「紳士協定」によって移民を制限するようになる。米国やカナダの多くの時評家は、ロシアに勝利したことで日本が文明国の仲間入りをしたとみるどころか、日本が台頭しつつある現状を「黄《こう》禍《か》」という人種差別的な用語で語るようになった。南アフリカの当局者も、一九〇七年以降、効果的に日本人を閉めだすさまざまな移民制限措置を講じた。

日本人は、こうして日本人の移民をこばむアングロ・サクソンの封鎖網が世界中に形成されつつあると思うようになった。その封鎖網がより強固になったのは、一九二四年に米国で移民法が成立したときである。この法律は、日本からこれ以上移民を受け入れることを拒否しただけではない。あからさまに日本人を対象とする移民対策に人種隔離という政策を適用したのである。それは日本人からみれば、侮辱にほかならなかった。

米国からオーストラリアにいたる国々は、ときどきヨーロッパ系言語による読み書きテストを実施して移民を選別し、それによってしばしば人種差別的と非難されることを免れようとした。こうしたテストで、日本のような国からやってくる中産階級の非白人でも入国を認められることもあった。しかし、日本側はいわゆる白人諸国が意識的に結束して、人種を区別するかたちで移民制限をおこなってきたと最終的に判断し、そうした状況を正確に通告したのである。歴史学者のマリリン・レークとヘンリー・レイノルズが明らかにしたように、一九〇〇年前後に白人諸国の指導者は、非白人、とりわけアジア系の民衆を閉めだす白人の国際コミュニティを形成していた。[14] 日本人はロシアに勝利したことなどから考えても、自分たちの国が近代化という文明のテストに合格したと思いこんでいた。だが、その後も、こうした多くの制限が課されることに怒りを覚えていたのである。

こうした人種の壁があったために、日本の政治的統制のおよばない地域に行こうとする日本人移民は、ほとんどが中南米諸国、とりわけブラジルに向かうようになった。一九〇〇年代初めから二〇年代にかけ、日本政府はより積極的にブラジル移民奨励に乗りだすようになる。一九二四年から日本政府は「海外興業」(一七年設立)への財政支援を開始。それによって、移民を容易にするとともに、ブラジルに到着したのちも移民が成功を収めるよう願ったのである。二〇年代には、すでにブラジルで新生活を送れるように移民を訓練する学校なども日本国内につくられ、ブラジルへの「移民装置」のようなものができあがっていた。

しかし、それよりも一九三〇年代終わりにはブラジル移民が一段落して、満洲への移民を奨励する動きが強まっていた。日本政府がブラジルへの移民を促進したのは、帝国外のほかの地域に比べて、ブラジルからさらに別の場所へ移住する日本人移民が多かったことが大きな理由ではなかったかと思われる。とはいえ、三〇年代の終わりには日本人移民のもっとも多い南米の三つの国、すなわちブラジル(一九三四年)、ペルー(一九三六年)、アルゼンチン(一九三八年)も日本人移民のさらなる増加を制限する措置をとるようになっていた。

フィリピンは米国の植民地だったが、大日本帝国外ではめずらしく、一九三〇年代後半になっても日本からの無制限の移民を受け入れていた。しかし、四〇年四月にフィリピン自治政府の国民議会は、日本人移民を抑制する法案を可決する。こうして、その年十一月に東京で海外同胞大会が開かれるころには、帝国外で日本人移民をさらに受け入れようとしている地域はほとんど存在しない状態になっていた。広い帝国を保持しているにもかかわらず、日本人はいまだに世界から差別待遇を受けていたのである。

海外同胞大会の参加者

一九四〇年には日本政府はすでに、過剰人口と国内農村部の貧窮を解決する糸口を満洲に見いだすようになっていたが、白人諸国がこの数十年にわたって日本人移民に人種差別的な制約を課してきたことを忘れなかった。さらに人種差別への思いをかきたてる出来事が起こる。この年、戦略上重要な運河の場所に位置するパナマ政府が「黄色人種」の移民をはっきりと禁止する条項を含む新憲法を制定したのである。[15]そのころ、日本人移民は大部分がアジア大陸に向かうようになっていた。とはいえ、南北米大陸にはすでに何十万もの日本人移民が暮らしており、日本の国際的地位によって現地での彼らの扱いが変わってくることは疑うべくもなかった。

日本の政治的権限のおよばない地域に住む日本人移民は、自分たちの祖国と、網の目のように複雑にからまるさまざまな事情をかかえた現在暮らす国とのあいだで、忠誠のバランスをとる以外になかった。日本人一世の多くは日本の国籍をもちつづけていたけれども、バランスをとるのは致し方のないことだった。米国に居住する移民の場合は、たとえその子が生まれながらに市民権を得ることができたとしても、一世自身は帰化して市民権を取ることができなかった。

米国に住む一世の日本人がいつまでも祖国と結びついていたのは、こうした法的立場に置かれていたためである。このような事態は、ドイツやイタリアの移民一世には考えられなかった。米国のイタリア人移民やドイツ人移民は、米国に帰化して市民権を取ることによって、ファシスト体制やナチス体制の過酷な要求から逃れることもできた。ところが日本人の移民一世は、法的に祖国との結びつきを残す以外に選択の余地はなかった。米国から海外同胞大会にやってきた一世の参加者は、生まれ故郷に戻ってきただけでなく、自分が国籍をもつ国に帰ってきたのである。

海外同胞大会の代表団は、日本の内地からのディアスポラをすべて代表していたわけではない。公式植民地の日本人社会からは代表が出ていなかったからである。ブラジルのサンホセから参加した香山六郎《こうやまろくろう》（一八八六—一九七六）は、一九三九年に日本政府が使者を送ってきて、翌年開かれる紀元二千六百年記念行事への参加をブラジル政府と地元の日本人社会に要請したことを記憶している。香山によると、日本人社会の全員でではなく、ふたつの主な移民会社（海外興業とブラジル拓殖）の社長が、海外同胞大会に出席する地元社会の代表を決めたのだという[16]。日本政府が喜んで受け入れ、しかもブラジル移民を検討している日本人にわたりをつけられるような人物を、移民会社が選んだことはまちがいない。

大会参加者のなかには、海外日本人の一部に見受けられた、日本政府が支持しないような人物はほとんどいなかったのではないかと思われる。植民地臣民（たとえば、国際的規定によれば日本国民に分類される朝鮮人）のような海外日本人は除外するといった文書はどこにもないけれども、会議の資料に名前が出てくる参加者は、日本の内地出身の人たちばかりだった。さらに経済面からいっても、参加者は日本人移民の各層をすべて代表していたわけでもなかった。

参加者は東京滞在のための補助金をなにがしか受け取ってはいたが、往復の旅費は自弁せねばならず、多くの移民にとって、それは手の届かない金額だった。その結果、大会に参加するのは自然と海外移住者の社会的・経済的なエリート層となった。大会のしおりの表紙に描かれている代表団のイラストを見れば、その顔ぶれは成功を収めた実業家が多かったと推測される（背景には女性の姿も一人見える）。全員がスーツに身を包み、ネクタイを結んでいる（女性はドレス）だけではなく、もっとも目立つ男性は白人のような顔つきをしている[17]（口絵21）。

モデルとしての神武天皇

代表団を募集するためにつくられた海外同胞東京大会の宣伝ポスターを示しておくが（口絵22）、それを見ると、一九四〇年に日本では移民がどのようにとらえられていたかがうかがえる。そこでは天皇神話が利用され、移民は国家創設以来の国民性を示すものともちあげられているのである。ポスターには世界を背にした日本人開拓者が描かれ、その頭上には神武東征の象徴というべき金鵄《きんし》が燦然《さんぜん》と輝いている[18]。開拓者の図柄は、大会のしおりに描かれた実業家の絵柄とはずいぶん趣がちがうが、そこには開拓者崇拝の思想が示されていた。当時は満洲への農業開拓移民が奨励されており、開拓者崇拝がもちだされたのはそのためである。

日本の帝国主義者の野望は、一九三〇年代が進展するにつれて大きくなっていった。日本人の開拓精神の象徴として、さまざまな困難を乗り越えて王朝を設立したという神武東征神話が、くり返し語られることとなった。歴史学者の森武麿《もりたけまろ》は、満洲開拓の模範というべきある農民のことを取り上げている。一九三八年に、その農民はこう書いていた。「日本歴史は正《まさ》しく移民の歴史である。……神武天皇の御東征、四《し》道将軍《どうしょうぐん》の兵備、日本武尊様《やまとたけるのみことさま》の熊襲《くまそ》征伐みな人心をして倦《う》まざらしめんための苦労である[19]」

一九四〇年に出版された阪本牙城《さかもとがじょう》(一八九五―一九七三)の歴史漫画『開拓三代記』は、日本の移民史を過去篇、現代篇、未来篇に分けて描いている。[20]阪本は数多くの場面を通して日本の拡張に話をもってくるが、神武天皇は日本で最初の非凡な開拓者ととらえられている。さらに次に示した二枚の漫画では、日本の将来を想像している。阪本は、現代の日本で人気を誇るイラスト漫画ないしストーリー漫画の先駆者だった。その意味で、阪本は、自身の描く想像上の神武天皇とちがって、まさしく開拓者だったのである。

満洲日日新聞が一九四〇年に出版した「大陸開拓精神叢書《そうしょ》」第一号の『神武天皇と国土開拓』も、これと同系列のものである。[21]日本最初の開拓者の物語を通じて、大陸の入植者を鼓舞することがこの本の目的で、なかには神武天皇東征の関連地図もはいっていた。一九四〇年には、初代天皇の通った曲がりくねった道筋についての合意がすでに形成されており、この地図は鉄道省の旅行ガイド『肇国《ちょうこく》の聖蹟《せいせき》』のものとよく似ている。大陸の開拓者は、その生活がどれだけ過酷であっても、紀元前六六六年に九州を出発し、ようやく六年後に大和の地にたどりついた神武天皇の遠征ほど、自分たちは苦労しているわけではないと思いなおすことができたのである。

一九四一年に野田良治《のだりょうじ》(一八七五―一九六八)は雑誌『海外移住』に掲載された評論で、「八紘一宇《はっこういちう》の大理想中に包容されている今一つの精神は、日本民族の海外発展である」と記しているが、これは以前からよく唱えられていたおなじみのフレーズだった。野田は長いあいだ移民問題に取り組んできた。一九一〇年代にペルーやボリビア、ブラジルの日本領事を務めた野田は、これらの国々で暮らす日本人移民を励ましつづける話を書いていた。のちに南米各地の日本人同胞を訪れたときのことをまとめた本も出版している。[22]一九四一年の評論で、野田は肇国以来、日本人を特徴づけたものは、海外拡張への野望だったと記している。[23]

ほかの多くの側面についてもいえることだが、評論家が紀元二千六百年に（そしてその前後も）盛んに吹聴した日本民族の果てしない拡張は、神武天皇の始めた偉業の延長として描かれることが多かった。初代天皇の偉業は、日本人の生活から公共政策にいたるまで、すべての分野にわたる模範だと思われていた

阪本牙城『開拓三代記』から　上は白人に痛めつけられているアジアを日本が助けようとしているところ。下は八紘一宇のもと、桜の花の下でアジアの諸民族が楽しむ様子が描かれている。

のである。海外同胞大会の参加者も、大会では、神武東征から始まった日本民族の必然的な拡張という国家の物語に、自分たちのこれまでの経歴が組み入れられようとしていることを感じた。米国代表団の一人、茅野恒司《ちのつねし》は大会で、国の報告書にふさわしい公式通りの発言をすることで、代表としての義務を果たしている。そのなかで彼は「大和民族が偉大な海外発展」をなし得たのは神武天皇の八紘一宇の精神があったからだと話しているが、初代天皇がほかならぬ米国で日本人移民が自立するのをどのように助けてくれたのかという詳細については具体的に何も語っていない。[24]

厳かな開会式

日本政府によれば海外在住の日本人は二五〇万人とされていたが、五日間にわたる紀元二千六百年奉祝海外同胞東京大会は、最初、その代表一四〇〇人あまりが、一九四〇年十一月四日午前七時に東京の日比谷公会堂で登録するところから始まった。国ごとにつくられた協会関係者から紹介されて、代表団の多くの人たちは互いに知り合い、グループを組んで日本までやってきた。日本郵船をはじめとする日本の船舶会社は、日本と重要な海外日本人社会のある海外各地とのあいだで定期便を運航していた。[25]

海外同胞大会を主管していたのは外務省と拓務省である。拓務省は一九二九年に設立され、植民地の開発を監督していただけではなく、日本の政治的権限のおよばない地域も含めて海外在住日本人全体を統括していた(しかし、米国やカナダに住む日本人がそこに含まれていなかったことは意味深長である)。大会の公式目的には、海外同胞団体と母国諸機関との連絡をはかることや、海外同胞子弟問題の研究、海外同胞を通じ諸外国へ日本事情を紹介することなども含まれていた。[26]

登録の際、参加者には記念バッジと宿泊券、東京の市電の電車券が配られた。登録が九時に終了すると、大会の役員と代表団は、日本からの移民がおこなわれた年代順になっている居住地域ごとに集まって、東京市内中心部の行進へと出発した。行進の最後列には、将来、開拓者たらんとする高校生と大学生三〇〇〇人が加わった。大会には海外の邦字紙記者も招待されており、海外同胞大会の模様はこうした重要なメディアにまず報道され、それから海外の日本人のあいだに情報がひろがっていく仕組みになっている。海外の邦字紙は、外国で暮らす日本人を地元の日本人社会や母国と結びつける大きな役割を果たしていたのである。[27]

行進は日比谷公園を出発して、東京の中心部を進み、その途中、宮城の濠《ほり》にかかる二重橋前にいたった。そこで参加者は帽子を脱いで最敬礼し、「天皇陛下万歳」を三唱。それから別の道を通って、十時までに再び日比谷公会堂に戻った。行列の先頭には、次ページに示したような大会旗がひるがえっていた。[28]

十時三十九分には代表団は日比谷公会堂内に着席し、大会が始まるのを待ち構えていた。定刻十時四十分に――大会の報告書には「カッキリ、一秒の狂いもなく」とある――首相の近衛文麿（一八九一―一九四五）、外相の松岡洋右（一八八〇―一九四六）、陸相の東条英機（一八八四―一九四八）をはじめとする何人もの閣僚や高官が壇上に並んだ。十時四十五分、一同が起立し最敬礼するなか、皇族の東久邇宮稔彦《ひがしくにのみやなるひこ》（一八八七―一九九〇）が入場し、壇上中央に着座。つづいて全員が立ったまま宮城に向かって遥拝する。

起立したまま、一同は国歌を斉唱する。「君が代は　千代に八千代に　さざれ石の　巌となりて　苔のむすまで」。それから初代天皇の霊が祭られている橿原神宮に向かって三十秒遥拝。これにつづいて、近代の大日本帝国を築く源となった明治天皇を祭る明治神宮に向かって、同じく三十秒の遥拝がおこなわれ

海外同胞大会の旗　帝国の象徴である金鵄が縫いこまれ、「八紘一宇」の理念が表現されている。

た。一同はそれから皇軍の英霊に敬弔し、陸海将兵の武運長久を祈願し、傷病将兵に感謝するため一分間の黙禱《もくとう》をささげた。海外先覚物故者に対する感謝の黙禱がそれにつづいた。

そのあと参加者は「紀元二千六百年頌歌《しょうか》」を歌った。これは当時はやっていた多くの愛国歌のひとつである。「海外同胞奉祝歌」の歌詞と楽譜も公式の大会報告書に載っているが、この歌が実際に開会式で歌われた形跡はない。[29]当時、愛国的な曲は、いろいろなテーマにいちばん合った勇ましいものを選ぶために公募によって選ばれることが多かったが、「海外同胞奉祝歌」も日本放送協会が主催して公募し、海外同胞にふさわしい歌として選ばれたものだ。

「紀元二千六百年頌歌」を歌ったあと、参加者は頭を低く下げたまま、大会事務総長の山岡万之助《やまおかまんのすけ》（一八七六―一九六八）が海外同胞を歓迎する詔書を読みあげるのを聞いた。法学者の山岡は貴族院議員で、日本大学総長を務めていた。そのあと式辞や祝辞がつづく。近衛首相は海外日本人に日本政府の政策を支持するよう求め、「われわれ国民としては……一億一心身を挺《てい》して君国に殉じ、皇謨《こうぼ》を翼賛し奉るの臣道実践が切実に要望せらるるの秋《とき》であります。……［私は］諸君と共に協力同心、もって日本国民としての重責を全うせんことを期したいと思うのであります」とあいさつした。[30]

次に演壇に立った松岡外相は、オレゴン大学法学部を卒業し、海外日本人にひとかたならぬ関心をずっといだいていた。彼は日本民族が海外雄飛をはたすには、乗り越えねばならない障害があったと指摘し、次のように述べている。

「我ら日本民族の海外発展は、久しきにわたる鎖国制によって阻まれて、その好機を逸し、明治初年ようやくその端緒を開きたるも、この時既に世界は先進諸民族の制圧下にありて鵬翼《ほうよく》にわかに張りがたく、いたるところ不利かつ不公正なる条件を忍び、頑強なる抵抗を排しつつ粘り強く進んで行くほかなかったのであります。私は諸君および諸君の先輩の過去における奮闘努力に対し、また諸君および諸君の先輩の我ら民族発展のために捧げられたる犠牲に対し、ここに衷心より感謝を表する者であります。

思うに国力強大にして初めて強力なる外交が生まれ、またこれを背景として強力なる民族発展も成就せられるのでありますが、今日我が皇国は高度国防国家として大東亜共栄圏の建設に精進し、さらに民族海外雄飛の新時代に入らんとしております。[31] かくの如《ごと》きは明治初年の当時思いも及ばなかったところであり、当時を追懐すれば今昔の感、まことに胸を打つものがあります」[32]

松岡はつづいて、ここには引用されていない部分で、同胞に祖国への滅私奉公を求めている。松岡につづいて東条陸相が演壇に立った。東条は海外同胞が中国との戦争を支援するために献金してくれていること、さらにその居住国において日本の立場をそれとなく宣伝してくれていることに感謝の意を表し、こう述べている。「近く、支那事変発生以来、皆様方がよく聖戦の真義を海外に理解徹底せしめられ、さらに僻遠《へきえん》の地よりあるいは恤兵《じゅつぺい》に、あるいは国防献金に、その他あらゆる赤誠をいたされましたることにつきましては、祖国朝野のひとしく感激いたしますところでありまして、なかんずく、私は陸軍大臣といたしまして、ここに深甚なる感謝の意を表する次第であります」[33]

東条や松岡、近衛は躊躇《ちゅうちょ》することなく、海外の日本人を日本国民の一部に含めていた。しかし、日本の高官が、海外同胞は日本の政策への支持を表明してほしいと繰り返し期待を述べたのに対して、日本の政治的権限がおよばない地域で暮らす日本人移民はそう簡単ではない状況をかかえていた。それは、戦争の遂行を支援するため寄付をしてほしいといった個別の要請にこたえることよりも、はるかに微妙な問題を含んでいたのである。
同じように熱のこもった高官による演説がつづいたあと、北米代表の阿部豊治《あべとよじ》が、起立したままの参加者を代表して宣誓文を読みあげた。阿部はサンフランシスコの新聞の編集長で、米国の日本人社会の長老として、この栄誉を担ったのである。東久邇宮を前に、阿部は皇族の台臨を賜ったことに言及し、大会に招かれたことを感謝して、こう述べた。「謹んで惟《おも》うに八紘一宇の肇国精神は真に崇高、これぞ世界人類の行くべき道を示し給えるものとして、我等民族発展の前線にある者常にこの精神を体し、これが昂揚《こうよう》をもって使命とせば、いかなる難関逆境に遭うも心に迷いなく不撓《ふとう》不屈、万難を排して勇往邁進《まいしん》することを得ん。我等はこの機において心を新たにし、日本国民たることの光栄を肝に銘じて、一億同胞内外協力共に滅私奉公の誠を尽くし、父祖伝来の臣道を実践し、よくもって優渥《ゆうあく》限りなき聖恩に報い奉らんことを期す」[34]
南米代表の脇山甚作《わきやまじんさく》（一八七九―一九四六）は日本陸軍の退役大佐で、一九三〇年にブラジルに移住したが、かつて天皇に謁見する栄を受けていた。[35] 東久邇宮に最敬礼したあと、脇山は荘重に「天皇陛下万歳」と大きな声を上げ、参加者もこれにつづいて万歳を三唱した。開会式は十一時半に終わり、一同が最敬礼するなか、東久邇宮は退席した。[36]
大会参加者の多くは日本で生まれ育っていた。彼らにとって皇室に忠誠を示すのは、小学校のころから当たり前のことだった。こうした儀礼は帝国全土にちらばる日本人の生活に織りこまれていた。とはいえ、日本の政治的権限のおよばない地域で暮らす移民、とりわけその子孫にとっては、それはかなり異質なものだったにちがいない。日本人学校があるかどうか、あるいはたとえば近くの日本大使館や領事館が開く催しや、せめて領事が催す行事に個々の移住者がよく参加するかどうかなどによっても、移民と国家儀礼とのつながりはかなりちがった様相をみせただろう。

だが、海外の日本人がすべて、日本政府の出先機関と喜んで接触していたとはかぎらない。ペルーで生活し、真珠湾攻撃のあと米国で強制収容された東出誓一《ひがしでせいいち》（一九〇九—九七）はその回顧録のなかで、地元の領事はしばしば恐れられ、日本人移民社会から嫌われていたと述べている。その背景には、日本の領事が、たとえば個個人を日本軍に徴集する権限を有していた事実があったのである。[37]

血統か文化か[38]

開会式が終わったあと、総会が始まった。山岡万之助議長は代表団へのあいさつのなかで、海外の日本人をつなぐ中央連絡機関がないのは誠に遺憾なことで、こうした役割を果たす機関をぜひつくってもらいたいと述べた。とはいえ、日本政府は大会に向けて、この数年間、海外の日本人と接触をはかろうとして、懸命に組織化の努力を重ねてはいたのである。たとえば一九三〇年代終わりに、日本政府は海外各地に代表団を派遣して、多少なりとも海外の日本人と接触しようとした。東京帝国大学法学部教授の田中耕太郎《たなかこうたろう》（一八九〇—一九七四）は外務省から委嘱されて、一九三九年に南米を訪れている。訪問目的のひとつは海外の地元日本人社会と接触することにあり、田中の旅行記には、リオデジャネイロその他で地元の日本人協会が開いてくれた宴会のことなどが書かれている。[39]

山岡のあいさつにつづき、ハワイ、北米、中南米、東亜、南洋（ミクロネシア以外も含む）の五ブロックからそれぞれ代表が指名された。[40] さまざまな文書に加え、三つの地域部会でおこなわれた会議最終日の議事録が残されている。[41] これらを読むことによって、この大会がどのような性格をもっていたかをさらに深く理解することができるだろう。

五つの地域部会がつくられたあと、副議長の一人、鈴木《すずき》美通《よしゆき》が大会開催にいたるまでの経過を説明した。代表団は大東亜新秩序をつくる聖戦に加わっている「出征皇軍兵士」に感謝する決議を採択。そのあと、松岡外相が長老ともいうべき各地域委員会の議長に礼を述べた。公式の議事がさらに少しつづいたあと、会議は休憩にはいった。大会初日の午後、各地域の代表者は明治神宮と靖国神社を参拝し、さらにその一部が特別の栄を受けて、宮城の外苑に招かれた。その夜は、東京市長主催の晩餐会が開かれている。

二日目、五地域の代表団の部会はそれぞれ午前九時半すぎに始まり、地域ごとに三つの大きな問題を論議した。海外神社の追加設置問題、海外日本人第二世代の国籍、教育、結婚問題、全在外日本人をつなぐ海外同胞中央機関の設立問題である。中央機関は多くの同胞諸団体の相互連絡と、同胞諸団体と祖国との連絡をはかるものだ。中央機関の設立については、各代表団のあいだで広く合意がみられた。しかし海外に神社を追加設置する必要性については合意がみられなかった。そして、第二世代にも日本人らしさを残すために何らかの工夫を必要とするという点では全般的な合意がなされた。

大会の一つの成果は、最初の日の部会で昼までに満場一致で「海外同胞中央会」の結成が決まったことである。海外同胞中央会の役割は、海外の日本人と母国との適切な連絡協調を図ることに置かれていた。そのための手段としては、「国威の宣揚と日本民族の海外発展」に資するため、海外同胞大会を定期的に開催することが求められていた。[42] 大会を定期開催するという目標は、日本への往復旅費を代表団が負担することや、最初の大会費用に三七万円がかかったことを考えれば、なかなか野心的なものである。

一九四〇年の時点で、日本政府はすでに移民問題に深く関与しており、海外同胞中央会の設立は滞りなく決まったとはいえ、大きな論議を呼びそうな課題をかかえていた。それはどこに居住しようと、血統によって本質的に規定される、日本人の国家への忠誠心を政府がどう支えていけばいいかという問題である。世界がほぼ人種的・文化的概念によって区分けされ、（優越的な）白人が何十年にもわたって国をまたがるコミュニティを築いていることが強調されていた時代に、日本が国として指導力を発揮して、国をまたがる日本人社会を支援することは、何の不思議でもなかった。日本人を少なくとも「名誉」白人として認めてもらおうとした、これまでの働きかけは、完全にはねつけられていたのである。

ヨーロッパは当時、激しい国家抗争のさなかにあり、それぞれの側が西洋文明の未来を担うのは自分たちだと主張していた。ヨーロッパの列強どうしが激しく争うなかで、非白人国、非キリスト教国で初めて近代化を遂げた日本は、それでも欧米の人種的・文化的優越性に果敢に挑戦することをやめなかった。海外同胞大会は、そのような文脈において理解されねばならない。

海外同胞中央会の設立提案が賛同を得たのと対照的に、神社を増設する件にはかなりの異論が出された。帝国内ではどこでも、地元の日本人社会（植民地エリート）、それに帝国統治の拡張をはっきり目に見えるかたちで表象するのが神社にほかならなかった。日本が敗戦を迎えたとき、内地以外の場所で公認されている神社は七〇〇ほどあった。そのなかにはハワイや北米にあるいくつかの神社も含まれており、ここには少なくとも真珠湾攻撃の前までは神主もいたのである。とはいえ内地以外の神社の大半は、帝国内に建てられていたといってよい[43]。そして帝国外の地域では、神社の存在は微妙な問題をはらんでいたのである。

満洲では日本人の大きな入植地のある場所には、少なくともひとつ神社が立っていたけれども、満洲の代表団にすれば、さらに神社を増やすのは、どういうことのない問題だった。しかし、ペルーのリマに住む日本人にとっては、それはおのずから別の問題で、現地では五カ月ほど前に反日暴動が起き、日本人の資産が数多く奪われたことに、在住日本人は精神的ショックを受けていた。日本の国家宗教を代表する神社を自分たちの居住国につくることに手を貸すかどうかは、よくよく考えてみなくてはならない問題だった。

オスカル・ベナビデス（一八七六―一九四五）が大統領を務めるペルーでは、一九三〇年代後半に日本人を標的とするさまざまの差別的な措置がとられ、三七年にはペルー生まれの日系ペルー人の国籍を剝奪する法律までがつくられるにいたった。四〇年の暴動は、とりわけ現地の環境を不穏にしたという意味で象徴的な出来事となった。日系ペルー人が、暴動によってこうむった損害を補償するよう日本政府に援助を要請することはあり得たが、その見返りに神社をつくることを求められるとなると、それはまた別問題だった。

在外日本人の神社建設を難しくしたのは、地元の環境が敵対的であることが唯一の理由ではなかった。日本の政治的権限のおよばない地域で暮らす移民のなかには、キリスト教に改宗した者もかなり多かったのである。そこでは、神社の建設を経済的に支援したり、それに手を貸したりすれば、個人の宗教的な信条と齟齬《そご》をきたす状況が生まれていた。たとえばアルゼンチンで生まれ、その国籍を取得した日系二世は、大半が地元で支配的なカトリックに改宗していた。

海外で神社をつくる問題が地域部会のレベルで暗礁に乗りあげたとき、部会はこの問題を総会の論議に委ねることにした。のちに総会は神社の建設促進決議を採決するが、それはほとんど勧告同然のものとなった[44]。しかし、この件をはじめとして大会で採択されたほかの決議についても、水面下ではさまざまな異論が渦巻いていたのである。

二世の問題

いわゆる「第二世の問題」、ないし海外日本人の子弟に関する一件ほど、大会で盛んに論議された問題はほかになかった。大会二日目の夕方におこなわれた三つの行事のひとつとして、およそ六〇〇人の日系二世が参加して懇親会が催された。二世が母国への精神的つながりを強めることが目的だった。懇親会に出席した若い参加者には、公式の代表メンバーは一人もいない。しかし、これほど大勢の人数が集まったのは、留学制度で一時日本に滞在する二世が多かったためである。多くの二世は国籍をもつ国で、人種的な理由から、より高い教育を受ける機会を奪われていたため、日本での学習はそれに代わるまたとない機会となった。その学習を通じて、二世は日本の内地や外地で、職業的な訓練を積んでいったのだが、米国やカナダでは、日本人子弟にこうした機会は与えられていなかったのである。

日本で勉学の機会を与えられた二世は、長期間、日本に戻ってこられない二世よりも、ずっと祖国との深いきずなを感じるようになっていた。しかし、多くの二世はたいてい日本よりも現地の市民権を享受していたのである。彼らが祖国に愛着をもつといっても、それは、日本の軍隊に入ったり、政府の政策をもちあげたりするのとは、少し趣が異なっていた。歴史学者のユウジ・イチオカによれば、満洲事変後、米国の世論は中国寄りとなり（というより反日の方向でまとまり）、これに対し日本政府は米国の二世の協力をとりつけて、日本の大陸政策を代弁させることに大きな関心を寄せていたという。ところが、日本政府側の期待に反して、二世の日系米国人の多くは、擬せられていた橋渡しの役割をいっこうに果たさなかった。[45]

大会副議長の一人である山崎次郎《やまざきじろう》は、懇親会に参加した二世のメンバーに対し、国籍がどうであれ、諸君は大和民族の血族だと吹きこんだ。[46] これは日本の政府筋が海外同胞について語るときに、当時世界じゅうで常にもちだしていたフレーズである。山崎は元外交官で、南米を含め海外経験が豊富だった。口から出る紋切り型の表現はともかく、彼が第二世代の直面する同化や国籍などの問題に同情を寄せていたことはまちがいない。

山崎のあいさつにつづいて、永田秀次郎（一八七六―一九四三）が「日本の国柄」と題して講演をおこなった。永田はまず日本とほかの国々との文化のちがいを、いろいろ例を挙げて説明しながら、次第に日本が比類なき歴史をもつすばらしい国だというところに話を移していった。熱烈な愛国者として知られ、貴族院議員でもあった永田は二千六百年にわたり皇室が国を治めていることを、比類なき歴史という美辞麗句で表現していた。[47] 一九三〇年に東京市長を務めていたときに、紀元二千六百年に合わせて四〇年のオリンピックを東京で開こうという計画を練りあげたのが、永田にほかならなかった。こうした派手な催しをやれば、世界じゅうから日本の首都に観光客が押し寄せて、大成功は疑いなしと信じていたのである。[48]

二世の海外日本人の集まりが懇親会として催されたのは、決して驚くべきことではない。というのも二世の擁護者を自認する多くの人は、二世が他民族の者と結婚するのではないかと、ひどく心配していたからである。地域部会の会議で、ワシントン州のシアトルからやってきた実業家、奥田平次《おくだへいじ》（ヘンリー奥田）は、「二世の結婚問題」にやきもきしている様子だった。奥田は、米国生まれの女性の数が増えるにつれて、気に入った日本人の伴侶を見つけるのが難しくなり、結局結婚を運まかせにするしかなくなるのではないかとの懸念を表明した[49]。

十一月五日夕方の集まりが、二世のあいだでとりわけ危険な誘惑と見られるようになった混血の件数をどの程度抑制することになったかは知る由もない。日本の評論家のすべてが異人種間の結婚を糾弾していたわけではないし、なかには植民地臣民との国際結婚をもちあげる者もいた[50]。現に一世の移民のあいだでも異人種間の結婚は知られていなかったわけではないし、この点は内地の日本人も同じである。チリでは日本人の男性と現地の女性が当たり前に結婚していた。大会のしおりには、チリ代表の太田長三《おおたちょうぞう》（一八八五年生まれ）が、横浜到着直後に白人の妻と並ぶ写真が掲載されている[51]。しかし異人種間の結婚が、民族の純粋性ばかりか、真の日本精神の維持に悪影響をおよぼすのではないかという懸念は、常に二世論議の背後に潜む問題となっていた。

二世の懇親会があった同じ夜、大会の一〇〇〇人以上の代表が、内閣情報部主催の母国事情講演会に出席した。内閣情報部の高官は、日本を訪れた海外同胞の脳裏に政府の見解を植えつけようとしただけではない。居住場所には関係なく、日本民族の成員が愛国心を分かちあう場として大会を演出しようとしていた。

内閣情報部が毎週発行する『写真週報』十一月十三日号には、アルゼンチンとフィリピンの代表による談話が掲載されている。談話の前には短い紹介がついていて、「はるばる海を渡って懐かしい母国の土を踏んだ」海外同胞が、祖国の繁栄（「弥栄《いやさか》」）を目の当たりにして「感激その極に達し」ただけでなく、同時に「［支那］事変の真相を認識する」にいたったなどと書かれている。繁栄は一九三〇年代にニュルンベルクで開かれたナチ党大会でも中心テーマとなっていたが、それは紀元二千六百年の場合でも同じだった。

紀元二千六百年の記念行事は、比類なき日本精神があらゆる障害に打ち勝つことを強調するとともに、ほかの経済大国と比較するのもはばかられるほど、日本の近代性の水準が高いことをもちあげるための装置だったと解釈するのが妥当だろう。経済学者の稲葉《いなば》秀三《ひでぞう》（一九〇七―九六）は企画院に勤務していたが、米国との戦争をくわだてるのは経済的観点からいうとおろかなことだとの結論に達した。だが、こうした研究結果は、理性よりも大和魂を優先する軍部によってしりぞけられる。稲葉はのちに紀元二千六百年のころを振り返って、戦略的にこの国の経済的立場を悪化させることを考えると、はたしてこの記念式典をよろこんでよいのだろうかと思っていたと記している[52]。

国内の大衆に日本が先進的で豊かな国だと確信させる効果的な方法は、それを外国の証言者から証明してもらうことだった。大会に出席した多くの代表は、日本の産業化が高度な水準に達していることに驚いてみせたけれども、ほかの問題についてはもっとあけすけだった。アルゼンチンの代表、有水藤太郎《ありみずふじたろう》は『写真週報』に掲載された談話で、人種だけで国民性が保証されるという考え方を否定している。日露戦争の直後、十七歳のときに故郷の鹿児島を出て南米にはいった有水は、海外日本人には多くの二世や三世がいて、彼らは初等の日本語しか話せず、日本のことをほとんど知らず、従って祖国とのきずなをさほど感じていないというのが実情で、これを正すためには真剣、かつ緊急の方策が必要だと断言してはばからなかった[53]。有水の証言は、血統さえ維持すれば日系人の一人ひとりが日本への忠誠をいだきつづけるという考え方を批判したのである。

ほかにも多くの代表が同じような懸念を表明した。地域部会の会議で、ロサンゼルスの日本人会会長、熊本俊典《くまもとしゅんてん》（一八九八年生まれ）は、自由な国に生まれ、物質的に恵まれたなかで育ち、土地から離れて都会に出たがっている子供たちに、日本人らしさの基本を教えることに両親が苦労していると話した[54]。熊本は山口県出身で、一九二九年に米国に渡り、農産物の卸売業を大々的に営んでいたが、しっかりした昔ながらの道徳観をもっていた。

大会が進むにつれて、どこに居住しようと日本人は大和民族の血によって結びついているというような短絡的で感情的な主張は次第に揺らいでいった。海外日本人から、第二世代の忠誠を確保するには文化が重要だとの証言が出てきたからである。代表者自身はしばしば、血統の決定的重要性を示唆する当時のお定まりの標語を口にした。とはいえ、それはその場かぎりで、議論にはいると、話はすぐに文化面での手当てが必要だというところに戻っていった。

アルゼンチンでの暮らし

第二世代の問題は、別の座談会でも盛んに論じられた。大会参加者のなかでも、とりわけ成功者を集めておこなわれた座談会で、司会を務めたのは「海外興業」社長の渥美育郎《あつみいくお》（一八八一―一九六三）である。海外興業は海外への移住を促進するために、一九一七年に設立された半官半民の組織だった[55]。座談会の冒頭、渥美は、どこに在住しても日本人移民は成功を収め、国力の発展に寄与していると、くり返し述べている。その記事をみるかぎり、五人の出席者が、自分たちは日本の国のために働いていると考えていたかどうかは判然としない。しかし、彼らはそのようにみられることに決して異論を唱えなかったし、しばしば当時はやった言い方もしている。たとえばブラジルで大きなコーヒー農園や牛・豚牧場を経営する安瀬《あんぜ》盛次《せいじ》（一八八九年生まれ）は、若い日本人、とりわけ次男三男が自分を見習って広大肥沃で人口の少ないブラジルに渡って、「我が民族の海外発展に邁進してほしい」と語っている。[56]

渥美は各出席者に、さまざまな話題を論じる前に、自分の経歴を語ってほしいと求めている。現在、こうした発言を読むと、モンティ・パイソンのコメディ・コント『四人のヨークシャー人』がなぜか頭に浮かぶ。『四人のヨークシャー人』では、金持ちの年配の男たちが、昔自分がどれほど卑しくみられていて、そこからはい上がって大成功を収めたかを詳しく話して、どちらがすごいかを競うのだが、結局、あとから話す人がすばらしい語り口で、前の人をへこませてしまうのである。座談会に出席した移民の人々が、米国やブラジル、オランダ領東インド、フィリピン、アルゼンチンでつかんだ成功のレベルはおそらく並ではなかった。だが、日本語が公式言語ではない国で暮らすことから始まって、彼らが人種的偏見に打ち勝って成功を収めるまでの障害も並大抵ではなかったはずである。彼らは、日本の政治的権限のおよばない場所にあえて飛びこんだ移民たちの経験を広く代表していた。

五人の出席者は、移民経験に照らして、さまざまな問題について意見を述べた。賀集九平《がしゅうくへい》（一八九六年生まれ、北海道出身）は、さまざまな困難を乗り越えて、ブエノスアイレス近郊で広大な農園を開いたが、これから開拓者になろうとする人に対し、アルゼンチンには反日の空気は少しもないと話している。その当時、アルゼンチンは、枢軸側に好意的な立場をとっていた。[57] 一九七一年発行の『日本人アルゼンチン移住史』によると、賀集はブエノスアイレスの日本人社会を代表して大会に参加し、日本人社会から集まった一万五〇〇〇ペソを戦争支援のために寄付している。一九三八年にアルゼンチンの日本人在住者は、

「在亜同胞号」と名づけられた海軍機の購入に当てるために献金しており、今回の寄付はそれにさらに付け加えられたものだった[58]。中国と戦う祖国を支援するために、南北米大陸にかぎらず、どこに住んでいる日本人移民も多くの寄付をしていたが、これはその二例である。

賀集は一九一八年にアルゼンチンに移住する前に、日本の農業学校で幅広く専門的な訓練を受けていたけれども、アルゼンチンで土地を所有し、事業を経営するのはさほど難しくないし、二世への日本語教育も自由にできると話している。アルゼンチンの日本人移住者の第一世代は、帰化して国籍をとることができたし、その子供たちも生まれつき市民権を得ることができた。アルゼンチンは三八年に日本からの移民を制限する方向へと転換していたが、その窓口は完全に閉じられたわけではなかったのである。

賀集がさらに語るところによれば、公認された日本人小学校では、生徒は午前中日本語を学び、午後はスペイン語で勉強していたという。さらに賀集によれば、日本人小学校のほかに六つの日本語小学校があって、そこでは日曜日と祭日に日本語が教えられていた。賀集は別に開かれた地域部会の会議でも、家庭では子供たちに日本語しか話さないようにさせていると語っている[59]。

日本人小学校が公認されるのは、日本の政治的権限のおよばない国では、きわめてまれなケースだった。これはアルゼンチンが、とくに日本人にとってすごしやすい環境にあったことを示している。しかし、海外在住の日本人は、いったん大きな集団になったときには、すべてといっていいくらい、地元当局が認めるならば、補助的な日本語学校をつくり、母語を自分たちの子供に伝えようとしたものである。

とはいうものの、海外の日本人学校の大部分は、語学教育だけでは終わらなかった。これらの学校が果たしていた典型的な役割は、日本の道徳を次世代に引き継ぐことだ。「第二世代問題」が長時間にわたって話し合われていた地域部会で、カナダのバンクーバー付近で林業を営んでいた花月栄吉《かげつえいきち》（一八八三―一九六七）は[60]、広大で人もまばらなカナダには四九の日本語学校があり、日本から輸入した文部省検定済みの教科書を使っている、と参加者や主催者に請けあっている[61]。

ロサンゼルスを拠点とする邦字紙「羅府新報」が発行した『紀元二千六百年奉祝記念大鑑』が示唆するのも、海外の学校の役割が日本の道徳を授けることに置かれていたという点である。この大鑑には、二世や三世の子供たちの書いた作文も数多く掲載されている。子供たちは小学生から高校生までの年代で、カリフォルニアの多くの日本人学校を代表して、紀元二千六百年の栄光をたたえていた。これらの作文は、国史をよく理解しているという点で、同じテーマで日本帝国内の生徒たちがつづった愛国的な文章に引けをとらない。確かにそこには、必要とされる話の筋や決まり文句が含まれており、少年少女に日本の道徳が注入されていたことがはっきり見て取れる[62]。

アルゼンチンでの暮らしぶりを語るなかで、賀集九平はさらに新聞や雑誌などの日本語の読み物はブエノスアイレスでも簡単に手に入ると胸を張っている。ブエノスアイレス市内には日本人がおよそ三五〇〇人いた。アルゼンチンの日本人社会はまったく都会的だった。賀集はまた通信手段がよく発達しているので、現地でも翌日には日本の事情を知ることができると語っている。一九四〇年には、日本からの日本語ラジオ放送は、日本人移民が住んでいる世界じゅうのほとんどの地域で聞けるようになっていた。ラジオは海外の日本人に、最初にこの大会について知らせ、さらにあとでその模様を詳しく報道する、もう一つの重要なメディアだった。より広い意味で言うと、ラジオは祖国の発展ぶりを海外の日本人にたちどころに伝えるという役割を果たしていたのである[63]。大会の進行状況は、特定の地域に住む海外の日本人に合わせて、毎日放送されていた。

最近締結された日独伊三国同盟は、アルゼンチンの七〇〇〇人近い日本人に何の問題ももたらしていない、と賀集は強調した。アルゼンチンでは、地元のエリートがスペイン人とイタリア人の子孫から構成されているというのが、その理由だった。米国が大陸全土に大きな影響力をおよぼしていたことを考えれば、賀集の発言からは、日本人移民の置かれた状況が地域によってかなり異なっていたことがうかがえる。

日本魂を吹き込む

座談会に出席したブラジル代表の安瀬盛次は、福島県の農村がつづけて不作に見舞われた様子をみて、一九一四年に海外へ移住した。小学校の教師をやめてブラジルでやり直すことにしたのだ。安瀬は自分の選んだ国は、束縛の多い母国から脱出したいと思っている日本人にとっては願ってもない場所だと、ぜひ移住を勧めている。

安瀬は、近年ブラジル政府が日本語学校をはじめとする外国語学校の閉鎖を求める法案を通し、それ以降、小学校段階の授業や教科書はポルトガル語によることになったと話したあとでも、ブラジルへの移民を勧めるのを忘れていない。[64] ジェトゥリオ・バルガス（一八八二―一九五四）の独裁政権のもと、一九三七年以降、日本人移民は、ドイツ人移民、イタリア人移民などとともに、厳しい同化規定をもちだされて、居住国への忠誠を証明するよう執拗な圧迫を受けるようになっていた。地域部会の会議で、あるブラジル代表は、この新しいやり方はとくに日本人に向けられたわけではなく、ブラジルに新たにやってきたすべての移民に同化を促そうとするものだと、苦しい弁明をしている。[65]

ブラジルでは学校に関する法の適用に抜け道があって、法案成立前からあった三〇〇の日本人学校は、おおっぴらではないにせよ、授業をつづけることができた。そのうえ、ブラジルでは日本人移民が迫害されることはなく、日本人は帰化してブラジル国籍をとることもできた（その子供は生まれながらに国籍を得た）。ブラジルでは、米国やカナダで日本人が不当な扱いを受けて苦しまねばならなかったのとちがって、土地所有も認められていたのである。

座談会の三人目の出席者は、ロサンゼルスの代表、熊本俊典だった[66]。自身を含め米国にやってきた日本人が直面したさまざまな困難について話したあと、熊本は日本の同胞が米国の人種差別的状況に同情を示してくれていることに感謝を表明した。だが、個人的にはこれまで排斥されたことはないと強調することも忘れなかった。熊本は今日の大問題のひとつ、すなわち、これまでさんざん論じられてきた二世の件に関して、どうすれば海外日本人の子孫に日本魂をもたせつづけることができるかについて詳しく論じた。ちなみに彼の計算によると米国とハワイに住む在米同胞三一万人のうち六割を二世が占めるようになっていた。

座談会の参加者に、米国で生まれた子供は法的には米国籍が与えられると紹介したあと、熊本は次のように述べている。「大体外国へ行くと、ともするとバタ臭くなるということが一般に言われますので、そうであってはいけないというので、日本語の学園で日本語を教え、柔道とか角力《すもう》とか剣道というもので日本魂を吹き込んで、日本人らしく我々の後を継がなければならぬということになっております」。日本人の一世が自分たちの子供に、日本人らしくなるよう生け花や琴を教えているとも話している。また、これとは別に地域部会の会議で、熊本は自分の息子と娘を日本の大学に入れたと述べている[67]。

座談会のあとのほうで熊本は、二世はそのまま両親の指示に従って、お義理で米国籍をとったとしても、「どうしても日本魂をもっているところの米国市民でなくちゃならぬ」と、実にいい加減な驚くべき発言もしている。彼の解釈は二重の意味で問題を含んでいる。二世（これに関しては同じく一世も）のもつ多元的な性格が無視されているだけでなく、たとえば米国籍を素直に受け入れた二世の存在が否定されているからである。

座談会で次に発言したのは中川安次郎《なかがわやすじろう》だった。蘭印（オランダ領東インド）ジャワ島のスラバヤに住んでいて、一九一七年から雑貨小売店を経営していた[68]。中川はジャワでは日本による商売が急速に拡張していると話している。彼は日本人の商売が華僑の商売を圧倒していることに誇りをいだいていたけれども、愛国的なテーマよりビジネスのほうに、ずっと強い関心をいだいていたように思われる。現地政府は日本人住民をいまでも丁重に扱っているとしながらも、中川は日本がさらに南方進出するような動きを示せば、今後の成り行きはあやうくなるかもしれないと述べている。

最後に発言したのは諸隈弥策《もろくまやさく》（一八八三年生まれ）で、もう少し広い観点から問題を論じた[69]。太田興業の社長として、諸隈はフィリピンに在住する二万人以上の日本人のなかでも成功を収めた部類に属していた。太田興業はダバオにかなり広い農地を所有しており、そこに日本人がかなり入植していたが、その開発を推し進めたのが会社の創設者、太田恭三郎《おおたきょうさぶろう》（一八七六―一九一七）だった。

二十世紀の初め、太田はダバオで栽培した麻（いわゆるマニラ麻）によって大きな利益を得た。帝国内の入植地は別にして、日本帝国の外では、ダバオの密閉環境に匹敵するのは、ブラジル農村部の一部日本人社会くらいのものだったと思われる。日本人移民はそこでは何週間も日本人どうしとだけつきあうことも可能で、一九三〇年代には多くの住宅を享受できるほどになっていた。三八年、ダバオの日本人社会は、中国大陸での戦争への支持を表明し、ほかの海外移民と同じように多額の寄付をして、海軍飛行機の製造を支援している。[70]

諸隈弥策は太田興業の社長を務めていたが、国際都市マニラに住んでいた（とはいえ、ダバオとはよく行き来していた）。フィリピンにやってきたのは日露戦争が始まった直後の一九〇四年である。日本がロシアに勝利したとき、地元のアメリカ人やフィリピン人、スペイン人、中国人がどれほど驚いたかを覚えている。それから日本人への態度が一変した。「爾来《じらい》〔彼らが〕日本人を尊敬するようになりまして、実に愉快でありましたが、それにつけても国威、国力の発揚ということは、特に海外にある者にとりまして、最もありがたいことと存じます」。諸隈は国民国家の国際システムに占める日本の順位と、海外日本人の地位や扱いが、密接に関連していることを理解するようになった。北米代表の熊本俊典もまたそのことを裏づけるように、日本は世界の一等国である以上、どうしても中国に勝ってもらわなければならぬと座談会で話している。

諸隈はフィリピンの日本人社会の有力者として、座談会のあとのほうで、小学校の教育だけでは二世に日本精神を注入できないと語っている。彼は日本政府が海外同胞と協力して、二世に正しい訓練をほどこすため、もう少し上級の教育機関を設立するよう求めた。しかし、諸隈は出席者のなかでは現実を見据えて、唯一はっきりとこう述べている。彼の言葉によれば、海外日本人は「皇国民」であることの意識を忘れてはならないけれども、「いわゆる所在地の利益と相一致する気持ちになっていくのでなければ親善は図られないと思う」し、「在留国の立場をも考慮してやる」ということでなければならない。

その経歴とともに紹介した五人の海外移住者は、主に祖国への奉仕という面で自分たちの経験を座談会で語った。だが、そこに欠けていたのは、それほど高尚ではない話題である。たとえば、この五人が日本に帰国しようと思ったのは、大会をうまい口実にして、親兄弟などを訪ねようとしたためだといった話は、当然ながら出されなかった。

海外日本人にとっての紀元二千六百年

大会に参加した代表のなかには、その歓迎ぶりに圧倒された者もいた。ジャーナリストの山下草園《やましたそうえん》が司会を務め、海外にもラジオ放送された二回の座談会のうちの一回で、ハワイの女性代表、池田智栄《いけだちえ》はこう述べている。「移民という言葉の中には侮辱的の意味が含まれていると、これまで感じていました……［しかし］これまでの移民という言葉に対する感じも変わってきました。まことに私としては身に余る光栄だと思っています」[71]。日本政府が海外日本人のなかから国民的英雄を探しだして、大会の最後を飾ろうと思いついたのは、そうした実例があれば、さらに満洲への移民促進にはずみがつくと考えたためかもしれない。現在の海外日本人からそうした実在のモデルがみつかれば、最初の日本人開拓者として比類なき古代の実例、すなわちかの偉大な神武天皇よりも、移民推進にいっそう役立つと思われたのである。

代表団は接待されて、いい気分になり、日本人移民に関するさまざまな問題で意見を求められた。そこから、大会でこれほどもてはやされた海外日本人の歴史を詳しく記録に残すべきだという結論が出されるまでに時間はかからなかった。山下草園が司会を務めたもうひとつの座談会で、若いころ医師として日清戦争に従軍したこともある毛利伊賀《もうりいが》（一八六四―一九五二）というハワイの有名な代表は、海外日本人全般に関する開拓発展史がないのは遺憾であり、これをまとめて故国の人にも知らしめたいと述べている。[72]

ところが案に相違して、代表団の一人、毛利伊賀が海外同胞大会の座談会で願ったような海外日本人全般にわたる歴史は、こうした要望が噴出する紀元二千六百年記念行事の前に、すでにできあがっていたのである。一九三八年に移民問題研究会は、入江寅次《いりえとらじ》の『邦人海外発達史』全二巻を発行していた。[73] 移民問題研究会から発行された、今日からみればあまりにもプロパガンダ臭の強い何冊かのほかの出版物とちがい、入江の著作は、その時代の産物であることは免れないにせよ、入念な研究としっかりした分析の上に成り立っていた。だが、満洲への移民を奨励する当時の国策に沿うかたちで、海外の日本人全般にわたる歴史を整理しようとしていた面は否めなかった。[74]

大会の座談会のなかで、司会の山下草園は海外日本人の歴史をさらにまとめるべきだという毛利伊賀の提案に同意したものの、その一方で、米国の同胞がすでに『在米日本人史』の執筆に組織だって取り組み、紀元二千六百年記念事業として、一九四〇年末までに日本で一三〇〇ページの大冊を発行することになっていることに注意を喚起した。[75] この本は米国日本人社会のメンバーによって、自分たちの歴史が書かれねばならないという思いから編纂されたのである。

在米日本人の長大な物語の表紙を見ると、この本が紀元二千六百年に合わせてつくられたことは疑うべくもない。表紙の背には弓をもつ神武天皇の図柄が金で箔押《はくお》しされており、弓の頭には金鵄《きんし》がとまっている。歴史学者のエイイチロウ・アズマによると、その本文は米国在住の日本人どうしが自分たちの移民経験を幅広く解釈できるようにまとめられているという。アズマはこう書いている。「できあがったものは体系的な物語だった。そこには一世の人々がアングロ・アメリカ社会に適合し、その中に地歩を占めていった経緯がまとめられていた。その一方で、彼らが人種的な排斥や民族的な区別という過去を味わい、にもかかわらず、いやむしろそれゆえに、母国とのきずなを維持してきたことがつづられていたのである」[76]

アズマは戦間期の在米日本人が、祖国と居住国とのあいだで引き裂かれながら、どのようにして生きのびる道を切り開いてきたかを追っている。その道筋はしばしば険阻《けんそ》きわまりなかった。米国の法律では一世の日本人は人種的根拠から市民権、したがって白人の米国人と同様の法的権利を取得できないことになっていた。居住国でこうした差別を受けたにもかかわらず、米国居住の日本人で、日本の当局が割りあてようとした彼らに対する役割を快く思う人はほとんどいなかった。つまり、彼らは日本の拡張主義政策を支持したり、外国で祖国の積極的な宣伝をしたりすることにためらいを覚えていたのである。日本人子弟のなかには祖国の紀元二千六百年に誇りをいだき、日本の国から割りふられた海外日本人史に（場合によっては無邪気に）協力する者もいたかもしれない。だからといって、彼らの日本への忠誠度のほうが、居住国への忠誠度を上回っていたとはかぎらない。とりわけ二世以降の人々は、生まれながらに米国籍を取得することができたからである。

ブラジルの日本人移民も、紀元二千六百年を記念するために『ブラジルに於《お》ける日本人発展史』という二巻本を編纂した。この本は体裁もテーマも、米国の日本人移民が編纂した歴史読み物とまるで同じだった。[77] 香山六郎の記憶によれば、ブラジルの日本人社会の人々のためにブラジル移民史を書くようにという要請は東京から寄せられ、地元社会のメンバーがその仕事を引き受けたのは、それが紀元二千六百年記念事業の一つとされ、補助金も出されていたからだという。おそらく米国版についても、事情は同じだったにちがいない。[78]

ブラジル日本人社会の歴史の執筆にあたる委員会が結成されたのは東京においてである。たぶんブラジルの代表が、日本で海外同胞大会に出席しているさなかのことだろう。委員会のメンバーは、それぞれ東京を拠点とする者、ブラジルを拠点とする者、半分ずつで構成された。第一巻の序文には、皇紀まさに二千六百年、「日本民族の海外発展」は「遠く南米ブラジル」におよび、日本人社会は「ブラジル国の産業開発」に寄与したばかりか、「日本民族の膨張に多大なる貢献」をしたと記されている。『ブラジルに於ける日本人発展史』では、日系ブラジル人、とりわけ二世はブラジルの模範市民だとされている。それでも著者は、たとえば一九三九年に現地に存在する二六〇の邦人団体を並べて、ブラジルの日本人社会の団結を強調しただけでなく、日本人社会の祖国との強いきずなを強調している。[79]

歴史学者のスチュアート・ローンは、一九三〇年代半ば、ブラジルの二世のなかにはすっかり同化して、自分たちの存在根拠がブラジル以外にないと感じている者もいたと論じている。[80] ローンは、海外の日本人が中国との戦争を支援するために三九年までに寄付した三九〇万円のうち、日系ブラジル人が寄付したのは数十万円だったと記している。しかし、現地の多くの資料にあたった結果、ローンはブラジルでは多くの日本人が戦争を支援する寄付に応じず、あまつさえ戦争を助けるため日本に戻って軍役に志願しようとする人はまず皆無だったとの結論に達している。[81] 海外同胞大会の地域部会の会議で、畑中仙次郎《はたなかせんじろう》（一八八八年生まれ）はサンパウロの日本人社会のなかでは、仮にブラジルと日本が戦争をしたら、自分たちはどちらの側に立てばよいかというような議論が時に交わされていると話している。[82] 多くの日系ブラジル人二世がブラジルを母国のように感じていることを暗に示唆したのである。[83]

カナダ日本人会も紀元二千六百年を記念して『加奈陀《カナダ》と日本人』という報告書を出版した。だが、それは米国やブラジルの日本人移民社会が編纂した幅広い歴史記述にはほど遠かった。それでも二つの歴史記述に盛りこまれていた問題の多くはこの報告書にも反映されている。『加奈陀と日本人』は、日本人社会が直面した差別を次のように強調している。「そもそも排日もしくは排東洋人問題の台頭せる主因を案ずるに、カナダの開発に伴う東洋人労働者の激増して白人労働者の領域を蚕食《さんしょく》し、しかも次第に強靭《きょうじん》なる根《こん》蔕《たい》〔よりどころ〕を築くに至れるためにほかならず。ことに邦人労働者は当時なお独身者多く、生活費の低廉簡易なるは白人との比にあらず、これに加えて、過労に堪え、難関を克服し、その労働気魄《きはく》は山林、製材、漁業のいずれを問わず白人を凌駕《りょうが》すること数等……白人労働者の嫌悪する蓋《けだ》しまた当然の帰結というべく……」[84]

この報告書では、日本人移民とその子孫が差別的な環境にもかかわらず、ようやく地元で普通の〔アングロ・サクソン流の〕暮らしができるようになったことがわざわざ強調されている。さらにここには成長期の第二世代の日本人に対しておこなわれた知能指数テストの結果についての学者の証言も含まれているが、その証言によると彼ら二世は「勤勉で、礼儀正しく、注意深く、几帳面《きちょうめん》で、長上を敬し、従順で、清潔である」と記述されている。[85] しかし、報告書はまた、カナダの日本人移民の多くの団体が、地元の日本人社会を掌握しているだけでなく、祖国との連絡を密に保っていることも指摘している。

報告書はカナダの日系二世が、カナダと日本の架け橋となるという筋書きを描いているが、そこでは血と文化のどちらが重要なのかをめぐって混乱が生じていることを思わせる言い方がなされている。「なぜならば、血を日本民族に享《う》けている関係上、日本の国情、理想、伝統、感情等を理解しやすく、生をカナダに享け、この社会に育ち、カナダの国民教育を受けている関係上、カナダの理想、伝統、風俗、習慣等を知悉《ちしつ》し得るから」[86]。一九三〇年代には、南北米大陸にわたって、こうした架け橋的な役割が、二世に割り当てられていたのである。

報告書の最終節では、八割がカナダ国籍をもち、日系カナダ人が居住国への忠誠ぶりを示していることが強調されているが、同時に日本人の子孫がカナダと日本のあいだで引き裂かれる難しい立場に置かれていることにも触れられている。「幸いにして自重せる同胞は騒ぐ色もなく、おのおのその職務に精励すると共に、時局下カナダ国への忠誠も惜しまず。やがて暗雲の晴れなん日を俟《ま》つといえども、その心事や察するに余りあるものあり」[87]。こうした不安定な状況に対する懸念は、日系カナダ人だけがいだいていたわけではない。それは南北米大陸のいたるところで日本人移民がまもなくいだくことになる思いにもつながっていた。

国をまたがる難しい状況

東京で開かれた海外同胞大会の公式日程は十一月八日に終わり、閉会式のあと、松竹が提供する歌舞伎の無料観劇会が催された。代表団のために用意された最初の演目には「敵国降伏」という題がつけられていた[88]〔蒙古襲来を扱った作品〕。大会の日程に、このようなテーマの演劇が含まれていたことは、大会の組織者が、代表団を日本国民の紛うことのない一部、したがって日本政府の政策、とりわけこの時点では中国との戦争を支持する側にあると見ていたことを示している。海外同胞大会は、海外の日本人がその生活を左右されかねない、国をまたがる難しい状況に置かれていることをほとんど無視して、彼らを手もちの材料として利用し、その忠誠を引きだそうとする試みにほかならなかったのである。

その一年後、日本は米国、英国をはじめとする連合国との戦争に踏み切った。日本と南北米大陸の通常の連絡が途絶えたため、初の海外同胞大会の成果というべき海外同胞中央会は設立されてから一年しかたたないのに、ほとんど機能停止状態におちいった。戦争は南北米大陸に住む多くの日系人に大転換をもたらしたのだが、部外者はその変化にさほど気づかなかった。

真珠湾攻撃は、米国やカナダ、ペルーに住む日系人に対する長年の人種的敵意を増大させた。米政府当局は、忠誠度を決定するうえでは、居住地や国籍よりも血統のほうが重要だという、これまで日本の当局が述べてきた解釈を採用した。これは大量の日系人を強制収容するための理屈にほかならなかった。西海岸では日系人の三分の二は、生まれながらにして米国籍を有していたからである(しかし、ハワイに在住する日系人の大集団はひとまとめに強制収容されることを免れた)。

カナダとペルーの政府も同様の対応をとり、日系人の忠誠心がどこに置かれているかをまったく斟酌《しんしゃく》することはなかった。カナダではほとんどの日系カナダ人が強制収容され、一方、ペルー政府は米国側に協力して、ペルー国籍をもつ一八〇〇人の日系人を監禁するため米国に送った。メキシコ政府も米国の圧力を受けて、大勢の日系人を強制移住させた。

これと対照的に、アルゼンチン、ボリビア(ただし、強制収容のため二九人が米国に送られるという例外はあった)、チリ(これも何人か特別の例外はあった)、そしてとりわけパラグアイの日本人移民は、米国やカナダ、メキシコ、ペルーの日系人より比較的良好な扱いを受けた。ブラジルの場合はとりわけ興味深い。ブラジルのバルガス政権は、一九三〇年代に移民の大集団を現地のブラジル人に組み入れるための同化政策を採用したとして、しばしば批判されていたが、日系人全体に関しては、血統のほうが市民権に優先するという考え方を断固として拒否していた。

戦争中、バルガス政権は日本国籍をもつ日本人とブラジル国籍をもつ日系人を区別した。前者には多くの制限を課し、場合によっては強制移住も辞さなかったにもかかわらず、後者には何の法的制限も課すことがなかったのである[89]。ブラジルの日系移民は長いあいだ、帰化による国籍取得が認められ、そのためブラジル国籍をもつ日系人は、ブラジル生まれの者とはかぎらなかった。ブラジルには決して見過ごすわけにはいかない、恐るべき人種差別の歴史がある。しかし、この場合は、少なくとも日系人に関するかぎり、ブラジル政府は市民権のほうが血統（人種）よりもだいじだという立場を堅持したのである。

日本の高官や時評家は長いあいだ、南北米大陸や帝国外の地域に住む日本人は地元の環境に同化しながらも、同時に血統にもとづいて、自分たちが大和民族の一員として一定の責務を有していることを永遠に忘れてはならないと語ったものである。しかし第二世代のメンバーが、自分たちの帰属する地元の環境に同化しながら、どのように大和魂を維持していけばいいのかという方策は、なかなか一筋縄にはいかなかった。二つの目標はしばしば相いれず、齟齬をきたすことが多かったからである。

海外同胞大会が開催された同じ年に、移民問題研究協会という外務省の外郭団体が『在外邦人第二世問題』という論文集を発行している。寄稿者は口々に、海外の第二世代は根本的な部面において日本精神を堅持すべしと述べていた。しかし、それにつづいて南米の二世に対して出された方策は、どうやってバランスをとればよいかを聞かれたときに評論家が決まり文句を並べる以外何もできないという、ていたらくを示すものだった。いわく「南米邦人移民者第二世教育の目的について、その精神的なる根本的部面が日本民族精神の維持および南米民族精神との協調的関係におけるその伸張にあるとすれば、これに対する方策こそ移民政策なかんずく移民者第二世に関する教育政策の根幹をなすものであらねばならぬ」[90]

海外日本人第二世代の忠誠心（と国籍）を維持しようとする日本の国の努力と、日本の国が植民地臣民には二級の地位しか与えないという実態とを並べてみると、血統の問題、とりわけ日本の内地戸籍のつながりが追えるかで、日本人社会の一員たりうるかどうかがトランプの表裏のように決まってくるということがわかってくる。明治期に確立された戸籍・国籍制度は、時にその成熟した形態から「一八九九年システム」と呼ばれるが、この制度によって、当時、日本に少数ながら存在したさまざまの民族的・人種的マイノリティは、日本国民に組みこまれていったのである。

しかし一八九九年以降、全面的な公民権は、原則的に血統主義（出自による）によって日本の内地で登録された家系の直系男子にしか付与されなくなった。今日でも、公民権もそうだが、広い意味で日本人社会の一員となりうるかどうかは、いまだに基本的に血統にもとづいているといってよい。政府は労働力不足を緩和するため、一九九〇年に南米の日系人二世・三世に特別ビザを発給する計画を採用した。そのこと自体が血統重視を立証しており、日本人を特権民族とみなす発想から抜けきっていない。こうした特別ビザ制度が一九九〇年に定められたとき、南米の日系二世や三世は、言ってみれば中東の移民よりずっと望ましいと思われていたのである。[91]

民族の壁と戸籍制度

帝国時代最後の数十年間に、日本人混合人種説（混合民族説）が人気を博していたにもかかわらず、戸籍制度は国の土台として機能しつづけていた。血統の重要性という点では、一八九九年以来、帝国時代から現在にいたるまで、はっきりとした一貫性がみられる。歴史学者のテッサ・モーリス＝スズキは、日本の内地からやってきた人々が、いかに植民地臣民と区別されていたかについて、次のように書いている。

「日本では簡単明瞭な仕組みによって、公式の国籍と実際の公民権とが分けられていた。つまり〝外地〟の臣民の義務・権利が、〝内地〟の臣民の権利・義務と区別されていたのだ。それによって、不平等な公民権と徴兵という問題、さらには帝国のさまざまな地域からやってきた人が混ざりあう恐れがあるという問題を一挙に処理することができた。その仕組みが戸籍であって、これによって〝国家のなかの国家〟が生まれたといわれる。言い換えれば、植民地の人々はすべて、国際法上は〝日本国籍〟をもっていたにもかかわらず、戸籍上は〝地域限定の公民権〟しか与えられなかったことになる。それぞれの植民地には独自の戸籍法があり、人々はひとつの植民地から別の植民地に、あるいは外地から内地に登録を移すことを認められなかった。

　この制度があったからといって、帝国内をあちこち移動することが妨げられたわけではない。だが、それによって（たとえば）植民地から日本に移住した人々は、法的な地位という面で常に都市住民と区別されていたのである[92]」

　女性の場合は、内地で戸籍があったとしても、その地位は植民地臣民と変わらなかった。つまり、彼女たちは日本国籍を有していても、全面的な公民権を享受できなかったのである。しかし、日本人は内地からどこに出たとしても、何はさておき内地の登録を維持することができた。たとえ長期間不在にしても、彼らは日本国民のコア成員でありつづけることができたのである。

　植民地臣民への対応に関して、「連合」から「同化」にいたる一連の幅があったとすれば、日本の政策は次第に後者に傾斜していったというのが一般的な見方である。帝国主義列強間の政策を比較検討するのはなかなかやっかいな作業だが、それにしても一九四〇年には、植民地臣民に対する日本の同化政策がもっとも激しさを加えつつあったことはまちがいないだろう。

仮に植民地臣民が日本の言語や文化を学んで同化したとすれば、彼らは国民として日本人社会の成員と同様の便宜を受けてしかるべきである。ところが、実際には植民地臣民は見事に同化していたとしても、対等な立場で、社会的・経済的・政治的に日本人社会に参加することをこばまれていた。というのも、彼らは真の日本人ではない、言ってみれば、先祖代々本土にいた日本人と同じではないとされたのである。たとえば日本の内地に住む朝鮮人と、朝鮮に住む朝鮮人のあいだでは（同様に、日本の内地に住む日本人と、植民地に住む日本人とのあいだでも）、いくらか法的な地位にちがいはあったけれども、日本ではたとえ帝国内のどこに居住していようと、植民地臣民には公民権はともかく国籍を付与するというのが、最低のきまりだった。当時は、さまざまな少数民族が、米国内であろうと、他の列強の支配下であろうと、同じような扱いを経験していた。彼らには人種、その他の要因にもとづいて、全面的な市民権が与えられなかったのである。

日本では特権を与えたり否定したりする際に、民族の区分と戸籍制度が顔をのぞかせていた。そして、多くの評論家が日本人混合人種説を唱えたところで、現実に戸籍登録の場所がいまだに民族を判別する決め手になっていたのである。日本語を話せず、当然ながら日本文化になじめない朝鮮人は、民族的な区分によって、帝国内の成員としての同等の権利を享受することができなかった。しかし、よどみなく日本語を話せて、文化的にも日本人と変わらない朝鮮人なら、帝国大学に合格することもできたかもしれない。

それでも民族の壁は厚く、日本人と同じような出世は望めなかっただろうし、さらにいえば日本人と同じ権利も得られなかっただろう。なぜなら彼は日本臣民といっても朝鮮人だったからである。

「戸籍制度は日本の内地出身の人々、つまり基幹民族の権利を守るための切り札だった。ジョン・ダワーがいみじくも述べたように、日本の当局は同化を、植民地臣民を民族ヒエラルキー・システムの「適切な場所」に配置するための手段とみていた。もちろん、そのヒエラルキーの一番上の座は日本人が永久に占めることになっていた[93]。しかし、日本の政治的権限のおよばない地域にいる日本人移民は、こうした民族ヒエラルキーのなかでは、いったいどこに位置するのだろう。はたして、どこがその「適切な場所」なのだろうか。

日本の政官界が海外日本人移民の後裔を何としても精神的につなぎとめようとしていたのは、日本の内地出身の帝国臣民に特権的な地位が認められていたためではないだろうか。一九四〇年の海外同胞大会が開かれるころ、公式、非公式の帝国外に住んでいた日本人移民の数はせいぜい五〇万人程度だった。日本政府は朝鮮人を支配し、同化政策を通じて、かなりの権勢をふるい、彼らの民族意識を方向づけていた。日本人移民の数は、その朝鮮人の五〇分の一にすぎなかったのである。

同化させなければならない多くの植民地臣民がいて、そのためには学校などのような社会基盤を整備する必要がある。それなのに、遠い南北米大陸などに住んでいる、いわゆる二世がこうむろうとしていた同化の動きに対抗するために、なぜ資金をつぎこまねばならないのだろうか。かなりしつこく国民性を保つことにこだわった背景には、海外日本人とその後裔の血統をたどれば、日本の内地戸籍に行き着くという事実が横たわっていた。海外の日本人二世が、どれほど日本人らしさを失っていても、国籍を求めるなら

（多くの二世はそうではなかったけれども）、日本の国籍は、ほとんど常に彼らに適用することができた。こうした状況は、植民地臣民とは大いに異なっている。植民地臣民の場合は、たとえ日本人と同じになれるとしても、しばしば国民としての義務を負わされるだけで（それでも戦争末期になるまで、彼らはほぼ徴兵を免除されていたが）、いささかも公民権を享受することができなかったからである。

ナチとファシストのイデオローグも、海外の「ドイツ人」や「イタリア人」に対する権利を要求するときに、血の紐帯《ちゅうたい》を強調したものである。ナチ党の高官は人種に訴えて、海外の「ゲルマン人」（さらに明確にいえば海外の「アーリア人」）に対する権利を要求していた。だが、多くの場合、彼らが行き着いた人々の先祖は、近代ドイツ国家が形成されるずっと以前にヨーロッパを離れており、したがって、その人々がドイツの体制に忠誠を感じる理由はどこにもなかったのである[94]。

移民の時期という点でいえば、イタリアの場合は、日本とドイツの中間に位置するが、どちらかといえば日本のほうに近いだろう。近代イタリア国家が形成される前の移民もいくつかあるが、ほとんどは国ができてからだ[95]。日本からの大規模な移民が始まるのは、近代の中央集権国家が発足してからである。大体において日本政府は当初から海外日本人社会との連絡を密にしており、そのため一九四〇年に彼らと容易に連絡をつけることができた。日本の国が海外の日本人社会と引きつづき接触しようとしたのは、移民の時期もさることながら、世界が白人と非白人に分けられているなかで、移民の扱いにとりわけ日本政府が敏感だったからである。

破綻した間国民性

日本政府は南北米大陸の日本人に対し「国民化」への働きかけ、言い換えれば日本民族たれという要請をおこなっていた。それは何のためだろうか。意地の悪い解釈をすることもできる。日本政府が海外の日本人すべてに日本に忠実な帝国臣民たらんことを求めたのは、列強が敵国に対してつくりだすのを常とする目くらましのようなものをこしらえるためだったのではないか。もし地元当局がそのような大々的な主張を信じれば、コミュニティの存在、とりわけ日本人移民のような大きなコミュニティの存在に、安全保障上の関心を寄せないわけにはいかなくなっただろう。私の大学の同僚フリードリク・シュラーの研究によれば、日本の帝国政府は南北米大陸にスパイ網をはりめぐらせようとしており、そこではごくわずかとはいえ、海外日本人社会のメンバーも組織に雇われていたという[96]。しかし、こうしたスパイ網によって、社会には猜疑心が広がり、脅威を感じた当事国は安全保障上の悩みをかかえることになったのである。

海外同胞大会に参加した多くの人々をはじめとして、一定数の海外日本人は、公式見解に沿って大和民族についての自身の見解を信奉していた。だからといって、南北米大陸の日本人の見解は一枚岩でまとまっていたわけではない。とりわけ大会中にほとんど意見を求められなかった二世の考え方は多様だったにちがいない。帝国外で暮らしている日本人は、日本の植民地臣民に突きつけられたのと同じ苦渋の選択を余儀なくされていた。それは支配的な文化に同化するのかしないのか、あるいは同化するとしてもどの程度まで同化するのかという問題である。にもかかわらず、多くの地域では、完全な同化を選んだ人々が、人種差別を受けつづけていた。それは日本帝国内で植民地臣民が経験した「戸籍差別」と同じ状況だった。

南北米大陸に移住した第一世代の日本人移民は、自分たちの子孫がどれだけ現地の文化に同化しても、実権を握る白人たちから対等に扱われないのではないかという当然の懸念をいだいていた。その恐れがあったからこそ、彼らは二世と日本とのきずなを何とかして維持しようと考えたにちがいない。にもかかわらず、日本の当局者は、血統自体を根拠として母国へ忠誠を誓うことを求め、そのことが大きなひずみをもたらしたのである。日本政府がどれだけ血統の重要性を鼓吹したにせよ、海外日本人の多くは、祖国よりもいま住んでいる国との結びつきに将来の可能性をみていた。海外日本人はたいていが、いうまでもなく二つの国にまたがって生きていた。それはまさに自身の利害関係にもとづいて選びとられた間国民性《トランス゠ナショナリティ》だった。しかし、均衡を保っているつなぎ《トランス》の部分が両国間の戦争で彩られた場合は、間国民性がどうにもうまく働かなくなることに何の不思議もなかったのである。

結び

米国の日系人問題

一九四五年八月十五日に帝国日本は降伏した。だが、そのときまでに、アジア・太平洋戦争は二千万ないし三千万の死者を出していた。その死者の大半がアジア人である。日本人にとっても、日本の内地、外地を問わず、戦争の最後の一年、敗戦、そして、その後は悲惨な状況となった。まさに暗い死の谷間、窮乏、引き揚げの時代である。これとは対照的に、一夜にして大日本帝国が崩壊したことにより、長期間、植民地の下に置かれていた帝国臣民には解放がもたらされた。

南北米大陸で強制収容に堪えてきた日本人移民にとって、日本の敗北は打ち砕かれた生活を立て直す機会を与えた。とはいえ、現地の環境はまだまだ敵意にあふれていた。米国ではしばらくのあいだ、日系人の問題を取りあげるのは政治的にもむずかしかった。強制収容への補償がなされるまでは、たとえ慎重な学問的手法であれ、真珠湾攻撃までの期間、日本人移民を特徴づけていた二国間状況について論じることさえ世間の物議をかもしたのである。紀元二千六百年の海外同胞大会に参加した人々を特徴づけていたのは、まさにふたつの国をまたがる状況であり、第6章はそれをテーマとした。

米国の学界では、米国研究者は日系米国人の物語に警戒心をいだいており、それをもっぱら米国史のなかに帰属させていた。国をまたがる問題に踏みこめば、日系米国人、つまり、たまたま先祖が日本人というだけの米国市民がこうむった戦争中の不正を、白日のもとにさらす恐れがあった。それが可能になったのは、この不正な行為がおおやけに認められてからである。日本研究者にも同様に厳しい壁があった。米国で日本研究をおこなっている機関で、日系米国人の経験を研究分野に組みこんでいる研究所は、ほとんどなかった。

日本人移民の多くは、米国と祖国のあいだで忠誠心を引き裂かれていた。だが、こうしたことを、ほかの移民がまったく経験しなかったというわけではない。米国人であれ日本人であれ、その経験を杓子《しゃくし》定規にきちんと一国の歴史のなかに収めようとするのは、すぐれた歴史とはいえない。一九八八年に強制収容に対する正式の補償がなされてからは、フランクリン・ルーズベルト（一八八二―一九四五）大統領が一九四二年二月十九日に発令した大統領令九〇六六号〔軍に民間人を強制的に隔離する権限を与える命令。これにより約一二万人の日系人が強制収容所に送られた〕を支持すると前置きしなくても、この問題をおおっぴらに論議できるようになった。一九四一年十二月七日〔日本軍による真珠湾攻撃。日本時間では十二月八日〕の以前も、以後も、日系米国人は国をまたがる複雑な状況に置かれていたのである。

米国の日本史研究者は、多くの分野で海外日本人社会をよりよく理解するための仕事ができる。成果があがりそうな分野としては、海外日本人社会どうしのつながりを明らかにする総合的な研究も考えられる。

南北米大陸と別のどこか、そして大日本帝国とはどのように結びついていたのだろうか。海外日本人とその子孫は、日本の内地を訪れて、親戚と会ったり、大学に通ったり、仕事をしたりしていただけではない。植民地にも旅行していた。学習や仕事の機会は、帝国全土に広がっていた。海外日本人は満洲だけではなく、帝国の別の地域にも再移住していた。そこでは白人の支配する社会とちがって、自分たちが民族ヒエラルキーのトップに立つことができたのである。一九四〇年には、海外の日本人社会は、帝国の全領域とつながりをもつようになっていた。その距離の長さを考えれば、移動性の度合いはかなり高かったといえるだろう。移民を奨励する開拓者崇拝は、戦後になって、日本人の国民性から消え失せてしまった。しかし、日本が降伏したあとも、植民地の場合とは異なり、南北米大陸の海外日本人社会はばらばらになることはなかった。海外日本人社会と帝国日本の結びつきについての研究を、戦後の時代に拡張することも可能だろう。それによって、海外日本人社会と祖国との関係が、どのように断絶し、またつづいたかがわかってくるのではないか。これとは別に、現在は消滅してしまった植民地の日本人社会の社会史的研究も大事だし、植民地臣民の社会史的研究も必要になってくる。それによって、植民地の下に置かれた人々は、ひとくくりに犠牲者とされるのではなく、日本の支配によって利益を得た者と被害を受けた者という、より複雑な構図のなかでとらえられるようになるだろう。

敗戦によって帝国日本の領土は内地に縮小された。その結果、帝国日本の研究は、多くが現在の日本の領域だけにしぼってなされることになった。これからは、帝国日本を研究する際に、このような地理的な枠組みしか想定しないのはまちがいとなるだろう。帝国日本は絶頂期には広大で、文化的に多様で、さまざまな言語の行き交う帝国を形成していたから、その研究視野を広げるのは困難を伴うけれども、この帝国を理解するにはこうしたアプローチが欠かせない。そうしなければ、あやまった「島国史」のアプローチにおちいってしまうのである。

　帝国の崩壊により、一九四五年以降の日本の国境はかなり確固としたものになった。このように明確になったのは、日本の戦後政策が旧植民地臣民と縁を切るかたちで展開されたためである。それは、かつて日本軍に服務した者も一律だった。帝国時代、全面的な公民権はともかく日本の国籍を付与されていた旧植民地臣民は、戦後になって国籍すらなくなってしまった。[1]帝国が崩壊すると、日本を大きな人種のるつぼと称えていた帝国時代の言説はたちまち雲散霧消する。しかし、帝国時代においても、混合人種国家という崇高な理念は、もともと首位の血統が定まっていたために、最初から揺らいでいたのではないだろうか。首位を占めるのは、一八九九年システム、つまり国籍・戸籍制度により、日本の内地で血統をたどれる者にかぎられていた。そして、それをもとに、民族コミュニティの成員に社会的・経済的・政治的成果が配分されていたのである。戦争をまたがり現在にいたるまで絶えることなくつづいていること、それは日本の国籍を定める際に、血統が支配的な役割を果たしているということである。

　アジアを軍事的に支配しようとする帝国日本の試みは、完全な失敗に終わった。それでも、その試みは、アジアにおける欧米の帝国主義秩序をくつがえすことに寄与したのではないだろうか。ただし、二十世紀初頭に日本は帝国主義秩序を引き裂こうとしたというより、むしろそこに加わろうとしたというべきかもしれない。アジアにおける帝国主義の転覆に、日本がどういう役割を果たしたかをめぐる歴史論争は、国の枠を超えてつづけられている。日本の外では、日本が欧米の帝国主義秩序を転覆させたことを無条件に称賛する論者はまずいない。こうした評価は、日本の保守的な論客が自国にあてはめている見方だが、彼ら自身は日本自身が人の弱みにつけ込む帝国主義的性格をもっていたことをすっかり見落としているのである。しかし、欧米の論者がしばしば、人種差別主義と帝国主義の歴史が、アジアだけではなく世界じゅうの非白人に何をもたらしたかをまるで理解していないのも事実である。

帝国日本の両義性

ビルマの政治指導者、バー・モウ（一八九三—一九七七）は、英国から独立したあと、日本による占領がつづいた第二次世界大戦時代の回想記を出版している。そこで、彼は多種多様な帝国主義者と人種差別主義者を非難し、欧米の支配を弱体化させた日本の役割について、微妙な解釈を施している。「日本の場合は実際、悲劇的である。歴史的にみると、いかなる国もこれほど白人の支配からアジアを解き放った国はない。しかし、この国ほど、解放を助けてもらい、多くの面で手本を与えてもらった当の人々から誤解されている国もほかにないのだ。日本は自国の軍国主義者や、みずからの人種的幻想によって墓穴を掘った。もし日本のアジア志向が本物なら、そして戦争当初にみずから唱えていたアジア人のためのアジアという考え方に忠実でありさえすれば、日本の運命はずいぶんちがったものになっていただろう。たとえ軍事的に敗北したとしても、アジアの半分、いやそれ以上の地域から、信頼や感謝を失うことはなかっただろう。そして、アジアがアジアのものになろうとしている戦後世界において、日本がそれなりの新たな偉大な不動の地位を占めるようになることと、それは大いに関係しただろう。現状が事実この通りとなったいまでさえ、無数の植民地の人々を解放するのに日本が果たした役割を抹消することは、けっしてできないのである」[2]。バー・モウは「アジア人の見方」を代表しているわけではなく、そもそも、そのような一枚岩的な解釈はこの地域には存在しない。しかし彼の評価が有益なのは、アジアにおける帝国日本の役割を特徴づける両義性に注目しているためである。

かつて欧米勢力が実権を握り、戦争中は日本がその実権を奪い取ることになった植民地に対し、日本はただちに独立を認めたわけではなかった（それどころか、朝鮮の場合などは解放する素振りさえ示さなかった）。日本の当局者は、かつての宗主国と同様、何の疑いもなく現地人を搾取した。日本人は、少なくとも直接的な意味においては、解放者たりえなかった。それでも日本がアジアの西洋帝国主義国に攻撃を加えたことによって、植民地を押さえつけていた帝国主義勢力の力が弱まり、解放運動が鼓舞されることになった。そして何よりも日本が近代化を達成したことが、欧米の人種的・文化的な優越性という思いこみをあばき、非白人・非キリスト教の地域にインスピレーションを与え、それが帝国主義秩序の転覆へとつながったのである。

第3章、4章、5章のテーマは戦時観光である。観光の問題を無視できないと思うようになったとき、私はすでに日本での実地調査を半ば終えていた。そうでなければ、本書を通してこのテーマにこれほどこだわらなかったかもしれない。当初の調査とグラント・プロポーザル〔研究資金申請のための企画提案〕では、かろうじて観光の問題に触れている程度だった。だが、最初に何カ月ものあいだ資料と格闘するうちに、私は一九四〇年の活気あふれる観光の様子を示す実例にいくつも遭遇し、そこで私の関心は、この実に興味深いテーマへと向かうことになった。

本書全体を戦時観光にあてたとしても、近代日本の観光旅行のすべてを網羅することはできなかっただろう。この分野では、帝国時代を通じて、樺太から南洋にいたる帝国間観光をさらに幅広く研究することができる。これとは別に、二十世紀全体にわたる歴史遺産観光を分析することによっても、さまざまな示唆が与えられるだろう。日本では、破滅的な敗北によって切断されるこの世紀に、史跡を通して国の歴史の語られ方がどのように発展してきたかというのもその一つである。こうした研究は、帝国時代と戦後大衆消費社会がどう結びついているかについての理解をさらに深めてくれるだろう。

　歴史学者は自主的な形態をとる国民養成についても、もっと広く注目しなければいけない。今日の例を引き合いに出すと、米国では毎年夏ごとに多くの両親が子供たちをミニバンにくくりつけて、国の史跡につれていく「バケーション」が慣例になっている。だが、たとえそれを国が誘導していたとしても、それによって米国政府を称賛したり非難したりするわけにはいかないだろう。家族を史跡につれていくのは、あくまでも両親の自発的な決定による。子供たちにしてみれば、おそらく史跡めぐりをするより、ディズニーランドや近くの遊園地に行きたいにちがいない（もちろんディズニーは、国が公認しようがしまいが、いまや米国の財産になっているけれども）。だとするなら、どうして人々は国の史跡を訪れるのだろう[3]。これは素朴な疑問である。だが、われわれははたしてこの地球全体に広がる現象の下に、どういう動機が横たわっているかを、はっきり理解しているだろうか。その受容といったさらに複雑な問題となれば、なおさらである。おそらくなかには、こうした史跡訪問を本当に楽しみにしている人もいるかもしれない。それは何よりも愛国的義務といった強い感情によるものだろうか。ほかの人からみれば取るに足りないとしか思えない休暇を、彼らは教育的なものとすべきだと考えているのだろうか。

　子供たちを史跡めぐりにつれていくとき、問題となるのは、はたして彼らにどれだけ多くのメリットを与えられるか、つまり、社会科や歴史科を基本とする教育体制のなかで子供の成績がよくなるかどうかということなのだろうか。それとも、ここには、隣人に遅れをとるまいといった威信要因《プレステージ・ファクター》が働いているのだろうか。おそらく、こうした慣行を説明するのは、さまざまな要因の組み合わせによるほかないと思われる。さもなければ、その特性や一般性を理解するために、それぞれ個人の背景にさかのぼって、ひとつひとつ実例を考察しなければいけなくなってしまう。大衆的な過去の記憶形成に果たす史跡観光の役割は、K12教育（米国の幼稚園から第一二学年＝高校三年生までの十三年間教育）や、この分野で（両者はしばしば連関しているが）マスメディアが果たしている役割と同じく強い影響力をもっている。したがって、歴史学者が大衆的な歴史記憶のベクトルを論議する際には、史跡観光をしっかりと検討するべきだろう。

次第に増えてくる旅行関連の記録から明らかになってくることがある。それは一九三〇年代には、世界じゅうで政治的な理念を異にする体制が、余暇旅行を国家イデオロギー促進に利用すべきだと考えるようになっていたことである。相当数のドイツ人が、ナチス時代も祖国観光をつづけていたというのは驚きかもしれない。その同じときにナチス政権は凶悪な犯罪に関与し、想像しうるかぎりの最新鋭手段を用いてジェノサイドを実行していたのである。とはいえ、ここで問題にするのは、近代性の別の側面ではない。

むしろ問題は、国の史跡観光が、もっとも不愉快な政府のもとでも存在し、流行していたということである。史跡観光はまさに体制を支えていたのだ。全面戦争に向けて、近代社会では大衆動員がなされていったが、それに関して国をまたがって書かれた記述は、この時代に史跡観光が果たした役割をより広くとらえるのに役立つだろう。広い意味でいうと、平和時、戦時にかかわらず、国の史跡観光は、近代社会に暮らす人々を動かし、それによって現行の国家イデオロギー（時にそれは広く行き渡っているイデオロギーと対立する場合もあったが）を流布させるための手段なのである。社会科学者にとっては、これも追究に値する分野である。

ゴム人形から国民へ

第2章は、大衆参加と忠順な消費、反動的モダニズムとのかかわりを分析している。私は戦時日本を論じた文献のなかに国民が不在であること、あるいはほとんど不在であることにしばしば驚きを覚える。日本に近代のあり方を精力的に紹介したことで知られる福沢諭吉《ふくざわゆきち》（一八三四―一九〇一）は、晩年に書いた自伝のなかで、一八六八年の明治維新直後のことを回顧し、日本は近代的な中央集権国家に発展したのに、国民はまだ生まれていないのではないか、と心配していたと述べている。

福沢は明治初期の国民を「ゴム人形」にたとえている。国事に対する関心も興味も欠落していたというのである。色川大吉《いろかわだいきち》などの研究によると、明治時代の初期においても、日本人は国の出来事に対して受け身だったという見方が示されている。とはいえ、福沢は十九世紀末には、広く国民意識が成長しつつあったと評価している。「変われば変わる世の中で、マアこの節はそのゴム人形も立派な国民となって、学問もすれば商工業も働き、兵士にすれば一命を軽んじて国のために水火にも飛び込む」[4]

それでも戦時日本について数多く書かれたものを読むと、一九三〇年代後半には、日本人は全能の国家にもてあそばれる元のゴム人形に戻ってしまったのではないかという印象さえ受ける。あるいはもう少しましな立場を想定すれば、日本人は、日本を無謀な戦争の暗い谷間に引きこんだ「軍国主義者」に積極的に反対することもできないまま、不満げに事態の推移を見守る消極的抵抗に甘んじてしまったかのようだ。このように歴史を語るならば、国家に非難を押しつける一方で、都合よく、戦争に対する国民の責任を免除することができる。もちろん、非難するにもおのずと度合いがある。一人の農民と政府の大臣に同じ責任があるというのはまちがっている。にもかかわらず、民衆の支援がないまま、はたして十五年間も戦争をし、人々を動員することが可能だろうか。学者たちは戦時日本について記すときに、民衆のかかわりをできるだけ低く扱っているが、戦時日本にファシズムの概念を適用するのを断固として拒否しているのは、こうした学者たちである。それもそのはず、ファシズムは民衆の関与を必要とするからである。

しかし、紀元二千六百年にあたっての、ダイナミックな大衆参加と消費主義の要素を無視することはできない。何千万もの日本人は、ゴム人形でも消極的抵抗者でもなく、心からこの国家主義的な、まぎれもなく愛国的な祖国の祝典を受け入れていたのである。人々は国史をまとめた物語に夢中になり、定時の大衆儀礼に参加し、愛国的な歌詞や作文をものし、愛国的な展覧会を見に行き、史跡を訪れていた。こうした行動を促進したのは国だけではない。印刷メディアや百貨店、鉄道会社といった非政府機関の働きかけも大きかった。

紀元二千六百年記念行事をはじめとして、一九三〇年代から四〇年代前半にかけてのすべての出来事は、日本が正しい近代化への道を歩む途中の思いがけぬ誤った横道だったと片づけてしまうと気は楽かもしれない。そして日本の近代化は敗戦後、監視役の米国の助けを借りて再開され、今日のような自由民主主義国へと正常に発展していったというわけである。しかし、二千六百年の記念行事は、ロマン主義的ナショナリズムと一体となった近代化、すなわち歴史学者のジェフリー・ハーフのいう反動的モダニズムの産物であるにせよ、近代化の縮図だったことはまちがいない。

皇室関連の場所を拡張したり整備したりする勤労奉仕には、大勢の日本人が参加した。それは近代性と神秘性が結合した実例のひとつだった。一〇〇万人以上の帝国臣民を帝国じゅうから奈良県に移動させて（たとえば満洲国の協和青年奉仕隊は汽船と列車を使って到着している）、短期間、史跡の拡張や整備にあたらせるのは、近代でしかみられない試みである。万世一系思想を特徴とする神話＝歴史に、勤労奉仕隊はすっかり教化されていたが、その神話＝歴史は神秘的な呪文のような重々しい言説で飾られていた。このロマン主義的ナショナリズムは、反動的モダニズムの反動的な部分をなしていた。神武天皇聖蹟調査委員会が神武天皇の物語に信憑性《しんぴょうせい》があることを近代的な社会科学によって立証したことなども、こうした奇妙な結合を示す同様の例である。

経済分野では「一九四〇年体制」といわれる多くの制度が、戦後期にいたるまで日本を縛りつづける一方で、一九四〇年にあれだけ称賛された、第1章で取りあげた万世一系思想は、四五年の敗戦によって正統性を失った。敗戦後初めて迎えた紀元節、一九四六年二月十一日の演説で、東京大学総長の南原繁《なんばらしげる》（一八八九—一九七四）は、以前はほぼ立ち入り禁止領域だった皇国史を批判的に分析するよう求めた。「そもそもわれわれの祖先は、わが民族を永遠の昔より皇室を国祖と仰ぎ、永遠に生き来たったものと信じ、最近までさように教えられて来たのである。それは必ずしも伝うるがごとく、今日が二千六百年でないかも知れぬ。果たしてどこまでが歴史の真実であって、どこまでが神話と物語であるかは、実証的歴史学や比較史学の研究にまつべき事柄であって、この方面においてわが国の歴史は今後徹底した批判的研究が遂げられなければならない」[5]

日本の降伏半年後におこなわれた南原の演説以前でも、学者のなかには情熱をもって、二千六百年の伝統をもつとされる皇室をめぐる神話の実態を経験的にあばく仕事に取り組んだ学者もいた。以来、数十年にわたって、次々と多くの学者がその仕事に取り組んだ。天皇制は一九四五年以降、戦後の自由民主主義体制と大衆消費社会に適合するように改革された。その歴史について、私は前著で分析している[6]。しかし、この著書で、一九四五年以降、万世一系思想がどうなったかを記述する際に、私は慎重に「正統性を失った」という言い方をして、「たたき壊された」とか「取り除かれた」というようなきつい言い方を避けたものである。これは、さまざまな天皇神話がおおやけのレベルでは決して否認されていないためである。

おおやけに否定声明が出されていないのは、日本国内に記念の標識や遺物が数多く残されていることからも明らかである。日本政府は宮内庁を通じて、いまでも神武天皇陵を維持し、聖地として扱っている。それは根拠の不確かなほかの天皇陵についても同じである（たとえば神武天皇と同じように実在しない天皇も何人かいる）。紀元二千六百年に際してつくられ、「神武天皇聖蹟」と記された石碑は、但し書きを添えられることもなく、いまもそのまま残されている。これはほんのわずかな例にすぎない。記念の標識や遺物は、日本社会において否定が欠落している唯一の領域である。たぶん絶頂期の万世一系思想の遺物は残したほうがよいだろう。しかし、それははっきりとまちがった史跡として、つまり、かつては近代の国民国家が歴史を発明・操作し、その虚構を国民が喜んで受け入れていたというように、人々を教育するために活用されるべきである。

何をもって「建国」を祝うのか

一九六四年秋、東京で夏季オリンピックが開かれた。一九四〇年に日本は紀元二千六百年と合わせてオリンピックの開催を認められたことがあるが、「支那事変」が発生したため、それを返上したという経験がある。よみがえった日本が国際社会に復帰するきっかけとなった六四年の夏季オリンピックの意味を総合的、学問的に研究した論文は、英語でも日本語でもまだ書かれていない。それは将来、歴史学者による解明を待っているといえるだろう。数々のオリンピックを通して世界に示された「新日本」が何に立ち向かうかはともかく、帝国日本のなかから何を取りだし、何を捨て去るかは、万世一系思想の分野まで含めて、国内でまだ決着していないのである。

東京オリンピックから約二年後の一九六六年六月、自由民主党が主導権を握っていた国会で、建国記念日を再び国民の祝日とする法案が成立した。しかし、自民党は建国記念日をいつにするかを、まだためっていた。六六年七月から五カ月以上かけて、建国記念日審議会の一〇人の委員は、建国を祝う日としてはいつがふさわしいかについて、専門家を呼んで証言を求め、公聴会を通じて選ばれた国民の意見を聴取した。いつを建国記念日とするかという問題で論議の中心となったのは、まさに何をもって「建国」を祝うのかという問題だった。神社本庁のような最右派団体は、それまで十年近くにわたって建国記念日を再制定する草の根運動を巧みに指導してきたが、皇統に沿って二月十一日をその祝日にすることを主張して譲らなかった。左派の歴史学者やこの問題に関心をもつ市民は、いずれにせよ戦前のような建国記念日を再確立しようとする提案に強く反対した。戦前の紀元節は、神武天皇が二千六百年以上前のこの日に初めて天皇の位についたとされる作りごとを祝うものであり、こうした神秘主義への逆行は、「刷新」された日本にふさわしくないというのが彼らの言い分だった。

公聴会では日本全国から集められたおよそ一五人の「一般市民」が、どの日を建国記念日とすべきかについて、自分たちの意見を述べた。証言の速記録には、二月十一日に反対する人々による堂々たる批判も含まれている。万世一系はでたらめな思想であり、これによって戦時中、日本人は自分たちが優秀な存在としてアジアを支配する運命を授けられていると思いこんでいたというのが批判の趣旨である。しかし、大半の証言者はむしろ、断片的にであれ全面的にであれ、紀元二千六百年の時点で奉じられていた皇国史を引きあいに出して、戦後の政治体制はまちがっているとは思わないけれども、それでも二月十一日を支持すると述べた。[7] 奇妙なまぜこぜにはちがいなかった。それは一方で、戦後二十年以上がすぎたとはいえ、天皇神話＝歴史が民衆のあいだで根強く信じられている証拠でもあり、またもう一方で、反動的モダニズムの考え方を自由民主主義国でも適用しうることを示唆していた。

　前著の論文で、私は建国記念日を再制定しようとする草の根運動と、当局側の対応をともに分析した。結局、二月十一日は祝日として制定されることになった。だが、何のためにこの日を祝わねばならないのかを、戦後の文脈ではっきり説明する指針はついぞ出されることがなかった。[8] 考えられるのはこういうことである。肇国《ちょうこく》を祝う紀元二千六百年から七十年が経過するなかで、多くの日本人、とりわけ若い世代は、疑問をもっているにせよ、建国記念日について長々と説明されるのはうんざりだと思う傾向にあるのではないか。建国記念日があらためてつくられたにせよ、それは愛国主義を促進したり、団結を高めたりすることに役立っていない。戦争中のつらい思い出は、それをいかに後世に伝えればよいかという点に厳しく限定されているからである。

　かつての皇国史は、現在も日本史の記述のなかで多かれ少なかれ取りあげられている。どういう取りあげ方をするかは人によってさまざまである。だが、それは紀元二千六百年当時のようにもはや国の歴史を拘束するものではなくなっている。たいていの日本人は、神武天皇のことを知っているが、ここでも大きな混乱がある。神武天皇ははたして実在の人物なのか。こう問われると日本人の多くは、うっかりとは答えられないぞというふうに、たいていどぎまぎする。神武天皇陵について、日本人の多くは、そんな場所があるかもしれないと漠然と思っているだけで、実際にそこを訪れる人はほとんどいない。

紀元二千六百年にちなんで拡張されたため、橿原神宮の敷地は広大で、緑に包まれており、自然らしさがそのまま保存されている（実際、日本の多くの神社がそうなっている）。橿原神宮は、一九四〇年にここを訪れた人の数にはとてもおよばないけれども、いまも来訪者を引きつけており、神武天皇陵はその近くにある。ある意味では社会の変化が、万世一系思想を置き去りにしたのかもしれない。日本人の多くは、現在の北朝鮮の唖然とするような指導者崇拝を無気味だと感じているが（もっとも、ほんとうに懸念をいだいているのは中国の台頭なのだが）、この北朝鮮と日本の戦時中の天皇崇拝とで比較がなされるのを聞くと、不意をつかれたようになる。

しかし、別の面では、万世一系思想はいまだにその影響力を維持している。そのことに驚くのは、昔ながらの傾向を引きずっている日本人の国民性に気づくときである。一九九〇年代後半から二〇〇〇年代の初めにかけて、日本では、女性が皇位につけるよう皇室典範を改正すべきかどうかが論議されていた。そのころ民衆の感情はころころ変わりやすく、それを読み取るのはむずかしかった。時に世論調査は圧倒的に女性天皇を容認し、皇室典範改正支持の方向に傾いた。だがその状況をさらに詳しくみていくと、日本人の多くは「伝統」を壊すことに穏やかならぬものを感じていることがわかってきた。最右派の人々はあけすけにこう強調した。もし女性の血統が、女性天皇を通じて皇統に注ぎこまれるようなことになれば、日本はおしまいになってしまう、と。日本の擁護者を任じる人々がいだいている最悪のシナリオ、この世の終わりめいた恐怖感は、どこからくるのだろう。彼らはかつての八人の女帝のように、女性天皇が皇位について、民の保護者であるかのようにふるまうのがいやだというのではない。それよりもむしろ問題は、その後継者が女性天皇の血を引く者となってしまい、皇統が男子の血統をつぐ皇子に戻らなくなってしまうことだというのである。

二〇〇六年に悠仁《ひさひと》親王が誕生したとき、日本の政治家はすぐに皇位継承問題は解決されたと宣言し、ジレンマに取り組むのをやめてしまった。このジレンマは国家の神話＝歴史にからんでいたから、万世一系思想の影はほとんど消えかかっていると思っていた評論家のなかには驚きを隠せない者もいた。そのとき日本における男女平等、あるいは二十一世紀における日本の立場は二の次で、それよりも「伝統」を重んじる要求、つまり女性が国家の象徴を務めるのを禁じる法律を維持するほうが大事であることが露呈してしまったのである。天皇神話のなかでも目にあまるものをやめにしようという公的判断が、日本でまもなくなされる気配はなさそうである（しかし誰にも先のことはわからないが）。また、この分野で何らかの公式の調査がなされたとしても、それが国家主義的にねじまげられていくのではないかと懸念するだけの理由はある。ここで、ほかの国との比較をもちだして、こう尋ねてもよい。日本は結局、国民国家の国際システムに属する同じ国々と比べて、どの程度、過去の暗い時代に対する責任をとってきたのか、それともそれを避けてきたのか、と。実際、天皇神話という装置は、過去一世紀半にわたって、人種差別的、帝国主義的、性差別的目的のために発動されていた。だが、はっきりしているのは、日本が天皇神話を断ち切るための、はっきりとした公式の試みをこれまでしてこなかったということである。

解説　昭和史の見直しを迫る

原　武史
（明治学院大学教授）

鉄道省編纂の『時間表』（いまの『時刻表』）一九四〇（昭和十五）年十月号（日本旅行協会発行）の表表紙には、ダイヤ改正を意味する「時間大改正」の文字とともに、機関車の動輪のイラストが描かれ、その縁に当たる部分に「国策輸送に協力」「遊楽旅行廃止」と書かれている。これだけを見ると、すでに戦時体制下に入り、「贅沢は敵だ！」というスローガンが叫ばれていた時代に、いかにも軍隊の輸送に代表される「国策輸送」が優先され、観光旅行が控えられていたような印象を受ける。

ところが、同じ『時間表』の裏表紙を見ると、大軌参急電鉄、いまの近畿日本鉄道（近鉄）の広告が全面を覆っている。大軌参急電鉄というのは、正確にいえば大阪電気軌道と子会社の参宮急行電鉄のことで、当時は事実上一体となっていた。

広告の一番上には横書きで「聖地参拝」と書かれ、その下には縦書きで大きく「伊勢大神宮」「橿原神宮」「熱田神宮」の文字が並ぶ。「伊勢大神宮」は大阪より急行二時間、京都より急行二時間半、名古屋より急行一時間五十分、「橿原神宮」は大阪より急行四十分、京都より急行一時間、名古屋より急行二時間半、熱田神宮は大阪より急行三時間とある。つまり、観光旅行を控えるどころか、大軌参急電鉄に乗れば、大阪、京都、名古屋からこれだけ早く伊勢神宮、橿原神宮、熱田神宮に行けるということを、大々的に宣伝しているのである。鉄道省編纂の『時間表』で、一私鉄が「聖地参拝」を積極的に呼びかけていることにも注意すべきだろう。

かつて私は、『「民都」大阪対「帝都」東京――思想としての関西私鉄』（講談社選書メチエ、一九九八年）という本で、大正から昭和初期にかけて「私鉄王国」と呼ばれるほど発達し、東京を中心とする国家の鉄道網に対抗して徹底した民間の自立を目指したはずの関西私鉄が、昭和天皇の行幸とともに国家に屈服し、「皇国精神の高揚を図り、国民の善導に努力する」ための私鉄へと変貌してゆく過程を検証したことがあった。大軌参急電鉄の「聖地参拝」も、その一環として考案されたものであったろう。だが、拙著では、『時間表』一九四〇年十月号の表表紙と裏表紙の間に横たわる矛盾について、それ以上深く考えようとはしなかった。

丸山眞男説への疑義

大軌参急電鉄の広告が『時間表』に掲載された一九四〇年という年は、「紀元二千六百年」とされた年に当たる。「紀元二千六百年」というのは、言うまでもなく初代神武天皇がいまの奈良県橿原市で即位してから、ちょうど二六〇〇年目に当たるとされた年を意味し、当時の日本では植民地や「満洲国」を含めて、さまざまな「奉祝」行事が行われた。本書は、この年を頂点とする「近代性《モダニティ》」＝大衆消費社会の到来に注目しながら、慎重な言い回しを用いつつ、同時代のドイツのナチズムやイタリアのファシズムとよく似た政治体制が、日本でも成り立っていたことを分析した画期的著作である。

本書によれば、「紀元二千六百年」というのは、「贅沢は敵だ！」というスローガンに象徴されるような、生活が制限され、自由もなかった「暗い谷間」でもなければ、戦後民主主義のもとで経済成長がもたらされた時代にストレートにつながる「経済的利益追求の時代」でもない。大衆消費社会の到来と、ナチズムやファシズムに比肩する体制の成立を結び付けたところに、本書の独自性がある。

著者のケネス・ルオフは、米国の近現代天皇制研究の第一人者であり、前著『国民の天皇──戦後日本の民主主義と天皇制』(共同通信社、二〇〇三年。岩波現代文庫、二〇〇九年)で大佛次郎論壇賞を受賞している。

主に戦後の象徴天皇制を多角的に分析したこの著作で、著者は正確な日本語読解能力はもとより、類まれな文献収集能力と、それらを大胆に解析する抽象的能力を二つながらいかんなく発揮したが、本書ではさらにその能力に磨きがかかっている。東京の神保町で古地図や絵葉書を扱う古本屋を回ったかと思えば、宮崎県や韓国、果ては中国東北部(旧満洲)まで足を運び、「紀元二千六百年」関係の建物や史跡を見学し、丹念に埋もれた文献はないかどうかを見て回る。本書の注には、『紀元二千六百年祝典記録』(内閣印刷局、一九四三年)のような公式記録ばかりか、日本人の研究者ですら見たことのないような旅行ガイドや観光バス案内、パンフレット、絵葉書セットなどがふんだんに掲げられている。

本書が注目するのは、「内地」はもちろん、植民地や「満洲国」まで含めたこの時期の観光ブームである。ここでいう観光には、いわゆる勤労奉仕も含まれる。観光ブームを煽る役割を果たした「紀元二千六百年」は、決して一時のお祭りに終わったわけではなく、大衆の自発的な政治参加に支えられていたという点で、同時代のドイツやイタリアに比肩し得るというのだ。

著者が指摘するように、ナチス・ドイツやファシスト・イタリアに比べると、昭和初期の日本は独裁政党が存在しないという点で明らかに異なる。しかし、当時の日本を「ファシズム体制」の一環として位置付ける研究がなかったわけではない。例えば丸山眞男は、「ファシズムの諸問題」(『増補版　現代政治の思想と行動』、未来社、一九六四年所収)のなかで、ファシズムには「下からのファシズム」と「上からのファシズム」の二類型があるという有名な説を唱えている。

それによれば、ドイツやイタリアが、大衆運動のダイナミズムに支えられた強力な一元的政治指導体制を確立させたのに対して、日本の場合はそうした大衆運動が見られず、「上からのなしくずし的なファッショ化」

が進んだだけだった。さらに丸山は、「日本ファシズムの思想と運動」（同）のなかで、「二・二六事件を契機としていわば下からの急進ファシズムの運動に終止符が打たれ日本ファシズム化の道程が独逸や伊太利のようにファシズム革命乃至クーデターという形をとらないことがここではつきりと定まった」として、「下からのファシズム」運動は二・二六事件を機に挫折し、それ以降は「上からのファッショ化が下からのファッショを抑圧しつつ急速に進展して行［く］」とも述べている。

こうした説に対して、著者は「丸山とその後の多くの学者たちは、戦時日本の大衆的行動主義の広がりを軽視していた」（四一頁）と批判する。少なくとも昭和初期の日本を見る場合、三月事件や十月事件、血盟団事件、五・一五事件、二・二六事件といった未遂を含むテロやクーデター、あるいはそれらに続く粛軍から翼賛体制の成立へという政府の動きだけを見ているだけではダメだということだ。確かに、そんなことは高校の日本史の教科書にすら書かれてある。

本書のように、一九三〇年代を通して過熱する観光に注目すれば、二・二六事件を分水嶺として「下からのファシズム」運動に終止符が打たれたとする丸山流の解釈は、重大な修正を余儀なくされるだろう。独裁政党の代わりに、民間の百貨店、新聞社、出版社、旅行代理店、私鉄会社などが存在し、多くの国民が神武天皇はじめ歴代天皇ゆかりの聖蹟や聖地を、あるいはアマテラスや歴代天皇をまつる神社を、さらには植民地や「満洲国」を自発的に観光し、万世一系思想を中核とする国家意識を高めていったとする本書の分析は、従来の研究の盲点を鋭く衝くものである。

「動かない」天皇と「動く」国民

拙著『可視化された帝国——近代日本の行幸啓』（みすず書房、二〇〇一年）で、私は明治から昭和初期にかけての天皇の巡幸や行幸、皇太子の巡啓や行啓に注目した。明治、大正、昭和という三代の天皇や、嘉仁、裕仁という二代の皇太子は、植民地を含む全国各地を頻繁に回っており、天皇や皇太子が訪れた地方の「臣民」との間には、「視覚的支配」が成り立っていた。

「視覚的支配」というのは、天皇や皇太子を主体とし、「臣民」が天皇や皇太子に直接見られていると意識することで成り立つ支配を意味するが、たとえ天皇や皇太子が列車や自動車に乗っていても成立する。特に裕仁皇太子が摂政となる大正後期以降、この支配は「君民一体」を視覚化するための有力な手段となる。しかし、「動く」のはあくまで支配者である天皇や皇太子であり、「動かない」各地の人々は天皇や皇太子を「奉迎」「奉送」するだけの存在にとどまっていた。

ところが、昭和になると皇太子の地方視察が行われなくなり、一九三七年に日中戦争が勃発してからは、天皇の軍事行幸や地方視察も中断された。「君民一体」が可視化されたのは、東京の宮城（現・皇居）前広場に限られた。四〇年十一月の「紀元二千六百年式典」や「紀元二千六百年奉祝会」などが、ここで行われている。地方視察が再開されるのは、戦後の四六年からである。四〇年六月に天皇が伊勢神宮、神武天皇陵、橿原神宮などを参拝したのは、「紀元二千六百年の佳《よ》き歳にあたり御奉告とあはせて未曾有の難局克服御祈念」（『大阪朝日新聞』一九四〇年六月一日）のためであって、地方視察のためではなかった。天皇は基本的に、「動く」存在から「動かない」存在へと変わったのである。しかし、近衛文麿内閣は、国民精神総動員運動の一環として、「視覚的支配」に代わる新たな支配を導入する。これを私は「時間支配」と呼んでいる（「戦中期の〈時間支配〉」、『みすず』二〇〇四年十月号所収）。

「時間支配」というのは、本書の一一五頁にも言及がある。具体的にいえば、祝祭日や記念日などに、特定の時間があらかじめ告知され、その時間に植民地や「満洲国」を含む全国、さらには「大東亜共栄圏」全域で、ラジオの時報やサイレンなどを合図に、人々がそれぞれの場所でいっせいに東京の宮城や靖国神社、伊勢神宮などを、「満洲国」の場合はそれらに加えて首都新京の帝宮や伊勢神宮に相当する建国神廟、靖国神社に相当する建国忠霊廟などを一分間遥拝、黙禱したり、万歳を叫んだりするよう求める支配を意味する。もはや天皇や皇太子の直接的なまなざしを媒介とすることなく、同一の時間に「動かない」天皇と国民が一体となっていると「想像する」ことで成り立つのが、この支配である。一九三七年十一月の明治節に初めて導入され、少なくとも四五年二月の紀元節まで続けられた。「紀元二千六百年」には、「内地」で十二回、「満洲国」で十六回行われている。四五年八月十五日の正午に人々がどこでもラジオの前に集まることができたのは、「時間支配」の賜物であったともいえよう。

だが、本書の分析を適用すれば、「視覚的支配」から「時間支配」へと大きく変わるころから、国民の観光熱も盛んになるのがわかる。いささか図式的にいえば、天皇が「動かない」存在となる代わりに、国民が「動く」存在になるのだ。それは決して、全国の人々が奈良県や宮崎県を、伊勢神宮や京都を、果ては朝鮮や「満洲国」を旅行するだけではない。「紀元二千六百年」には、東京で「満洲国」や中国、ブラジル、ハワイ、米国本土などに住む日本人移民を集めて、海外同胞大会が開かれている。海外同胞大会については、本書でまるまる1章をあてて分析されているが（第6章）、それ以外にもこの年には、前述した十一月の「式典」や「奉祝会」を頂点として、地方や植民地から東京を訪問する観光客が多かっただろう。その場合には、宮城前広場のほか、靖国神社、明治神宮、多摩御陵（現・武蔵陵墓地）などを回ったはずである。

宮脇俊三の視点

紀行作家の宮脇俊三（一九二六―二〇〇三）は、『増補版時刻表昭和史』（角川書店、一九九七年）のなかで、「昭和一二年七月の盧溝橋事件以降、鉄道も戦時型の体制へと切り換えられていったのであった」としながらも、「それは概観であって、実態を見ると、旅客の急激な増加には『国策輸送』とは無縁なものも含んでいた」とする。「『不要不急の旅行はやめよう』のポスターが駅々に貼られるようになったのは、昭和一五年の夏頃からだったと思う。それは『不要不急の旅行』者が多いことの証左でもあった」とも述べている。時代の体験者が語るこうした回想は、本書の見方を裏付けている。

ただし、宮脇俊三は一九三九年四月に実施された「観光報国週間」を例にあげながら、伊勢神宮に参拝して武運長久を祈るといった建前さえあれば、内実は遊山旅行であっても大手を振って通れたことに注意を促している。この点では、「旅行を通じて万世一系思想がさらにしみこんだことはまちがいない」（二〇三頁）とする著者の解釈は、もう少し慎重な検討が必要かもしれない。

一九四〇年が観光ブームの頂点であったことは、宮脇俊三も証言している。翌年になると、宮脇が通っていた学校でも、教頭が朝礼で、「文部省から、今年の夏休みはいっさい旅行してはならない、対校試合のための旅行もしてはならない、との通達があった」と言ったという。一九四三年二月には「戦時陸運非常体制」による列車ダイヤの改正が行われ、旅客列車が大幅に削減されている。

こうした事実を踏まえたとき、一九四一年以降の日本の政治体制はどう把握されるべきだろうか。国民が自発的に観光旅行を行い、「国体」意識を高める代わりに、国家総動員体制のもとで制度化された隣組や町内会、部落会のような共同体の力が強まり、人々は移動の自由を失って相互監視の呪縛から逃れられなくなると解釈すべきだろうか――。

著者にはぜひとも、「紀元二千六百年」以降の時期の分析にも手をつけてほしいところである。

観光という分野は、地理学、歴史学、政策分析、経済学、マーケティングなど、さまざまな領域に隣接しながら、独立した学問領域として長らく確立されてこなかった。この領域に光を当て、大胆にして魅力的な仮説をくっきりと打ち出した本書は、「紀元二千六百年」に至る昭和史の見直しを迫るものである。ここ数年の昭和史ブームとは違った形で斬新な仮説が現れたことを、私は個人的に深く喜んでいる。

人名索引

・本書の本文に出てくる主な人物名（伝説上の人物含む）を掲出した。
・（　）は別名など。
・中国人については漢字の日本語50音順で配列した。

あ 行

か 行

さ 行

た　行

な　行

は　行

ま　行

や　行

ら　行

わ　行

事項索引

・主な出来事、機関名などを掲出した。
・『　』は書誌、映画タイトル、（　）は別名、略称など。

あ　行

か　行

さ　行

た　行

な　行

は　行

ま　行

や　行

ら　行

わ　行

注

［　］内は訳者による追記

序章

1　紀元二千六百年記念行事の広がりと、その歴史的テーマの豊富さを考えれば、この問題に取り組んだ英語文献がほとんどないのは実に驚くべきことである。きわめて強い影響力をもったこの国家的祝典についての歴史研究は、不思議なことに日本語文献でもごくわずかしか見あたらない。その理由は、おそらく当時、日本の指導的歴史家の多くが、虚構の建国行事にかかわっていたこととも関係している。古川隆久はまるまる１冊をあてて、記念行事の計画過程を研究しているが、それは本書の研究対象からは外れたテーマである。古川は、戦時中の日本国が絶大な権力を振るっていたというおなじみの神話をもちだすことなく、この祝典の社会的側面に注意を向けている。その点を踏まえて、私もさらに論議を深めようとした。ところが、どういうわけか、古川は愛国主義的・拡張主義的な方向性を打ちだす二千六百年記念行事のイデオロギー的側面を過小評価し、こうしたテーマへの言及をほとんどしていないか、あるいはまったく避けている。古川隆久『皇紀・万博・オリンピック――皇室ブランドと経済発展』（中公新書、1998）を参照。二千六百年記念行事のさまざまな側面については、日本語による短い感想めいた論考が数多くあり、それについては以下で紹介したい。

紀元二千六百年にからんで企画された1940年の東京オリンピックを扱ったサンドラ・コリンズの本は英語文献ではどちらかというとめずらしいものである。コリンズの本は *International Journal of the History of Sport*（24.8; 2007）の特別版として出され、*The 1940 Tokyo Games: The Missing Olympics, Japan, the Asian Olympics, and the Olympic Movement* と題されている。1940年の東京オリンピックが中止になった件については、別に橋本一夫『幻の東京オリンピック』（ＮＨＫブックス、1994）を参照。

2　Christopher Hughes, *Switzerland*（London: Ernest Benn Limited, 1975）, 107. スイスについてのヒューズの研究を知ったのは Benedict Anderson, *Imagined Communities*（New York: Verson, 1991）による。［邦訳はベネディクト・アンダーソン『想像の共同体――ナショナリズムの起源と流行』（白石隆・白石さや訳、リブロポート、1987）］

3　R. Tarverdi and Alik Massoudi, eds., *Land of Kings*（*On the Occasion of the Celebration of the 2500th Anniversary of the Founding of the Persian Empire by Cyrus the Great, 1971*）(Tehran: Regional Cooperation for Development, So-

cial Affairs Committee, 1971), I.　米国（1876年と1976年）とオーストラリア（1888年と1988年）の建国百年祭と二百年祭を比較研究したリン・スピルマンは、建国時の英雄的な物語が、米国の百年祭、とりわけ二百年祭では行事の中心になっていたと概括している。Lyn Spillman, *Nation and commemoration: Creating national identities in the United States and Australia*（Cambridge: Cambridge University Press, 1997）を参照。

4　フランス人のほとんどが自由民主主義政体の正当性を疑うことのなくなった1989年に、大統領のフランソワ・ミッテラン（1916－96）は、フランス革命二百年祭を主宰した。とはいえ、このときでさえ、200年前の建国をどう解釈するかをめぐって、フランス人のあいだで意見の食いちがいがみられた。1989年の二百年祭企画と、フランス革命の評価をめぐる論争については、Steven L. Kaplan, *Farewell, Revolution: Disputed Legacies, France, 1789/1989*（Ithaca:Cornell University Press, 1995）; Steven L. Kaplan, *Farewell, Revolution: The Historians' Feud, France, 1789/1989*（Ithaca:Cornell University Press, 1995）; Michel Vovelle, *1789: L'héritage et la mémoire*（Paris: Editions Privat, 2007）; Maurice Agulhon, ed., *1789: La Commémoration*（Paris: Gallimard, 1999）; Pascal Ory, *Une Nation pour memoire*（Paris: Presses de la Foundation Nationale des Sciences Politiques, 1992）ならびにPatrick Garcia, *Le Bicentenaire de la Révolution francaise*（Paris: CNRS Editions, 1989）を参照。

5　もっとも引き合いに出されるものとしては、津田左右吉が1910年代から20年代にかけて出版した著作が巻き添えになった事件がある。その研究で、津田は正史とされる『古事記』や『日本書紀』に描かれている、西暦200年ごろにさかのぼる皇室の歴史の詳細は、そもそも神話的なものであることを示唆した。津田は1939年に国家主義者から執拗に攻撃されることになる。彼は早稲田大学の職を辞することを余儀なくされただけではなく、裁判にかけられ、42年に不敬罪で有罪となった。彼の著作のうち5点が発禁となった。裁判所のミスにより、時効が成立したため判決は無効となったが、津田の苦い体験は、皇朝二千六百年の歴史に関して、当時お上に逆らえば、誰もがどんな目に遭うかわからない環境にあったことを示している。津田左右吉事件のさらなる詳細については、Yun-tai Tam, "Rationalism versus Nationalism: Tsuda Sõkichi（1873-1961)," *in History in the Service of the Japanese Nation*, ed. John S. Brownlee（Toronto: University of Toronto-York University Joint Centre on Modern East Asia, 1983), 165-88 を参照。

6　Marla Stone, "Staging Fascism: The Exhibition of the Fascist Revolution," *Journal of Contemporary History* 28.2（1993), 215.

7　私は「消費者臣民」という言い方はしていないけれども、ミリアム・シルバーバーグがこの概念にもとづいて1920年代から30年代にかけての日本を論じているのは正しいと思っている。Miriam Silverberg, *Erotic Grotesque*

Nonsense: The Mass Culture of Japanese Modern Times（Berkeley: University of California Press, 2006）, 4 を参照。

8 最近まで、研究者は帝国主義と観光との関係をおおむね無視してきたといってよい。Louise Young, *Japan's Total Empire*（Berkeley:University of California Press, 1998）, 259-68 には "The Manchurian Travel Boom"（満洲旅行ブーム）の章が含まれている。［邦訳はルイーズ・ヤング『総動員帝国――満洲と戦時帝国主義の文化』（加藤陽子、高光佳絵、古市大輔、川島真、千葉功訳、岩波書店、2001）］
中国生まれで、日本を拠点にする研究者、高媛は日本人の満洲観光を研究し、新分野を切り開いている。彼女の論考のいくつかを以下に引用する。ほかにこのテーマに関しては、雑誌『彷書月刊』の特集「満州のツーリズム」（2003年８月号）が参考になる。不思議なことに、日本のもっとも重要な公式植民地だった朝鮮の観光については、これまで総合的に取りあげられたことがないが、いくつかの価値ある論文がすでに出ていることはいうまでもない。たとえば Sonia Ryang, "Japanese Travellers' Accounts of Korea," *East Asian History* 13/14（1997）: 133-151 を参照。さらに1910年以前の日本人の韓国旅行記が Peter Duus, *The Abacus and the Sword: The Japanese Penetration of Korea, 1895-1910*（Berkeley: The University of California Press, 1992）のなかの１章で取りあげられている。

9 Louise Young, "Marketing the Modern: Department Stores, Consumer Culture, and the New Middle Class in Interwar Japan," *International Labor and Working-Class History* 55（1999）: 52-70; Jordan Sand, *House and Home in Modern Japan*（Cambridge, MA: Harvard East Asian Monographs, 2003）; and Kim Brandt, *Kingdom of Beauty: Mingei and the Politics of Folk Art in Imperial Japan*（Durham: Duke University Press, 2007）.

10 初田亨『百貨店の誕生』（三省堂、1993）を参照。

11 大阪の大丸百貨店は1940年11月23日の大阪朝日新聞に掲載した広告で、６階で開かれている「民族優生」展覧会があと２日で終わりになると呼びかけている。広告によると、日本精神衛生協会主催のこの展覧会では、会場に相談所が設けられ、「優生結婚」の相談も受けられることになっていた。

12 日本旅行協会は1924年から広く知られた雑誌『旅』を発行していた。［雑誌『旅』は戦争中、1943年８月から46年11月まで休刊を強いられたが、2003年までＪＴＢパブリッシングから発行されていた］

13 1962年の論考で桑原武夫は、観光という言い方は大正時代にはなかったと指摘している。桑原武夫「大正五十年」（『文藝春秋』第40巻 第２号［1962］76ページ）を参照。国会図書館の蔵書で観光というキーワードで検索してみると、それが定着するのは昭和になってからであることがわかる。1912年から26年にかけては検索で６項目しか引っかからないが、その

うちオリジナルは4冊だけで2冊は同じ本の増刷版である。これに対し、1926年から45年にかけては141の項目が出てくる。

14 1986年の論考で歴史学者の高岡裕之は、1930年代には権威主義がますます強まるのに、観光も盛んになっていくのは矛盾しているように思えると指摘している。高岡裕之「観光、厚生、旅行――ファシズムのツーリズム」(赤沢史朗、北河賢三編『文化とファシズム――戦時期日本における文化の光芒』日本経済評論社、1993に所収) 9－10ページを参照。

15 ジャパン・ツーリスト・ビューロー『南京』(奉天、ジャパン・ツーリスト・ビューロー、1939)。

16 Joshua A. Fogel, *The Literature of Travel in the Japanese Rediscovery of China, 1862-1945* (Stanford: Stanford University Press, 1996), 285-286 を参照。中村の紀行については、中村孝也『支那を行く』(講談社、1942) を参照。

17 最近、観光の政治的重要性を感じさせる本がフランスから1冊出されている。『右派のためのパリ・ガイド』は政治的右派の歴史に関連するパリの史跡についてのハンドブックだ。序文にはこうある。「右派によるパリ。それは夢だ。実現された夢だ。いまでは政治的右派の雰囲気やテーマ、習わしをしっかり保ったまま、北から南までパリを横切り、明け方から夕暮れまでパリを味わい (*de vivre*)、1月から12月までパリで暮らす (*d'habiter*) ことも可能なのだ」。たとえば46ページを開けば、アルフレッド・ドレフュス大尉 (1859－1935) を強烈に告発した反ユダヤ主義者のエドゥアール・ドリュモン (1844－1917) の墓地にはどう行けばいいかが出ている。ドレフュス事件は1890年代から1900年代にかけて、フランスにおける政治的左派と右派を分ける試金石となった。Francis Bergeron and Philippe Vilgier, *Guide de L'homme de droite a Paris* (Paris: La Librairie Francaise, 1995) を参照。

18 ラトビアに関しては Aldis Purs, "'One Breath for Every Two Strides': The State's Attempt to Construct Tourism and Identity in Interwar Latvia," in *Turizm: The Russian and East European Tourist under Capitalism and Socialism,* eds. Anne. E. Gorsuch and Diane P. Koenkere (Cornell University Press, 2006): 97-115 を参照。スペインに関しては Sandie Holguin, "'National Spain Invites You': Battlefield Tourism during the Spanish Civil War," *American Historical Review* 110.5 (2005): 1399-1426 を参照。イタリアに関しては Victoria De Grazia, *The Culture of Consent: Mass Organization of Leisure in Fascist Italy* (Cambridge: Cambridge University Press, 1981), esp. 180-84 を参照。ナチス・ドイツに関しては Kristin Semmens, *Seeing Hitler's Germany: Tourism in the Third Reich* (New York: Palgrave MacMillan, 2005) ; Shelley Baranowski, *Strength Through Joy: Consumerism and Mass Tourism in the Third Reich* (Cambridge: Cambridge University Press, 2004), esp. Chps. 4 and 5; な

らびに Richard Vahrenkamp, "Automobile tourism and Nazi propaganda: Constructing the Munich-Salzburg Autobahn, 1933-1939," *Journal of Transport History* 27.2 (2006): 21-38 を参照。

19 1940年には、華北もこうした経済ブロックに大きく組み入れられていたが、華北の観光は、帝国のほかの地域と同様、本書では取りあげないことにする。

20 曾山毅『植民地台湾と近代ツーリズム』(青弓社、2003)。1940年ごろ台湾を旅行した普通の日本人がどんな場所に行き、どんな観光をしたかを知ることのできる旅行記としては、秋守常太郎『台湾旅行』(大阪、1941) が参考になる。秋守は旅行作家だった。

21 Nippon yusen kaisha, *Glimpses of the East* (Tokyo: Nippon yusen kaisha, 1940).ノンブルはなし。

22 『写真週報』を分析したデービッド・エアハートはこう書いている。「『写真週報』のページをめくってみると、4種の異なった(とはいえ重なりあった)戦時の国内政策を見分けることができる。第一は、肉体的健康を維持し、強固な労働力と民間防空にふさわしい町づくりをすること。第二は、各家庭、家族が空襲に備え、民間で防空訓練をすること。第三は、保険や政府公債を購入し、国民の貯蓄割合を高めることによって戦費を補充すること。そのための犠牲としては、ぜいたくを控え、質素倹約に努め、できることなら代用品で済ませ、家族や地域社会を効率的に組織し、貴金属や再生可能品を寄付し、勤労動員に加わること。第四は、権威に従い、戦争の遂行に対して正しい精神的態度を保ち、いかなる場合、いかなる時にあっても大和民族の模範となるよう努めること」。David J. Earhart, *Certain Victory: Images of World War II in the Japanese Media* (Armonk, New York: M.E. Sharpe, 2008), 111 を参照。

23 「大陸国策を現地に見よ」(『写真週報』104号 [1940年2月21日号])。その広告には新京の「忠霊塔」の写真が出ている。『写真週報』はおよそ50万部発行されており、1冊を約10人が回覧していたという調査もあり、少なくとも毎号150万人くらいが、この雑誌に目を通していたという。読者数の数字については、難波功士『「撃ちてし止まむ」――太平洋戦争と広告の技術者たち』(講談社、1998) 54－55ページを参照。

24 アンドレ・シュミットは英語によるさまざまな研究のなかで、すでにいくつもの例を提示しており、その多くがさまざまな分野で学術的に貢献したと高く評価されている。帝国日本については、とりもなおさず「島の歴史」になっているとされる。Andre Schmid, "Colonialism and the 'Korea Problem' in the Historiography of Modern Japan: A Review Article," *Journal of Asian Studies* 59.4 (2000), 951-976 を参照。シュミットは中心国と植民地の歴史を統合する仕事を前進させた最近の研究でも、いくつかの例を提供

してくれている（彼の主要な関心は朝鮮が抜け落ちていることに向けられている）が、そのリストに私はさらに以下の追加をしておくことにする。中心国と時にいくつもある植民地との複雑な関係と相互作用を、ある程度把握することに成功している英語文献には次のようなものがあるが、もちろんこれがすべてではない。E. Taylor Atkins, “The Dual Career of ‘Arirang’: The Korean Resistance Anthem That Became a Japanese Pop Hit,” *Journal of Asian Studies* 66.3（August 2007）: 645-687; Daniel V. Botsman, *Punishment and Power in the Making of Modern Japan*（Princeton: Princeton University Press, 2007）のとりわけ「結び」; Alexis Dudden, *Japan's Colonization of Korea: Discourse and Power*（Honolulu: University of Hawai'i Press, 2006）; Yoshihisa Tak Matsusaka, *The Making of Japanese Manchuria, 1904-1932*（Cambridge: Harvard University Asia Center, 2003）;さらには Shin'ichi Yamamuro, *Manchuria Under Japanese Dominion*, transl. Joshua A. Fogel（Philadelphia: University of Pennsylvania Press, 2006）［原題は山室信一『キメラ——満洲国の肖像』（中公新書、2004、増補版）］.

25 Willard Price, *Pacific Adventure*（New York: Reynal & Hitchcock, 1936）, 11-12.

26 敗戦後の引き揚げ者数については、Lori Watt, “Imperial Remnants: The Repatriates in Postwar Japan,” in *Settler Colonialism in the Twentieth Century*, eds. Caroline Elkins and Susan Pedersen（New York: Routledge: 2005）: 243-255を参照。

27 大会の企画者は明らかに海外日本人の財布を当てにしていた。彼らは日本の親族に何十年にもわたって送金していたのである。ユウジ・イチオカとジョン・ステファン、エイイチロウ・アズマは、ハワイと米本土の日本人居住者の多くが、真珠湾攻撃が始まるまで、日本による中国との戦争を金銭面で支援していたと記しているが、大会はこうした支援を誇示する機会でもあった。米本土とハワイだけではなく、世界中の日本人社会が、中国との戦争を支援する寄付をしていた。ほかの移民集団も祖国の大義を支援することもあるから、こうした寄付は決して常軌を逸したものではないけれども、海外日本人が実際に在住している国からは、異常なこと、あるいは背信行為とみなされても仕方のない側面ももっていた。Yuji Ichioka, “Japanese Immigrant Nationalism: The Issei and the Sino-Japanese War, 1937-1941,” *California History* 69.3（1990）: 260-75; John J. Stephan, “Hijacked by Utopia: American Nikkei in Manchuria.” *Amerasia Journal* 23.3（1997）: 1-42; ならびに Stephan, *Hawaii under the rising sun: Japan's plans for conquest after Pearl Harbor*（Honolulu: University of Hawaii Press, 1984）, esp. pp. 47-54; そのほか Eiichiro Azuma, *Between Two Empires: Race, History, and Transnationalism in Japanese America*（Oxford: Oxford University Press, 2005）を参照。

28 John J. Stephan, "Hijacked by Utopia: American Nikkei in Manchuria," *Amerasia Journal* 23.3 (1997): 1-42. 再移民した人々の大半は、出生時からの米国籍を所有していた。

29 帝国におけるさまざまな開拓移民社会を検証した論文を1冊にまとめたものとしては『膨張する帝国の人流』(岩波講座『近代日本と植民地』第5巻［岩波書店、1993］)がある。

30 朝鮮で子供時代を送った小林千登勢の思い出にもとづいてつくられたアニメ映画『お星さまのレール』(平田敏夫監督、1993)は、崩壊以前の日本人居住者の心地よい暮らしぶりを描いているが、これはおおむね、こうしたジャンルを扱った作品だといってよい。満洲の日本人開拓移民で、戦後、日本に帰還した人々に共通する記憶を研究した論考としては Mariko Tamanoi, *Memory Maps: The State and Manchuria in Postwar Japan* (Honolulu: University of Hawai'i Press, 2008) のとくに第3章が参考になる。

31 米国内の日本人社会と日本本土との連関を研究したエイイチロウ・アズマの仕事は、相互の研究に橋を架ける類例のないものである。Eiichiro Azuma, "Pioneers of Overseas Japanese Development: Japanese American History and the Making of Expansionist Orthodoxy in Imperial Japan," *Journal of Asian Studies* 67.4 (2008): 1-40, ならびに Azuma, *Between Two Empires* を参照。

32 Tomiyama Ichirō, "The 'Japanese' of Micronesia: Okinawans in the Nan'yō Islands," in *The Japanese Diaspora*, ed. Ronald Nakasone (University of Hawai'i Press, 2002): 57-70.

33 Robert K. Arakaki, "Theorizing on the Okinawan Diaspora," in *Okinawan Diaspora*, ed. Ronald Nakasone (University of Hawai'i Press, 2002), 37.

34 Donald M. McKale, *The Swastika Outside Germany* (Kent, Ohio: Kent State University Press, 1977); John P. Diggins, *Mussolini and Fascism: The View from America* (Princeton University Press, 1972), esp. 77-143; ならびに Luc de Caprariis, "'Fascism for Export'? The Rise and Eclipse of the Fasci Italiani all'Estero," *Journal of Contemporary History* 35.2 (2000): 151-183 を参照。私の同僚ビクトリア・ベルコのおかげで、イタリア人移民に関する研究について知ることができた。

35 日本人の赤ん坊が絶海の孤島に置き去りにされ、そこで何とか大人になるまで成長しなければならないとしたら、血のつながりという面だけでも、いまでも日本人はいても立ってもいられなくなるのではないかと思われる。

36 紀元二千六百年祝典事務局『紀元二千六百年祝典記録』(内閣印刷局、1943)。この16巻本は、ゆまに書房から複製本が発刊されている(ただし巻数は26巻となっている)。

37 紀元二千六百年祝典事務局『紀元二千六百年祝典記録』第3巻214－25ページ。ゆまに書房版では第5巻294－305ページ。

38 Carol Gluck, *Japan's Modern Myths: Ideology in the Late Meiji Period*（Princeton: Princeton University Press, 1985）；高木博志『近代天皇制の文化史的研究』（校倉書房、1997）ならびに Takashi Fujitani, *Splendid Monarchy: Power and Pageantry in Modern Japan*（Berkeley: University of California Press, 1998）さらには Koji Mizoguchi（溝口孝司）, *Archaeology, Society and Identity in Modern Japan*（Cambridge: Cambridge University Press, 2006）．溝口はその64ページにこう書いている。「［天皇を国家の体現者と化すために］一連のメディアが動員された。天皇神話は古事記や日本書紀のような皇室の年代記に描かれていた。これらの書物は、7世紀終わりか8世紀初めに編纂され、新たに成立した日本の古代国家と天皇家を正統化することを目的としており、とりわけ丁重に取り扱われてきた。神話では、天皇家の祖先が、どのようにして天から降臨し、国土を創成し、少し矛盾するようではあるが、先住の人々をいかに征服してきたかが述べられている。この物語では天皇家の祖先が移住してきた跡をたどれるようになっており、それにより日本人が考古学的な証拠をしっかりと確信できるようになっていた。……つまり、皇室と日本人にまつわる真実の歴史の研究は、……厳しく規制されなければならなかったのである」

39 当時の同盟通信による翻訳英文を数カ所修正した。英文は *Contemporary Japan* 9.12（December 1940）, 1606-1607 に出ている。*Contemporary Japan* は半ば政府刊行の英語出版物だった。

40 「八紘の基柱」の建設や、「八紘一宇」概念の発展について、深く検討したものとして Walter Edwards, "Forging Tradition for a Holy War: The Hakkō Ichiu Tower in Miyazaki and Japanese Wartime Ideology," *Journal of Japanese Studies* 29.2（2003）:289-324 を参照。エドワーズは「八紘一宇」の意味がどう変化したかを分析し、こう書いている（319ページ）。「1930年代末に『八紘一宇』のスローガンは急速に広がり、その拡張主義的な色彩は戦時イデオロギーを総括するものとなった。戦況の悪化にあせったことと、二千六百年記念行事がたまたま重なったことによって、このスローガンには全般的な再解釈がほどこされ、神武天皇の即位は果てしない拡張の始まりであり、その過程は皇徳が世界を一つ屋根のようにおおいつくすまでつづくと、みなされるようになった」

41 ビクトリア女王治世60周年に関しては David Cannadine, "The Context, Performance and Meaning of Ritual: The British Monarchy and the 'Invention of Tradition', c. 1820-1977," in *The Invention of Tradition*, eds. Eric Hobsbawm and Terence Ranger（Cambridge: Cambridge University Press, 1983）: 101-164［邦訳はホブズボウム、レンジャー『創られた伝統』（前川啓治ほか訳、紀伊国屋書店、1992）］; Walter L. Arnstein, "Queen Victoria's Diamond Jubilee," *American Scholar* 66（Fall 1997）: 591-597; ならびにEdward W. Ellsworth,

"Victoria's Diamond Jubilee and the British Press: The Triumph of Popular Imperialism," *Social Studies* 56.5 (October 1965): 173-179 を参照。

42 Thomas Havens の *Valley of Darkness: The Japanese People and World War Two* (New York: Norton: 1978) と題される研究を選びだすのは容易だが、この素朴なタイトルのついた本が登場したのは40年以上前のことである。驚くべきことに、戦時の日本を「暗い谷間」とする見方は、その名称だけでなく、その雰囲気までもが、最近の研究に引き継がれている。さらにエリース・ティプトンのような思慮深い歴史家でさえ、近代日本を論じた最近の著書のなかで、戦時日本に関する章のタイトルにこの「暗い谷間」という用語を使っている。Elise Tipton, *Modern Japan: A Social and Political History* (New York: Routledge, 2002) を参照。

43 Tony Smith, "Making the World Safe for Democracy in the American Century," *Diplomatic History* 23.2 (1999), 180.

44 Mark Neocleous, *Concepts in Social Thought: Fascism* (Minneapolis: University of Minnesota Press, 1997), xi.

45 Peter Duus and Daniel I. Okimoto, "Fascism and the History of Pre-War Japan: The Failure of a Concept," *Journal of Asian Studies* 39.1 (November 1979): 65-76. これとは対照的にガバン・マコーマックは西洋の学者が、戦時日本を理解する際にファシズムを有益な概念と見ない傾向を批判している。Gavan McCormack, "Nineteen-Thirties Japan: Fascism?" *Bulletin of Concerned Asian Scholars* 14.2 (1982): 20-32. マコーマックはこう書いている(29ページ)。「結局、西洋の日本研究者は、カリスマ的な指導者や大衆的なファシスト式政党の欠如、あるいは明確な移行期やナチス・ドイツのような規模の(死の収容所のような)抑圧がないこと、さらに明治期と1930年代の制度やエリートのあいだに明らかな継続性があることなどを見て、日本に"ファシスト"のレッテルをはるのは妥当ではないというのである」

46 Gordon M. Berger, *Parties out of Power in Japan, 1931-1941* (Princeton: Princeton University Press, 1977), 237.

47 Roger Griffin, ed., *Fascism* (Oxford: Oxford University Press, 1995), 5.

48 Walter A. Skya, "Fascist Encounters: German Nazis and Japanese Shinto Ultranationalists," in *Japan in the Fascist Era*, ed. E. Bruce Reynolds (New York: Palgrave Macmillan, 2004): 133-153.

49 Maruyama Masao, *Thought and Behaviour in Modern Japanese Politics* (London: Oxford University Press, 1963). [原著は丸山眞男『現代政治の思想と行動』(未来社、2006、原版は1956、1957)]

50 Cemil Aydin, *The Politics of Anti-Westernism in Asia: Visions of World Order in Pan-Islamic and Pan-Asian Thought* (New York: Columbia University Press, 2007).

51 人種の面に関して、ソ連の場合はさらに複雑である。共産主義運動は口先では人種差別主義を非難した。さらに、広大なソビエト帝国内のさまざまな地域レベルでは、指導者層は人種的ないし民族的に多様だった。にもかかわらずヨシフ・スターリンはじめ、ソビエト帝国内で中心的・支配的な地位を占める人物は、人種的には白人であり、モスクワの指導者層は西洋を文明のモデルととらえ、東洋は遅れていると考えていた。私の同僚であるチア・インスーはソ連の場合について、該博な知識を披露してくれた。それによって私は大いに恩恵を受けている。

52 Fujitani Misao, *2600 Years of Nippon Empire*, transl. Shusaburo Hironaga and Eimei Kato（Osaka: The Osaka Mainichi and The Tokyo Nichi Nichi, 1940）, 1-2.［原著は藤谷みさを『皇国二千六百年史』（大阪、大阪毎日新聞社、東京日日新聞社、1940）］

53 Naoko Shibusawa, *America's Geisha Ally*（Cambridge: Harvard University Press, 2006）, 89.

54 アンドルー・ゴードンも日本の消費社会が戦争の時代をまたがって存在していたことを強調している。Andrew Gordon, "Consumption, Leisure, and the Middle Class in Transwar Japan," *Social Science Japan Journal* 10.1（2007）: 1-21 を参照。［邦訳はアンドルー・ゴードン「消費、生活、娯楽の『貫戦史』」（『日常生活の中の総力戦』〔岩波講座アジア・太平洋戦争第6巻、岩波書店、2006〕に所収）］

55 John Dower, "The Useful War," *Daedalus* 119.3（1990）, 53.

56 Mark Harrison, "The economics of World War II: An overview," in *Economics of World War II*, ed. Mark Harrison（Cambridge: Cambridge University Press, 1998）: 1-42 を参照。

57 T・A・ビソンは、日本による中国侵略を許容したかのようにみえる米国の貿易政策を批判した1940年の論考で、そうした事態を憤然と指摘している。T.A. Bisson, "American Trade and Japanese Aggression," *Annals of the American Academy of Political and Social Science* vol. 211（Sept. 1940）: 123-129 を参照。

58 日本近代史における「富国強兵」概念の重要性についてはRichard J. Samuels, *"Rich Nation Strong Army": National Security and the Technological Transformation of Japan*（Ithaca: Cornell University Press, 1994）を参照。

第1章

1 共同通信仙台支社編集部長（当時）の角田光男に感謝したい。2004年に彼は紀元二千六百年文化柱が現在も残っており、2040年になるまでカプセルが開けられないことを教えてくれた。

2 新聞之新聞編集部『紀元二千六百年文化柱総目録』(新聞之新聞社、1940年12月)。新聞之新聞社はほかに品目をリストアップした追加目録も発行しており、そこには提出期限後に送られてきたものが掲載されている。新聞之新聞編集部『紀元二千六百年文化柱総目録第2版』(新聞之新聞社、1941年8月)を参照。

3 『古事記』(712年)と『日本書紀』(720年)は、日本の起源と初期の歴史を描いた正典ともいうべき神話=歴史である。

4 高千穂峰は瓊《に》々《に》杵《ぎの》尊《みこと》が天から降臨するのに、もっともふさわしい場所と考えられていた。瓊々杵尊は天照大神の孫であり、皇統の創始者となった存在である。瓊々杵尊は初めて地上に降り立ち皇祖となった。

5 楠木正成は、14世紀に天皇親政を回復しようとした後醍醐天皇に仕えた忠臣としてもちあげられていた。

6 日本文化中央連盟が企画し、1940年を通して演じられた「肇国二千六百年演劇・音楽祭」の音楽、舞踊、演劇、映画については、国際報道工芸株式会社編『皇紀二千六百年奉祝芸能祭』(国際報道工芸株式会社、1942)を参照。

7 『ラヂオ年鑑』(1941) 6−16ページ。紀元二千六百年に関連して日本放送協会が放送した番組リストについては紀元二千六百年祝典事務局『紀元二千六百年祝典記録』第12巻43−99ページを参照。同じ内容はゆまに書房の復刻本では、第22巻55−111ページに収録されている。

8 ブルース・カミングスは北朝鮮による檀君神話の利用について、こう記している。「1993年9月、北朝鮮は米国を巻きこみながら進行している核危機をそっちのけにして、大々的な声明を発表した。平壌に近い場所で、檀君の墓と遺骨のかけらを発見したというのだ」。Bruce Cumings, *Korea's Place in the Sun* (New York: W.W. Norton & Company, 1997), 24 を参照。

9 石倉綾子「戦前思わせる、北朝鮮の生活」(2003年1月23日付「朝日新聞」名古屋版「声」欄)。この投書のことを知ったのは、Gavan McCormackの *Target North Korea: Pushing North Korea to the Brink of Nuclear Catastrophe* (New York: Nation Books, 2004), 183. [邦訳はガバン・マコーマック『北朝鮮をどう考えるのか』(吉永ふさ子訳、平凡社、2004)]を通じてである。記事を提供してくれた朝日新聞記者の河畠大四、石田祐樹に感謝したい。

10 公式の英訳は David J. Lu, *Japan: A Documentary History* Vol. 2 (Armonk, New York: M.E. Sharpe, 1997), 343-344 に収録されている。

11 朝鮮総督府文書課編『紀元二千六百年を迎への我等の覚悟(初等)』(京城、朝鮮総督府文書課、1940年3月)、ならびに朝鮮総督府文書課編『紀元二千六百年を迎への我等の覚悟(中等)』(京城、朝鮮総督府文書課、1940年3月)。幸運にも私はおそらく唯一の現存資料と思われるこの作文

集が都城図書館（宮崎県）に残っていることを突きとめることができた。

12 Wan-yao Chou, “The Kõminka Movement in Taiwan and Korea: Comparisons and Interpretations,” in *The Japanese Wartime Empire*, 1931-1945, eds. Peter Duus, Ramon Myers, and Mark Peattie（Princeton: Princeton University Press, 1996）: 40-68.

13 Richard E. Kim, *Lost Names: Scenes From a Korean Boyhood*（Berkeley: University of California Press, 1998）.［邦訳はリチャード・キム『名を喪って』（山岡清二訳、ユイプラン、2005）］

14 金時鐘『わが生と詩』（岩波書店、2004）4ページ。

15 同36ページ。

16 同89ページ。

17 同11ページ。

18 金昌國『ボクらの京城師範附属第二国民学校——ある知日家の回想』（朝日選書、2008）。

19 朝鮮総督府文書課編『紀元二千六百年を迎へての我等の覚悟（初等）』12ページ。

20 同89－90ページ。

21 第16代天皇とされる仁徳天皇は、5世紀のどこかの時点で国を統治したとみられている。1868年の明治維新後、幕府政治に対し天皇親政を回復しようとして失敗に終わった後醍醐天皇の試み（建武中興、1333－36）は、国史における画期的な時期としてもちあげられるようになった。和気清麻呂は8世紀に僧道鏡による皇位簒奪を防いだ忠臣としてもてはやされた。乃木将軍は1904年から翌年にかけ旅順のロシア軍を包囲し、1912年の明治天皇大喪の日に、古式に則って「殉死」した。

22 朝鮮総督府文書課編『紀元二千六百年を迎へての我等の覚悟（初等）』43ページ。

23 同9ページ。

24 「紀元二千六百年頌歌」の思い出にふれたものとして、瀬戸環、小島裕子編『むかし、みんな軍国少年だった——小2から中学生まで22人が見た8・15』（G・B、2004）63、98、198ページを参照。1940年当時、彼女たちは小学生だった。

25 朝鮮総督府文書課編『紀元二千六百年を迎へての我等の覚悟（初等）』22ページ。

26 同84ページ。

27 同4ページ。

28 同36ページ。

29 *Kokutai no hongi: Cardinal Principles of the National Entity of Japan*, transl. John O. Gauntlett and edited with an introduction by Robert K. Hall（Cam-

bridge: Harvard University Press, 1949), 59.［原著は『国体の本義』（文部省、1937）］

30 三浦藤作『国体の本義精解』（東洋図書、1940［初版は1937］）。

31 Dan Yazaki, "The Wartime Publishing Industry," *Contemporary Japan* 9.5(May 1940), 596.

32 同599.

33 Louise Young, *Japan's Total Empire: Manchuria and the Culture of Wartime Imperialism* (Berkeley: University of California Press, 1998), 88.［邦訳はルイーズ・ヤング『総動員帝国——満洲と戦時帝国主義の文化』（加藤陽子ほか訳、岩波書店、2001）］

34 "Magazine Business Under Emergency Control," *Contemporary Japan* 10. 11 (November 1941), 1477. これはその年の『出版年鑑』からの英訳だった。〔ここでは昭和16年版の『出版年鑑』（東京堂年鑑編輯部編、1941）12ページから直接引用した〕

35 この引用は『日常生活の中の総力戦』岩波講座第6巻123－52ページに収録された、日本語訳で発表されたゴードンの「消費、生活、娯楽の『貫戦史』」の未発表原文にもとづく。ゴードンは親切にも私にその原文を見せてくれた。のちにこの論考は改訂されて英文でも読めるようになった。Andrew Gordon, "Consumption, Leisure, and the Middle Class in Transwar Japan," *Social Science Japan Journal* 10.1 (2007): 1-21 を参照。

36 Yukio Noguchi, "The 1940 System: Japan under the Wartime Economy," *American Economic Review* (1998): 404-407.［野口悠紀雄『1940年体制』（東洋経済新報社、2002）を参照］

37 このとき教育者のあいだでは子供のイデオロギー的忠誠を形成することに、視覚文化が果たす役割について、ずいぶん論議がなされた。1940年8月、橿原建国会館で開かれた全日本図画教育大会に小学校と中学校の美術教師が集まり、京都大学教授、木村素衛（1895－1946）の話を聞いた。木村はみずからつくりあげた表現理論にもとづいて、視覚芸術がイデオロギー意識の形成に、重要な役割を果たすことを強調した。会議の記録によれば、この年の中心テーマはこの問題だったことがわかる。ほかの講演者も、美術教育が皇室への忠誠を養う役割を果たしていることを明言した。視覚の暗示が歴史的・イデオロギー的意識をつくりあげるという木村の見方は、記念碑や記念建造物などに適用することも可能だった。教育美術振興会編『全日本図画教育大会記録』（教育美術振興会、1940）103－28ページに収録されている木村素衛の「表現と自覚」を参照。

38 「たばこと塩の博物館」のコレクションによる。八木長三郎館長（当時）が2004年にコレクションのたばことマッチ箱を撮影し、本に収録する許可を与えてくれたことに感謝したい。

39 ほかの歴史学者ではアンドレ・シュミットがこの方向の歴史解釈に注目している。Andre Schmid, "Colonialism and the 'Korea Problem' in the Historiography of Modern Japan: A Review Article," *Journal of Asian Studies* 59.4 (2000), esp. 962-964.

40 榎本進一郎『紀元二千六百年記念』(大阪、大日本愛国絵本会、1940)。

41 『皇紀二千六百年奉祝記念国史絵巻』(講談社の絵本135)(1940年2月)。

42 Kitabatake Chikafusa, *A Chronicle of Gods and Sovereigns: Jinno shotoki of Kitabatake Chikafusa*, transl. H. Paul Varley (New York: Columbia University Press, 1980). [北畠親房『神皇正統記』(岩波文庫、1975)]

43 神武天皇聖蹟をめぐる争いで、ごく一例だが、県がおこなった調査として、奈良県『大和史跡臨地見学要綱』(奈良県、1938)を参照。

44 千田稔『高千穂幻想』(PHP新書、1999)。

45 鈴木良編『奈良県の百年』(山川出版社、1985)203－05ページ。*Nihongi: Chronicles of Japan from the Earliest Times to A.D. 697*, transl. W.G. Aston (Boston: Tuttle Publishing, 1972), 134. [『日本書紀』(岩波文庫、1994－95)。『日本紀』は『日本書紀』の別称]

46 皇祖聖蹟菟田高城顕彰会編(竹野次郎執筆)『神武天皇建国聖地内牧考』(皇祖聖蹟菟田高城顕彰会、1939)。菟田高城は奈良県の地名。[すなわち高倉山のこと]

47 高倉山への言及は *Nihongi: Chronicles of Japan from the Earliest Times to A. D. 697*, transl. W.G. Aston (Boston: Tuttle Publishing, 1972), 115 and 119-20.

48 サヌカイトは安山岩の一種。[黒曜石と同じく、黒いガラス質の石だが、発掘されたものは風化のため白くなっている]

49 大和は現在の奈良県のこと。

50 岡彩雲著『神武天皇と大和十津川』(十津川村史蹟顕彰会、1937)の市村其三郎の序文を参照。

51 文部省『神武天皇聖蹟調査報告』(文部省、1942)。

52 同7－21ページ。委員会に加わったほかの教授は三上参次(日本史、東京帝国大学名誉教授、1865－1939)、長沼賢海(日本史、九州帝国大学、1883－1980)、栗田元次(日本史、広島文理大学、1890－1955)、芝葛盛(日本史、学習院女子大学、1880－1955)、脇水鉄五郎(地理学、東京帝国大学名誉教授、1867－1942)、佐藤小吉(日本史、奈良女子高等師範学校)、辻村太郎(地理学、東京帝国大学、1890－1983)、藤田元春(日本史、第三高等学校、1879－1958)、西村真次(人類学、民俗学、早稲田大学、1879－1943)である。

53 *Nihongi: Chronicles of Japan from the Earliest Times to A.D. 697*, transl. W.G. Aston, 114.

54 神武天皇聖蹟の調査と制定にかかった費用は34万4827円83銭に達した。紀

元二千六百年祝典事務局『紀元二千六百年祝典記録』第8巻5ページを参照。ゆまに書房の復刻版では第15巻25ページに収録。

55 千田稔『高千穂幻想』112－17ページ。この記念碑はいまも立っている。

56 紀元二千六百年祝典事務局『紀元二千六百年祝典記録』第8巻516ページを参照。ゆまに書房の復刻版では第16巻48ページに収録。

57 金子淳は『博物館の政治学』(青弓社、2001) で、国史館の顚末を考察している。

58 『橿原道場施設概要』と題された当時の小冊子には、この複合施設の目的が「国民精神の昂揚強化」に寄与することだと記されている。甲佐知定編『橿原道場施設概要』(橿原道場、1941) 1ページ参照。

59 平井良朋編『目で見る橿原・高市の100年』(名古屋、郷土出版社、1993) 92ページ。

60 大和国史館編『大和国史館概説』(橿原道場、1943)。ほかに甲佐知定編『橿原道場施設概要』35－55ページを参照。

61 喜田貞吉『帝都』(日本学術普及会、1939)。

62 日本文化大観編修会『日本文化大観　第1巻歴史篇上巻』(紀元二千六百年奉祝会、1942)。

63 紀元二千六百年祝典事務局『紀元二千六百年祝典記録』第8巻568－69ページを参照。ゆまに書房の復刻版では第16巻102－03ページに収録。

64 宮地正人「『日本文化大観』編修始末記――天皇制ファシズムにおける文化論・文化史の構造」。論文は日本科学者会議編『「日本文化論」批判』(水曜社、1991) 186－223ページに所収。

65 阿部猛『太平洋戦争と歴史学』(吉川弘文館、1999) と坂詰秀一『太平洋戦争と考古学』(吉川弘文館、1997) には、学者が戦時期の日本に学問的に関与していく様子が描かれている。

66 西田直二郎『国史通記』(積善館、1940、第4版)。

67 紀元二千六百年奈良県奉祝会編、西田直二郎監修『大和二千六百年史』(奈良、紀元二千六百年奈良県奉祝会、1940)。

68 宮地直一校注、北畠親房『神皇正統記』(改造社、1940) ならびに宮地直一『神武天皇』(平凡社、1940)。

69 平泉澄『国史の眼目　其の一』(帝国在郷軍人会本部、1938)、平泉澄編『続日本紀　上巻』(大日本文庫刊行会、1938)、平泉澄『大日本史』(春陽堂書店、1937)。

70 山田孝雄の著作には以下のようなものがある (校訂も含む)。『古事記概説』(中央公論社、1940)、『肇国と建武中興との聖業』(白水社、1940)、『平田篤胤』(宝文館、1940)、北畠親房『神皇正統記』(校訂、岩波文庫、1940、第8版)、『国史に現れた日本精神』(朝日新聞社、1941)。

71 『ラヂオ年鑑』(1941) 12ページ。

72 冨山房国史辞典編纂部『国史辞典　第1～第4巻』（冨山房、1940－43）。
73 辻善之助『聖徳余光』（紀元二千六百年奉祝会、1940）。『聖徳余光』は参加者に寄贈された2巻本の第2巻である。もう1冊は歴代天皇による歌集で佐佐木信綱編『列聖珠藻』と題されていた。
74 中村直勝の著書には以下のようなものがある。『日本肇国の大精神』（海上国民精神総動員連盟、1938）、『吉野朝時代史通論』（日本放送出版協会、1941）、『北畠親房』（北海出版社、1937）、『国史通論』（星野書店、1937）。
75 平泉はイタリアのピエトロ・デ・フランチージやドイツのグスタフ・コッシーナ（1858－1931）と似たところがある。フランチージのことを歴史学者のロムケ・ビサーは「もっとも歯に衣着せぬイデオロギー的な形態をとったローマ魂の高僧」と評している。コッシーナは1931年に亡くなるが、彼の著作はナチスの民族史観を形づくった。イタリアの場合については、Romke Visser, "Fascist Doctrine and the Cult of the Romanità," *Journal of Contemporary History* 27. 1（1992）: 5-22 を参照。コッシーナがナチスの民族観に大きな影響を与えたことや、彼の学者としての経歴が、ヒムラーやローゼンベルクといったナチス高官への協力によって支えられていたことについては、Henning Habmann, "Archaeology in the Third Reich," in *Archaeology, Ideology and Society: The German Experience*, ed. Heinrich Harke（New York: Peter Lang, 2000）: 65-139 を参照。ほかに Karen Schonwalder, "The Fascination of Power: Historical Scholarship in Nazi Germany," *History Workshop Journal* 43（1997）: 133-153 を参照。
76 高群逸枝『女性二千六百年史』（厚生閣、1940）。
77 さらなる背景と分析については E. Patricia Tsurumi, "Feminism and Anarchism in Japan: Takamure Itsue, 1894-1964," *Bulletin of Concerned Asian Scholars* 17.2（1985）: 2-19 を参照。
78 大川周明『日本二千六百年史』（第一書房、1940）。
79 Eiji Oguma, *A Genealogy of 'Japanese' Self-Images*（Melbourne: Trans Pacific Press, 2002）, 286 and 295.［原著は小熊英二『単一民族神話の起源――〈日本人〉の自画像の系譜』（新曜社、1995）］
80 中村直勝校閲、藤谷みさを著『皇国二千六百年史』（大阪、大阪毎日新聞社、東京日日新聞社、1940）。英語版は Fujitani Misao, *2600 Years of Nippon Empire*, transl. Shusaburo Hironaga and Eimei Kato（Osaka: the Osaka Mainichi and The Tokyo Nichi Nichi, 1940）.
81 Fujitani, *2600 Years of Nippon Empire*, 1-2.［原著は総ルビ］
82 Emilio Gentile, *The Sacrilization of Politics in Fascist Italy*（Cambridge: Harvard University Press, 1996）, 28.
83 日本の女性史についての高群の記述は、いささかこの路線を逸脱している。
84 Fujitani, *2600 Years of Nippon Empire*, 77-78.［原著71－72ページ］

85 同3-4.

86 同32.［原著29ページ］

87 Bernard Mees, “Hitler and Germanentum,” *Journal of Contemporary History* 39,3（2004）: 255-270.

88 アーリア人宣誓供述書とナチの「血統政策」については、Deborah Hertz, “The Genealogy Bureaucracy in the Third Reich,” *Jewish History* 11.2（1997）: 53-78 を参照。

89 Fujitani, *2600 Years of Nippon Empire*, 110-111.［原著101－02ページ］

90 Friedemann Scriba, “The Sacralization of the Roman Past in Mussolini's Italy. Erudition, Aesthetics, and Religion in the Exhibition of Augustus' Bimillenary in 1937-1938,” *Storia della Storiografia* 30（1996）, 19. ロマニタというのは、「古代ローマ人らしさ」「古代ローマ魂」のことである。

91 Scriba, “The Sacralization of the Roman Past in Mussolini's Italy. Erudition, Aesthetics, and Religion in the Exhibition of Augustus' Bimillenary in 1937-1938,” 21.

92 Gentile, *The Sacrilization of Politics in Fascist Italy*, 117.

93 Marla Stone, “A flexible Rome: Fascism and the cult of romanità” in *Roman Presences: Receptions of Rome in European Culture, 1789-1945*, ed. Catherine Edwards（New York: Cambridge University Press, 1999）, 207.

94 『日伊学会会報』第４号（1939年４月－1940年６月号）33ページ。この展覧会は八つの部門に分かれ、古代ローマは呼び物のひとつだった。二つの部門が観光に割かれている。

95 Habmann, “Archaeology in the Third Reich,” 114.

96 Stanley Karnow, *Vietnam: A History*（New York: Penguin, 1997）, 127.

第２章

1 建国祭本部『紀元二千六百年建国祭記録』（建国祭本部、1940）11－12ページ。［永田秀次郎は内務官僚、東京市長、貴族院議員などを歴任、紀元二千六百年では大きな役割を果たした］

2 紀元二千六百年祝典事務局『紀元二千六百年祝典記録』第13巻362ページ。ゆまに書房の全巻復刻版では第23巻388ページ。

3 江戸東京博物館所蔵。

4 1940年の天長節の行事はとりやめになっている。前月に昭和天皇の叔母にあたる竹田宮妃昌子が死去し、天皇が喪に服していたからである。しかし、41年以降は定時の儀礼がおこなわれたことはたしかである。

5 だが、1943年以降、帝国臣民は12月12日午後１時22分に、天皇が42年のこの日時に伊勢神宮で祈りを捧げたことを記念して、黙禱するよう求められ

た。

6 この広告の決め手になる文句は「万歳奉唱はラジオで一斉に」だった。

7 たとえば、1940年の『満洲放送年鑑』には朝鮮の主要都市で流されていた典型的な朝の番組表が掲載されている。それによると、午前7時と7時50分に聴取者は宮城遥拝を指示されていた。『満洲放送年鑑』(1940年) 251ページを参照。

8 皇帝溥儀が日本側顧問の助言によって、満洲国で天照大神を祭る決断をするにいたった背景については児島襄『満州帝国』第2巻(文藝春秋、1975)の262-87ページを参照。

9 原武史「戦中期の〈時間支配〉」を参照。『みすず』521号(2004年) 28-44ページを参照。

10 満洲国政府が満洲国の伊勢神宮ともいうべき建国神廟と、満洲国の靖国神社というべき建国忠霊廟の建設に着手するという決定は、7月16日付の満洲日日新聞で詳細に紹介されている。皇帝溥儀が日本の祝日にあわせて、たとえば2月11日の紀元節などの重要な国民の祝日に、これら二つの神社で儀式をとりおこなうことも明記されている。

11 藤田宗光『橿原神宮と建国奉仕隊』(阪神急行電鉄百貨店部、1940) 22ページ。

12 紀元二千六百年祝典事務局『紀元二千六百年祝典記録』第8巻289ページ。ゆまに書房の全巻復刻版では第15巻395ページ。

13 天皇陵の治定に関しては茂木雅博『天皇陵の研究』(同成社、1990)を参照。

14 1940年9月1日に、大阪朝日新聞と東京朝日新聞は、朝日新聞という名前で新聞の題号を統一することになる。

15 藤田宗光『橿原神宮と建国奉仕隊』29-30ページ。

16 畝高七十年史編纂委員会『畝高七十年史』(橿原、奈良県立畝傍高等学校、1967) 128ページ。そのほか紀元二千六百年奈良県奉祝会『かがやく紀元二千六百年』(紀元二千六百年奈良県奉祝会、1940) 206ページを参照。

17 公式の統計によると、勤労奉仕に4676人が朝鮮からやってきたという。大阪府(49万8907人)、奈良県(41万671人)、京都府(12万6039人)の上位三つに比べると、ずっと少ないが、たとえば東京府(4657人)、神奈川県(2903人)など、内地の4分の3の都道府県より、その数は多かった。

18 奉仕隊に参加した人の職業については藤田宗光『橿原神宮と建国奉仕隊』31ページを参照。畝高七十年史編纂委員会『畝高七十年史』80-86ページの写真をみれば、勤労奉仕が多様であることがわかる。

19 『大日本紀元二千六百年奉賛橿原神宮御造苑奉仕満洲帝国協和青年奉仕隊記』(新京、満洲帝国協和会、1940)。私の知るかぎり、橿原神宮の文書館に保管されているものが現存する唯一の資料である。

20 同12ページ参照。協和青年奉仕隊には追加の儀礼が課されていたことがわかる。15－19ページには奉仕隊の日程表、21－73ページには詳細な日誌が記録されている。

21 藤田宗光『橿原神宮と建国奉仕隊』1ページ。

22 Ronald Suleski, "Northeast China Under Japanese Control: The Role of the Manchurian Youth Corps, 1934-1945," *Modern China* 7.3(1981): 351-377 ならびに Ronald Suleski, "Reconstructing Life in the Youth Corps Camps of Manchuria, 1938-45: Resistance to Conformity," *East Asian History* 30 (December 2005): 1-24.

23 帝国労働奉仕団は、1934年のニュルンベルク党大会を撮影したプロパガンダ映画『意志の勝利』に華々しく登場している。

24 Gavan McCormick, "Manchukuo: Constructing the Past," *East Asian History* 2 (1991), 115-116. 協和会について、とりわけ詳しく論じたものとしては、平野健一郎「満州国協和会の政治的展開――複数民族国家における政治的安定と国家動員」(『年報政治学』［日本政治学会、1972］231－83ページ)を参照。

25 Kiran K. Patel, *Soldiers of Labor : Labor Service in Nazi Germany and New Deal America, 1933-1945* (Cambridge: Cambridge University Press, 2005), 98.

26 藤田宗光『橿原神宮と建国奉仕隊』23ページ。

27 同32ページ。

28 Gregory Kasza, "War and Welfare Policy in Japan," *Journal of Asian Studies* 61.2 (May 2002): 417-435　を参照。

29 紀元二千六百年祝典事務局『紀元二千六百年祝典記録』第1巻92－93ページ。ゆまに書房の全巻復刻版では第1巻118－19ページ。

30 要請に関しては『紀元二千六百年』第1巻9号（1938年9月号）22－23ページを参照。献金者については『紀元二千六百年』第2巻1号（1939年1月号）30－31ページを参照。

31 『紀元二千六百年』第3巻4号（1940年4月号）12ページ。

32 『紀元二千六百年』第3巻6号（1940年6月号）23ページ。紀元二千六百年奉祝会だけが祖国と記念事業のために募金をつのっていたわけではない。建国祭本部の1940年の建国祭報告書には、4ページにわたって献金者の名前が掲載されている。彼らの献金によってその年の祭を盛大におこなうことができたのである。建国祭本部『紀元二千六百年建国祭記録』(建国祭本部、1940）136－40ページ参照。個人の金額や献金の総額は示されていない。帝国在郷軍人会は独自に、橿原神宮への献米をつのる運動を組織した。最大ではないかもしれないが、橿原神宮が紀元二千六百年の熱狂によって大きな恩恵を受けたことはまちがいない。キャンペーンの詳細については、『写真週報』97（1940年1月3日号）を参照。

33 倉田喜弘『日本レコード文化史』(東京書籍、1992) 202－03ページを参照。

34 Mikitaro Miho, "Gramophones and Record Music in Japan," *Contemporary Japan* 9.1 (January 1940), 68.

35 小学生向けに手直しされた「愛国行進曲」を踊るための細かいステップが『紀元二千六百年』第1巻6号 (1938年7月号) 29ページに図示されている。

36 同第3巻4号16－17ページ。

37 E. Taylor Atkins, *Blue Nippon: Authenticating Jazz in Japan* (Durham: Duke University Press, 2001).

38 Barak Kushner, *The Thought War: Japanese Imperial Propaganda* (Honolulu: University of Hawai'i Press, 2006), 87.

39 倉田喜弘『日本レコード文化史』196－208ページと Miho, "Gramophones and Record Music in Japan," 61-71を参照。

40 たとえば、コロムビアがこの新曲を紹介するために11月7日付の大阪朝日新聞に打った広告を参照。

41 倉田喜弘『日本レコード文化史』204ページ。

42 ノンブルはないが、以下の写真アルバムを参照。紀元二千六百年鹿児島県奉祝会『記念写真帖』(紀元二千六百年鹿児島県奉祝会、1940)。

43 5月19日の記事によると、「日、鮮、満、露、蒙」の五族から選抜するとされている。

44 1等、2等、3等の入賞者については「紀元二千六百年奉祝会長近衛文磨閣下出題二千六百年奉祝綴方入選発表」。『少女倶楽部』(1940年5月号) 92－98ページ。

45 1940年の *Nippon* 21号に掲載された広告による。

46 Sandra Collins, "The 1940 Olympics: Imperial Commemoration and Diplomacy," *International Journal of the History of Sport* 24.8 (2007): 977-1002. この特集号のタイトルは、*The 1940 Tokyo Games: The Missing Olympics, and the Olympic Movement* となっている。

47 国際文化振興会『日本文化の特質――紀元二千六百年記念国際懸賞論文集』(日本評論社、1941)

48 同416ページ。

49 1940年1月2日付大阪朝日新聞。

50 1940年4月17日付大阪朝日新聞。

51 1940年3月27日、28日付大阪朝日新聞。

52 1940年1月1日付京城日報。

53 "Department Stores and Business," *Oriental Economist* 7. 12 (December 1940), 706.

54 朝日新聞社『満洲国』(朝日新聞社、1940)。この本にはノンブルがないが、

23ページあとの最終ページには奥付がある。

55 "Today's Tokyo in Pictures," *Nippon* 23 (1940), 16.

56 "Recent National Income Figures," *Oriental Economist* 7.3 (March 1940), 138. この短い記事によると、日本内地の１人当たり国民所得は1939年の350円から減少している。最近の論考で原朗は1940年に日本内地の１人当たり所得を312円と計算している。Akira Hara, "Japan: guns before rice," in *The economics of World War II*, ed. Mark Harrison (Cambridge: Cambridge University Press, 1998), 227.

57 "Today's Tokyo in Pictures," 16.

58 『紀元二千六百年』第２巻５号（1939年５月号）18ページ

59 『肇国精神の発揚――紀元二千六百年奉讃展覧会目録』（大阪［難波］高島屋、1939年５月14日－25日）。

60 展覧会の絵は、紀元二千六百年祝典事務局『紀元二千六百年祝典記録』第11巻348－349ページに掲載されている。ゆまに書房の全巻復刻版では第20巻364－365ページ。展覧会を企画するにあたって、紀元二千六百年奉祝会は辻善之助を中心とする学者グループに依頼して、「肇国創業絵巻」の場面を選んでもらい、同時にその絵柄の説明を書いてもらった。横山大観（1868－1958）をはじめとする著名な画家が11枚の画面の制作を依頼され、皇朝の礎を築いた神武天皇の東征のような重要場面を描いた。紀元二千六百年奉祝会はほかにも別の学者グループに依頼して、ジオラマの構成を監修してもらった。こちらのほうの委員も兼ねていた辻は、ジオラマ作りでも大きな役割を果たしたと思われる。ただし正式の委員長は元東京美術学校校長の正木直彦（1862－1940）だった。

61 京城では、展覧会を主催した丁子屋が、展覧会の広告で、「紀元二千六百年奉祝歌」の各社レコードを協賛で売り出すと宣伝している。1940年２月７日付京城日報を参照。

62 長嶋圭哉「〈肇国創業絵巻〉の研究」（『藝叢』17号［2000年］79ページ）を参照。

63 Takashi Hirano, "Retailing in urban Japan, 1868-1945," *Urban History* 26.3 (1999), 387-88.

64 「国土」というのは、国の現勢や風土という意味で用いられていた。

65 以下の個別の展覧会の記述は、紀元二千六百年祝典事務局『紀元二千六百年祝典記録』第11巻446－53ページにもとづく。ゆまに書房の全巻復刻版では第21巻30－37ページ。「我等の生活」の「新生活部」は、当時の日本人の生活様式に焦点をあてており、日常生活改善運動の一環として、衣服や食事、住宅問題の意識向上を目標としていた。「新生活部」は長いあいだ国民生活を形づくってきた伝統の美と、急速に躍進した日本の新しい生活を調和させる方法を提示しようとするもので、都市、農村、大陸の三つ

の部門に分けられていた。都市の部門では改良住宅の模型がつくられ、団欒する一家と科学的・合理的な生活を想像させる場面が展示されていた。農村の部門では改良農村住宅の設計に加えて、村の経済と生活の合理化を紹介したジオラマがつくられていた。そして大陸部門では、新東亜の発展に貢献している満洲の日本人開拓移民の姿が展示されていた。

66 H・D・ハルトゥニアンとテツオ・ナジタによる論考「西洋に対する日本の反抗」は、次のように指摘する。「力説されたのは、日本が世界の文明に特別な貢献を果たしているということだった。だが、この主張は1920年代後半から30年代初めの政治的環境のなかで、たちまち日本の独自性という問題へと矮小化されていった。多くの人は、東洋と西洋の最善を取ることによって、日本は新たなコスモポリタン的な文化を獲得するだろうと信じていた。この前例のない総合の達成が認められたあとにつづいたのが、日本はアジアでのリーダーシップを引き受ける独自の資格をもつという考え方だった。とはいえ、そう論じる人たちは、実はできることなら、そうすべきだと言いつのっていたにすぎないのである。初期のコスモポリタニズムは、文化的多様性と、人は同じという原則にもとづく対等性を、理念として促進しており、それが例外主義の過剰な要求を抑制する役割を果たしていた。ところが、1930年代の新たな文化一元主義（カルチュラリズム）は、日本には、西洋近代自体を超える高次の文化的総合に向けて世界を引っ張っていく使命があると主張したのである」。H.D. Harootunian and Tetsuo Najita, "Japanese Revolt Against the West," in *the Cambridge History Of Japan* vol. 6, ed. Peter Duus（Cambridge: Cambridge University Press, 1988), 712　を参照。

67 Jeffrey Herf, *Reactionary Modernism: Technology, culture, and politics in Weimar and the Third Reich*（Cambridge: Cambridge University Press, 1984). ［邦訳はジェフリー・ハーフ『保守革命とモダニズム——ワイマール・第三帝国のテクノロジー・文化・政治』（中村幹雄ほか訳、岩波書店、1991)］

68 Mark Neocleous, *Fascism*（Minneapolis: University of Minneapolis Press, 1997), esp. chp 4.

69 紀元二千六百年祝典事務局『紀元二千六百年祝典記録』第11巻458ページ。ゆまに書房の全巻復刻版では第21巻42ページ。

70 『紀元二千六百年奉祝海外同胞東京大会報告書』（海外同胞中央会、1941）54－56ページ。

71 Barbara Sato, *The New Japanese Woman: Modernity, Media, and Women in Interwar Japan*（Durham: Duke University Press, 2003), 159 からの引用。［この表現は『主婦之友』1940年９月号の細川武子と丹羽よしの対談「事変下に良縁を得る秘訣」に出てくる（同92ページ）。細川が「結婚も、個人的の幸福を基にしての良縁ということは考えられなくなりましたね」と発言

するのを受けて、丹羽が「今はもう、日本の国を強くするための立場から見ていい結婚こそ、良縁と考えねばならないときになりました」と答えている。翻訳では英文のまま訳出した]

第3章

1 高木博志「国際観光と札幌観光協会の成立」。所収は田中彰編『近代日本の内と外』(吉川弘文館、1999) 321ページ。デービッド・レヘニーは、外貨を落とす外国人観光客に対する日本の旅行会社の働きかけについて考察しているが、本書が取りあげた国内観光や帝国内観光について論じているわけではない。David Leheny, "'By Other Means': Tourism and Leisure as Politics in Pre-War Japan," *Social Science Japan Journal* 3.2 (2000): 171-86 を参照。

2 「日本遊覧旅行地図」。これは『キング』1936年8月15日特別号の付録。

3 カウフハウス・デス・ウェステンスについては、Kristin Semmens, *Seeing Hitler's Germany: Tourism in the Third Reich* (New York: Palgrave Macmillan, 2005), 159 を参照。

4 安達忠一郎編『肇国の聖蹟を巡る』(大阪、大阪電気軌道株式会社百貨店部、1940)

5 ジャパン・ツーリスト・ビューロー(日本旅行協会)『旅程と費用概算』(博文館、1939) 881－85ページ。

6 橋爪克己「ナチ観光政策に学ぶもの」(『観光』第8巻4号[1940年11月号] 34ページ)を参照。1940年に『観光』に寄稿した論者は、ソ連、米国、カナダなどの観光産業に関しても、さまざまな側面を分析している。

7 Semmens, *Seeing Hitler's Germany*, 18.

8 Earl Kinmonth, "The Impact of Military Procurements on the Old Middle Classes in Japan, 1931-1941," *Japan Forum* 4.2 (1992): 247-65.

9 Carveth Wells, *North of Singapore* (New York: Robert M. McBride and Company, 1940), 41. この一節は「毛深いアイヌのなかで」という章の冒頭。この章にはウェルズがアイヌの白老村を訪れたときの様子がつづられている。ウェルズが用いている「毛深いアイヌ」という言い方は、当時アイヌを侮辱するものであり、現在では不適切である。しかし、ウェルズは、そのころ日本の観光協会や旅行会社がアイヌの見られる場所に観光客を引き寄せるために、しばしば無神経に用いていた文句をうのみにしたようである。

10 数多くあるうちで一例を挙げると、サンパウロの日本人社会からも観光団が送りこまれている。その参加者は主に観光で収入を得ているブラジルの日系人で、紀元二千六百年に際して、祖国を訪問したのである。香山六郎

『香山六郎回想録』（サンパウロ、香山六郎回想録刊行委員会、1976）407－08ページ参照。

11 『観光ニュース』（1940年1月号）最後から2ページ目。この会報は大阪鉄道局が発行していた。募集が最初に発表されたのは『観光ニュース』71号（1939年11月）。

12 日本交通公社社史編纂室『日本交通公社七十年史』（日本交通公社、1982）78ページ。鉄道省大阪鉄道局の発行している会報の記事によると、団体で聖蹟めぐりをする場合は、以下のような割引を利用することができた。25人以上1割引、50人以上1割5分引、100人以上2割引、200人以上2割5分引、400人以上3割引。この記事で聖蹟として挙げられているのは橿原神宮、伊勢神宮、桃山御陵などである。「紀元二千六百年聖地参拝団体輸送」（『観光ニュース』71号［1939年11月、ノンブルなし］）。

13 『観光』第8巻第1号（1940年1月号）には、日本の観光機関の組織図が掲載されており、その順番は鉄道省、国際観光局、日本旅行協会となっている。

14 Semmens, *Seeing Hitler's Germany*, 48.

15 高千穂奉祝会『聖地高千穂』第2輯「日向高千穂を主題とせる全日本写真競技大会入選作品」（1940年）。ジャケットのなかには絵葉書が12枚はいっている。しかし、1940年の時点では天孫降臨の場所はまだ決着がついていなかった。高千穂奉祝会は宮崎県北部の高千穂町にあり、宮崎県自身がここを天孫降臨の地として宣伝していた。しかし公式に認定されていなかったとはいえ、天孫降臨の候補地の一つとして、観光客が多く訪れていた。その正確な場所がどこであれ、高千穂を日本誕生の場所として聖地化する過程は、明治維新以前から始まっている。しかし、学校の国定教科書などで高千穂が正式に認められるのは明治になってからである。千田稔は、小学校の生徒が1893年以来祝日に歌わされていた歌「紀元節」によって、高千穂が皇国史のなかで特別の重要性をもつようになる経緯を追っている。千田稔『高千穂幻想』（ＰＨＰ新書、1999）20－21ページを参照。［小学唱歌の「紀元節」は「雲にそびゆる高ちほの」という一節から始まる］

16 当時、日本の起源を学ぶのに重要だとされていた史跡への大衆的観光をあおっていたのが、鉄道省と日本旅行協会による広告である。このことを考えると、マリリン・アイビーが次のように論じているのは、はたして正しいのかどうかという疑問が出てくる。彼女は日本の国鉄（当時）がおこなった1970年代の「ディスカバー・ジャパン」というキャンペーンを深く分析し、「ディスカバー・ジャパンは、日本人に失われつつある前近代を見つけさせせようとする、初めての派手な大衆キャンペーンだった」と述べているからである。Marilyn Ivy, *Discourses of the Vanishing*（Chicago: University of Chicago Press, 1995）, 34 を参照。

17 この問題をはじめて扱った日本語文献としては丸山宏『近代日本公園史の研究』(京都、思文閣出版、1994) がある。しかし、本格的な英語文献はまだ現れていない。

18 宮崎市史編纂委員会『宮崎市史』(宮崎、宮崎市役所、1959) 816ページ。

19 当時の時刻表が復刻されている。ＪＴＢ『時刻表復刻版　戦前・戦中編』(ＪＴＢ、1999) 124ページ。

20 1934年1月30日付宮崎新聞。宮崎市観光協会は2種類のポスターを配布した。一つは宮崎神宮（神武天皇が祭られている)、もうひとつは鵜戸神宮（神武天皇の父が祭られている）を紹介したものである。宮崎市観光協会が長崎で開かれた国際観光産業博覧会にブースを出した件については、1934年3月8日付宮崎新聞を参照。

21 国分種徳（犀東)、大佛次郎、田中純『神国日向』(九州風景協会、1934)。

22 松平頼寿は高松藩主の末裔で、伯爵、第6代貴族院議長を務めた。

23 寄付者の名簿（寄付金額も）については、宮崎県、神武天皇御東遷記念二千六百年祭全国協賛会『神武天皇御東遷記念二千六百年祭寄附者名簿』(宮崎、宮崎県、神武天皇御東遷記念二千六百年祭全国協賛会、1934) を参照。

24 しかし、これらの史跡は、神武天皇聖蹟調査委員会から公認のお墨付きをもらえなかった。

25 神武天皇御東遷記念二千六百年祭全国協賛会の活動については宮崎県神武天皇御東遷記念二千六百年祭全国協賛会『神武天皇御東遷記念二千六百年祭事業大要』を参照。

26 宮崎県『日向の聖地伝説と史蹟』(宮崎、宮崎県、1934)。

27 当然かもしれないが、日本で最初の観光バスが定期化したのは東京で、その始まりは1918年。江戸東京博物館編『美しき日本――大正昭和の旅展』(江戸東京博物館、2005) 12ページ。

28 1934年10月1日付宮崎新聞。宮崎バスの創設者、岩切章太郎は宮崎の観光産業の発展に尽力した人物として知られている。宮崎県の観光産業の発展について、さらに知りたい場合は宮崎市観光協会『みやざきの観光物語』(宮崎市観光協会、1997) 23ページを参照。

29 神武天皇御聖蹟美々津地方顕彰会『聖郷美々津』(神武天皇御聖蹟美々津地方顕彰会、1939) 1－4ページ。

30 黒木晩石『美々津郷土誌』(講談社、1980) 122ページ。

31 1934年6月19日付宮崎新聞。「日向路巡り　観光団の殺到」という見出しのついたこの記事は、東京から247人、名古屋から500人、徳島から40人の団体が翌日宮崎を訪れることになっており、これを一般的な傾向だと強調している。「7月までに宮崎通過」という同年8月17日付の記事、「観光の秋」という9月24日付の記事も宮崎の観光ブームを伝えている。

32 1934年7月13日付宮崎新聞。

33 宮崎市史編纂委員会『宮崎市史』834ページ。

34 Joshua Hagen,"The Most German of Towns: Creating an Ideal Nazi Community in Rothenburg ob de Tauber," *Annals of the Association of American Geographers* 94.1 (2004): 207-227.

35 Semmens, *Seeing Hitler's Germany*, 68.

36 宮崎市史編纂委員会『宮崎市史』833ページ。

37 急速な回復を示すさまざまな統計については高岡裕之「観光・厚生・旅行」を参照。所収は赤澤史朗、北河賢三編『文化とファシズム』9－52ページ。

38 「幕末烈士」の巻は、最初「祖国認識旅行叢書」として出版され、その序文は、この叢書が国民精神総動員運動にちなんで発行されることを強調している。鉄道省『幕末烈士の遺蹟』(博文館、1938)を参照。

39 鉄道省『肇国の聖蹟』(博文館、1939)。これは「祖国認識旅行叢書」の第9輯にあたる。

40 「日向を語る」の掲載は『旅』第16巻第11号(1939年11月号)80－87ページ。

41 Joshua Fogel, "Yosano Akiko and Her China Travelogue of 1928," in *Travels in Manchuria and Mongolia*, transl. Joshua Fogel (New York: Columbia University Press, 2001) 4.

42 『旅』第16巻第11号87ページ。

43 1930年代にジャパン・ツーリスト・ビューローは東北地方の民俗ツアーの魅力を宣伝していた。東北は日本でもっとも貧しく遅れた地域で、その状況にかえってひかれた都会人が「ほんものの」田舎の習慣を味わおうとしていたのである。

44 Yanagi Sōetsu, "Where to Find Real Japan," *Contemporary Japan* 9.7 (July 1940), 888. 柳宗悦のエッセイはもともと『文藝春秋』1940年6月号に掲載されたものである。[英文のタイトルは「どこに真の日本を見つけるか」。訳書の引用は『文藝春秋』のオリジナル原稿「地方性の文化的価値」にもとづく。『柳宗悦全集』第9巻(筑摩書房、1980)に所収]

45 1940年2月12日付大阪朝日新聞夕刊に掲載された募集広告を参照。

46 「日向を語る」。『霧島』第6巻第2号(1939年12月号)2－30ページ。出版物の一覧は30ページに載っている。

47 西条八十「肇国の聖地巡礼」。掲載は『婦人倶楽部』第21巻1－3号(1940年1－3月号)。第1信52－79ページ、第2信68－75ページ、第3信70－79ページ。

48 ジャパン・ツーリスト・ビューロー(日本旅行協会)『神武天皇の御聖蹟——日向から大和へ』(ジャパン・ツーリスト・ビューロー、1940)

49 鉄道省『聖地古日向』(博文館、1940)。
50 『風景』第7巻11号(1940年11月号)。
51 黒田鵬心「霊峰高千穂と附近の神蹟」。掲載は『風景』第7巻11号6ページ。
52 日本観光事業研究所『日本観光年鑑』(日本観光事業研究所、1941) 289－96ページ。日本観光事業研究所は長く存続しなかったらしく、年鑑は1941年しか発行されていない。この年鑑は1940年の日本の観光を知るうえで貴重な資料となっている。
53 これは大阪、東京、その他の地方版を合わせた総発行部数である。社史編纂委員会『毎日新聞七十年』(毎日新聞社、1952) 613ページを参照。
54 『ラヂオ年鑑』(1941年) 7ページ。
55 再現に関する記述は、主に黒木晩石『美々津郷土誌』126－40ページと、日向市『家族の数だけ歴史がある――日向写真帖』(日向市、2002) 166－228ページにもとづく。
56 古川隆久『皇紀・万博・オリンピック』157－64ページ。1968年に相川勝六は「平和の塔」の建設計画についての回想を発表している。相川勝六「八紘基柱――平和塔の由来」を参照。掲載は『白樺ポリティクス』第9号(1968年) 1－33ページ。天理大学教授のウォルター・エドワーズは親切にもこの相川の回想を紹介してくれただけではなく、私が宮崎を訪問調査する際にも多大な便宜をはかってくれた。
57 「平和の塔の史実を考える会」の杉尾哲哉、児玉武夫、税田啓一郎をはじめとする会員の方々に感謝したい。この方々は私に塔の内部を見る便宜をはかってくれただけでなく、この塔の建設に用いられた石の多くが、アジア大陸の名所(たとえば万里の長城)からもってこられたことを詳しく説明してくれた。この塔についてさらに知るには、「平和の塔」の史実を考える会編『石の証言――みやざき「平和の塔」を探る』(本多企画、1995)を参照。
58 宮崎市史編纂委員会『宮崎市史』834ページ。ここに示されている1934年、1939年、1940年の数字には、修学旅行で宮崎県を訪れた児童の数も含まれている。
59 宮崎市観光協会『みやざきの観光物語』26ページ。
60 奈良県は吉野熊野国立公園にまたがる3県のひとつ。
61 近代になる前は、周期的に伊勢神宮へのおかげまいりの波があった。明治維新直前には、3月から8月のあいだに、推定で450万人の巡拝者が伊勢を訪れている。Marius Jansen, "Japan in the early Nineteenth Century," *The Cambridge History of Japan* vol. 5, ed. Marius Jansen (New York: Cambridge University Press, 1989), 64-65 を参照。
62 伊勢市産業部観光課『平成四年伊勢市観光統計』(伊勢、伊勢市産業部観

光課、1993） 9ページ。原武史のおかげで、この資料を知ることができた。

63 高岡裕之「観光・厚生・旅行」。所収は赤澤史朗、北河賢三『文化とファシズム』32ページ。

64 奈良を観光都市として考察した1942年の論考で、堀井甚一郎（1902年生まれ）は、奈良県観光協会から提供された統計を用いて、1940年の奈良県への観光客を日帰り客（3690万人）と宿泊客（140万人）に分類している。日帰り客のうち団体は770万人、個人客は2920万人だった。宿泊客は90万4000人が団体で、51万4000人が個人だった。堀井甚一郎「観光都市としての奈良」を参照。所収は仲川明・森川辰蔵編『奈良叢記』（大阪、駸々堂書店、1942）324－29ページ。

65 1940年1月13日付京城日報。この年、京城日報は同紙の二千六百年奉祝記念として29人の生徒を全額同社負担で朝鮮から聖地巡礼に送りだした。4月19日付の同紙記事を参照。

66 長田かな子「京城の女学生」を参照。所収は女たちの現在を問う会『銃後史ノート』（復刊3号、特集「『紀元二千六百年』の女たち」、1982年9月）34－35ページ。修学旅行は観光と密接に関係する習慣で、それが日本人のあいだに国史を広く植えつける役割を果たしたことは、興味をそそるテーマだが、いまのところさほど深く研究されていない。日本人の国民意識を形づくった修学旅行の役割について研究しようとしたとき、京都大学教授の高木博志が手がかりとなる資料を示してくれた。それが日本修学旅行協会編『修学旅行のすべて　全編　明治から終戦まで』（日本修学旅行協会、1987）である。この通年史によれば、学校の旅行が20世紀の最初の20年間に定着し、広まったことがわかる。1940年には修学旅行を計画する先生と引率者のための詳しいガイドブックもすでにできており、おそらくその始まりは1910年代もしくは20年代だったと思われる。40年時点の実際については、三省堂が地域別に発行していたシリーズを参照。40年に近畿・関西方面の修学旅行用として出していたガイドブックに三省堂旅行案内部編『近畿・関西修学旅行のしおり』（三省堂、1940）がある。

67 外国人観光客は日本のどの観光地にも大して引きつけられなかったし、当時の英語のガイドブックにも感心しなかった。たとえばアイザワ・アイサブロウによる1937年の奈良ガイドブックも、そこが面白そうな場所のように書かれていなかったのである。Aisaburo Aizawa, *A Complete Guide to Nara*（Nihon ryokō kyōkai, 1937）を参照。

68 鈴木良ほか『奈良県の百年』（山川出版社、1985）209－10ページ。

69 前圭一『奈良——天皇の代替り儀式と「建国の聖地」』（あずみの書房、1990）の特に7－19ページ。

70 高木博志「文化財の近代」。所収は『日本の国宝』110（朝日新聞社、1999年4月11日）308－12ページ。

71 高木博志『近代天皇制と古都』（岩波書店、2006）55ページ。

72 Akiko Takenaka, “Architecture for Mass Mobilization: The Chureito Memorial Construction Movement, 1939-1945,” in *The Culture of Japanese Fascism*, ed. Alan Tansman（Durham: Duke University Press, 2009）: 235-253. アラン・タンスマンの好意により、私は原稿段階の論文集を送ってもらい、執筆に際してこれを読むことができた。

73 古川隆久『皇紀・万博・オリンピック』85－94ページ。

74 高岡裕之「観光・厚生・旅行」。所収は赤澤史朗、北河賢三『文化とファシズム』16ページ。

75 『観光の大和』第１巻第１号（1938年１月）１ページ。

76 同62ページ。

77 Takagi Hiroshi, “The Meiji Restoration and the Revival of Ancient Culture,” in *Perspectives on Social Memory in Japan*, eds. Tsu Yun Hui et al（Folkestone, United Kingdom: Global Oriental, 2005）, 139.

78 たとえば２回にわたる「大和地方の聖蹟をしのぶ座談会」を参照。所収は『旅』第17巻１号（1940年12月）14－23ページと『旅』第17巻第２号（1941年２月）38－45ページ。この座談会には京都大学の日本史教授で、紀元二千六百年記念行事にからんでもっとも精力的に天皇神話を宣伝した西田直二郎をはじめとして７人の学者が顔をそろえている。

79 ジャパン・ツーリスト・ビューロー（日本旅行協会）『関西聖地巡拝』（ジャパン・ツーリスト・ビューロー、1940）、鉄道省『聖地大和』（博文館、1940）、ならびに北尾鐐之助『聖蹟大和』（大阪、創元社、1940）。

80 『紀元二千六百年（皇陵号）』第１巻第10号（1938年10月号）ならびに『紀元二千六百年（神社号）』第２巻第13号（1939年12月号）。

81 たとえば『紀元二千六百年』第３巻第５号（1940年５月号）に掲載された広告を参照。

82 『紀元二千六百年』第２巻第13号に掲載された広告。京阪電車は『旅』やほかの雑誌にも聖地史蹟への巡拝を案内する広告を打っていた。

83 奈良電車『奈良電車ヲ中心トシタル皇陵巡拝案内図』（奈良電車、1940）。

84 『紀元二千六百年』第３巻第２号（1940年２月号）の広告。大鉄の橿原参拝案内も『旅』などの雑誌や新聞に定期的に広告が打たれていた。

85 大鉄電車『紀元二千六百年祝典橿原神宮参拝案内』（大鉄電車、1940）。

86 １月２日の大阪朝日新聞に掲載された展覧会の広告。

87 二つの例については堺市博物館『パノラマ地図を旅する――「大正の広重」吉田初三郎の世界』（堺、堺市博物館、1999）13ページ。

88 京都工芸繊維大学美術工芸資料館編『ポスター・コレクション・カタログ・レゾネ』第１巻（1992）147ページ。

第4章

1 Tessa Morris-Suzuki, "Becoming Japanese: Imperial Expansion and Identity Crises in the Early Twentieth Century," in *Japan's Competing Modernities*, ed., Sharon A. Minichiello（Honolulu: University of Hawai'i Press, 1998）, 159-61.

2 同168.

3 写真に関しては『樺太時報』（1940年1月号）73ページを参照。

4 Gwendolyn Wright, *The Politics of Design in French Colonial Urbanism*（Chicago: The University of Chicago Press, 1991）.

5 Brian McLaren, *Architecture and Tourism in Italian Colonial Libya*（Seattle: University of Washington Press, 2006）, esp. 42-77.

6 Brian McLaren, "From Tripoli to Ghadames: Architecture and the Tourist Experience of Local Culture in Italian Colonial Libya," in *Architecture and Tourism: Perception, Performance and Place*, eds. D. Medina Lasansky and Brian McLaren（New York: Berg, 2004）: 75-92. 引用は76ページから。

7 同81.

8 1942年版の『朝鮮年鑑』（558ページ）によると総人口2294万5563人の朝鮮人のうち15.6パーセントにあたる357万3338人が日本語を理解することができたという。

9 Ahm Changmo, "Colonial Tourism in 1930s' Korean Architecture," *Journal of Southeast Asian Architecture* vol. 7（2004）: 13-25. トッド・ヘンリーのおかげでこの論考のことを知ることができた。

10 Jeremy Taylor, "Colonial Takao: the making of a southern metropolis," *Urban History* 31.1（2004）: 48-71, esp. 55-56 を参照。

11 日本帝国以外の植民地の絵葉書の分析については David Prochaska, "The Archive of Algérie Imaginaire," *History and Anthropology* 4（1990）: 373-420 ならびに Steven Patterson, "Postcards from the Raj," *Patterns of Prejudice* 40.2（2006）: 142-158 を参照。

12 地元美人や先住民の絵葉書の何点かについては、大阪人権博物館『つくられる日本国民——国籍・戦争・差別』（大阪、大阪人権博物館、2004）を参照。

13 韓国政府は1990年以来、景福宮を再建しているが、その過程で朝鮮総督府の建物は96年に取り壊された。

14 植民地朝鮮時代の絵葉書に関する背景情報や追加分析については、Hyung Gu Lynn, "Moving Picture's: postcards of colonial Korea," *IIAS Newsletter* 44（Summer 2007）: 8-9 を参照。さらに朝鮮人とその風俗を写した絵葉書については、毎日新聞社『日本植民地史　別冊一億人の昭和史——朝鮮』（毎日新聞社、1978）147－52ページを参照。

15 フランスの植民地支配下のモロッコに関しては、Robert Hunter, "Promoting Empire: The Hachette Empire in French Morocco, 1919-1936," *Middle Eastern Studies* 43.4（2007）: 579-591.

16 金剛山を取りあげた朝鮮総督府鉄道発行の宣伝ポスターは、京都工芸繊維大学美術工芸資料館編『ポスター・コレクション・カタログ・レゾネ　第1巻』（1992）151ページを参照。京城からわずか6時間で行けるという情報が旅行者によく知られていたため、金剛山は京城に住む日本人にとっても人気のある保養地だった。

17 Government Railways of Chosen, *Kongosan*（Keijō: Government Railways of Chosen, 1937）.［朝鮮総督府鉄道局『朝鮮金剛山』（1935）が原著と思われる。1939年に改訂版も出されている］

18 野田正穂ほか編『大正期鉄道史資料』第19巻「金剛山電気鉄道株式会社廿年史」（日本経済評論社、1984）70ページ。これは1939年版の『金剛山電気鉄道株式会社廿年史』（鉄原邑、金剛山電気鉄道）の復刻版。

19 ジャパン・ツーリスト・ビューロー（日本旅行協会）『旅程と費用概算』942－43ページ。

20 1940年2月17日付京城日報の記事「金剛山を国立公園に」を参照。

21 日本観光事業研究所『日本観光年鑑』（日本観光事業研究所、1941）291－94ページ。

22 朝鮮総督府鉄道局運輸課『朝鮮の風貌』（京城、ジャパン・ツーリスト・ビューロー朝鮮支部、1940）。

23 1940年1月6日付京城日報。記者たちは1月9日からしか公開されていなかった、この展覧会を下見したにちがいない。実際、内地であれ外地であれ、1940年はすべての植民地が百貨店主催の展覧会のテーマとなっていた。たとえば8月に高島屋の大阪支店では台湾総督府主催の台湾博覧会が開かれている（8月1日付朝日新聞に広告が出ている）。

24 1940年5月10日付満洲日日新聞。

25 『観光朝鮮』第2巻第2号（1940年2月号）。

26 私からの問い合わせに対して、朝鮮人の強制労働を主に研究しているファン・スンイクは、2009年4月17日のeメールで、多かれ少なかれ、朝鮮を行ったり来たりする鉄道や汽船が、強制労働させられる朝鮮人を目的地に運ぶのに利用されていたのはまちがいないと書いてよこした。

27 釜山や慶州を含む朝鮮半島南部の当時の旅行ガイドに関しては、朝鮮総督府鉄道局『南鮮地方』（朝鮮総督府鉄道局、1940）を参照。

28 慶州古蹟保存会『新羅旧都慶州古蹟図彙』（慶州、慶州古蹟保存会、1939）。

29 井上万寿蔵「朝鮮車窓観」。所収は『観光』第8巻第3号（1940年）37－40ページ。

30 ウォルフガング・シベルブシュは、汽車旅行がいかに景色の移り変わりを

旅行者が味わうのを困難にしたかを分析している。Wolfgang Schivelbusch, *The Railway Journey: Trains and Travel in the 19th century* (New York: Urizen Books, 1977): 57-72 の "Panoramic Travel" の章を参照。ワシントン大学のミリアム・カーンが私にシベルブシュの本を紹介してくれた。

31 朝鮮総督府鉄道局『朝鮮旅行案内』(京城、朝鮮総督府鉄道局、1938)。

32 朝鮮之観光社『朝鮮之観光』(京城、朝鮮之観光社、1939)。

33 満鉄朝満支案内所『朝満支旅の栞』(満鉄朝満支案内所、1938)。

34 『満支旅行年鑑』昭和17年版(東亜旅行社満洲支部、1941)338－39ページ。[ジャパン・ツーリスト・ビューローは1941年に東亜旅行社と改称した]

35 朝鮮総督府の四十年史には、1938年に朝鮮総督府所有ホテルに滞在した客数についての統計が掲載されている。その人数は30年代終わりまで上昇し、36年の3万2934人から37年の3万3854人、38年の3万8705人と増えている。37年の伸びが低かったのはおそらく、中国との全面戦争が勃発したからだろう。しかし、朝鮮の場合が帝国のほかの地域と同じだとすれば、38年の回復(37年比14パーセント増)につづいて、39年、40年の旅行客はさらに劇的に増えたものと思われる。朝鮮総督府鉄道局『朝鮮鉄道四十年略史』(京城、朝鮮総督府鉄道局、1940)577ページ。

36 広告では13カ所が挙げられているが、バスがそのほかの名所に立ち寄ることはなかった。

37 奈良女子大学はこの日記をオンラインで紹介している。http://www.nara-wu.ac.jp/nensi/96.htm を参照。

38 井上友一郎、豊田三郎、新田潤『満洲旅日記』(明石書房、1942)33ページ。

39 同39－42ページ。

40 皇国臣民誓詞之柱の写真は The City History Compilation Committee of Seoul, *Seoul Through Pictures 2: Seoul Under Japanese Aggression* (1910-1945) (Seoul: Mayor of Seoul, 2002), 77 のほか、朝鮮総督府『施政三十年史』(京城、朝鮮総督府、1940)序文、ならびに『紀元二千六百年施政三十年躍進朝鮮の全貌』の1ページを参照。最後の資料は、京城日報社が発行したパンフレットで、おそらく1940年4月10日ないし11日付京城日報にはさまれたものである。パンフレットの写真につけられたキャプションによると、誓詞之柱には手書きされた140万枚の誓詞が収められたという。

41 奈良女子高等師範の生徒による1939年の日記 http://www.nara-wu.ac.jp/nensi/96.htm を参照。

42 博文寺は現存しない。その場所は現在、豪華な新羅ホテルの一角となっている。私が手に入れることのできた博文寺の写真は Government-General of Chosen, *Thriving Chosen: A Survey of Twenty-Five Years' Administration* (Keijo: Government-General of Chosen,1935)の34－35ページのものだけで

ある。

43 井上友一郎、豊田三郎、新田潤『満洲旅日記』34－35ページ。

44 馬場春吉編『孔孟聖蹟図鑑』（孔孟聖蹟図鑑刊行会、1940）。

45 Joshua A. Fogel, *The Cultural Dimension of Sino-Japanese Relations*（Armonk, New York: M.E. Sharpe, 1995）, 116.

46 『京城の観光』は20銭で買うことができた。

47 日本人は奨忠壇公園にも華やかな桜の木を植えたのである。

48 この日記はオンラインで見ることもできる。http://halsema.org/people/James-JuliusHalsema/JapanDiary.html

49 セミル・アイディンによれば、1930年代以前に日本で汎アジア主義の考え方を広めたのは大川周明だったという。Cemil Aydin, *The Politics of Anti-Westernism in Asia: Visions of World Order in Pan-Islamic and Pan-Asian Thought*（New York, Columbia University Press, 2007）, 113 を参照。

50 Kakuzo Okakura, *The Ideals of the East with Special Reference to the Art of Japan*（Rutland, Vermont: Charles E. Tuttle Co., 1971; originally published in 1904）, 7.［邦訳としては岡倉天心『東洋の理想』（講談社学術文庫、1986など）］

51 Government-General. of Tyosen, *Annual Report on Administration of Tyosen 1937-38*（Keizyo: Goverrment-General of Tyosen, 1938）, 1-3.〔『朝鮮総督府施政年報』（昭和13年版）の原文は以下の通り。「韓国は数百年来、施政漸次頽廃せる結果、宮府混淆し、上下の有司、内は党争誅求を事とし、外は事大弥縫策をもって一時を糊塗し、偸安姑息風を為して文化興らず、産業衰え、人民疲弊して、生命財産の安固を欠き、国礎しばしば動揺して、東洋禍乱の因を為し、これがため住民の不幸を重ぬるのみならず、ひいて累を帝国に及ぼし、遂に国命を賭して、日清日露の両役を構うるのやむなきに至らしめたり。……韓国は多年秕政積弊のあまり国力を萎靡し、民心沈衰し、到底独力をもって自主独立の実を挙げ、自家の富強を図る能わざるの状あり。故に帝国は永久に東洋の禍根を絶ちて、帝国の安全を保障し、新時代の文化を輸入して韓国の福利を増進せんがためには、同国を帝国の保護指導の下に置くのやむを得ざるものあるを認め……日韓両国を結合する利益共通の主義を鞏固ならしめたり」〕

52 Ellen Furlough, “Une leçon des choses: Tourism, Empire, and the Nation in Interwar France,” *French Historical Studies* 25.3（2002）, 455.

53 Bertram M. Gordon, “Warfare and Tourism: Paris in World War II,” *Annals of Tourism Research* 25.3（July 1998）, 624-25.

54 井上友一郎、豊田三郎、新田潤『満洲旅日記』49ページ。

55 Hugh Clarke, “The Great Dialect Debate: The State and Language Policy in Okinawa,” in *Sociey and the State in Interwar Japan*, ed. Elise K. Tipton（New

York: Routledge, 1997）195.クラークは、1940年に沖縄を訪れた柳宗悦一行のメンバーの発言がもたらした、言語をめぐる議論を深く分析している。1940年の沖縄における方言論争について、事例を知りたい場合は吉見義明『草の根のファシズム』（東京大学出版会、1987）114－16ページを参照。［引用は谷川健一編『わが沖縄　方言論争』（木耳社、1970）4ページにもとづく］

56 全国融和団体連合大会『全国融和団体連合大会要項』（橿原市、1940）10ページ。

57 妓生の写真は、大阪人権博物館『つくられる日本国民』37ページにそのいくつかが紹介されている。この絵葉書の紙袋裏には「京城遊覧記念、海市商会」のスタンプが押してある。

58 Song Youn-ok, “Japanese Colonial Rule and State-Managed Prostitution: Korea’s Licensed Prostitutes,” *Positions* 5. 1（1997）, 187. この論文を知ることができたのは、これを訳したメリッサ・ウェンダーのおかげである。

59 さまざまのバージョンのあるアリランの人気と、その深い意味については E. Taylor Atkins, “The Dual Career of ‘Arirang’: The Korean Resistance Anthem That Became a Japanese Pop Hit,” *Journal of Asian Studies* 66.3（August 2007）: 645-687 を参照。朝鮮の日常生活をとらえた写真とアリランの歌を一緒に載せた絵葉書が毎日新聞『日本植民地史別冊　一億人の昭和史――朝鮮』153－54ページに掲載されている。

60 井上友一郎、豊田三郎、新田潤『満洲旅日記』35－38、43－46ページ。

61 同60、66ページ。

62 Katarzyna Cwiertka, *Modern Japanese Cuisine: Food, Power and National Identity*（London: Reaktion Books, 2006）. 本書と特にかかわりがあるのは “The Culinary Consequences of Japanese Imperialism” の章。

63 皇国歴史館の記述は、1940年8月20日付京城日報を参照。

64 博覧会の配置図は、1940年9月1日付京城日報を参照。

65 1940年10月24日付京城日報。

66 「五画伯に半島の印象を訊く」。所収は『観光朝鮮』第1巻第2号（1939年8月号）46－53ページ。

67 Government-General of Chosen, *Thriving Chosen: A Survey of Twenty-Five Years’ Administration*（Keijo: Government-General of Chosen, 1935）, 1-2.〔『施政二十五年史』（朝鮮総督府、1935年）の原文は以下の通り。「韓国併合当時の朝鮮を識る人にして今日の朝鮮を見て、その進歩の跡の著しきに驚かぬはないであろう。……今や我が半島は教育・文化・産業・経済・交通・土木・治安・衛生等各般の施設ことごとく整備して全く旧時の面目を一新し、わずかに二十五年の短期間においてかかる目醒ましき発展を遂げ得たるは、世界のいずれの部分にも、これが比儔《ひちゅう》を求めることができぬ一

大事実である」〕

68 The City History Compilation Committee of Seoul, *Seoul Through Pictures 2: Seoul Under Japanese Aggression*（*1910-1945*）, 238.

69 Woo Mi-Young, "Geundae yeohaengui uimi byeomiwa singminji/jegukui jagi guseong nolri――Myohyangsan gihaengmuneul jungsimeuro," Dongbanghakji 133（2006）: 311-343.［ウ・ミヨン「近代における旅行の意味の変化と植民地／帝国の自己構成論理――妙香山の紀行を中心に（『東方学志』133号（2006）311－43ページ）」。李殷相 Yi Eun-Sang は Yi Un-sang と、玄鎮健 Hyeon Jim-Geon は Hyon Chin-gon と表記されることもある。ここに紹介することができたのは、ソン・ヨンスクがこの論考を日本語に訳してくれたおかげである。

第5章

1 当時、ハルビンは日本人旅行者のあいだでは白系ロシア人社会とロシア正教会、ロシア人墓地の街として知られていた。当時のハルビン名所案内としては、藤井金十郎編『観光の哈爾浜』（日信洋行、1939）を参照。［戦前、日本人はこの都市をハルビンではなくハルピンと呼ぶことが多かったが、翻訳では原則的に最近一般的に用いられるハルビンで表記を統一した］

2 1940年1月7日付満洲日日新聞。

3 海外同胞中央会『紀元二千六百年奉祝海外同胞東京大会報告書』48－53ページ。

4 1940年ごろ平壌観光協会から発行された案内書には、平壌には日清戦争以来の戦跡が多数残されているとして、「当時平壌城に拠る清軍一万五千の大敵を撃滅すべく重任を負うた我が第五師団長野津道貫中将は」云々と当時の戦闘の状況が詳述されている。平壌観光協会『観光の平壌』（平壌、平壌観光協会、1940年ごろ）4ページを参照。

5 『観光朝鮮』第2巻第6号（1940年11月）。

6 当時の旅行ガイド、絵葉書、写真によって、満洲の観光を彷彿とさせるビジュアルな資料としては、毎日新聞からシリーズで発行されている『日本植民地史――別冊一億人の昭和史』（毎日新聞社、1978－80）がすぐれている。満洲に関係があるのは第2巻163－233ページと、第4巻62－83ページ、210－19ページの「南満名所」と「西満名所」という見出しのつけられた部分である。

7 1940年の満洲のさまざまな姿を撮った写真集のひとつが、桑原甲子雄『満洲昭和十五年』（晶文社、1974）である。

8 いわゆる母国が満洲への移民を勧める際、植民地開拓についてもちだすのが「無主の地」という言い回しだった。たとえばチャールズ・バーデット

は、1936年以降のエチオピアについて書かれたイタリアの政府刊行物に関して、こう記している。「この時期の公的に認められた記述のなかに何度も繰り返し登場するメタファーが、無主の地域を占領したというものだった」。Charles Burdett, "Journeys to Italian East Africa, 1936-1941 : Narratives of Settlement," *Journal of Modern Italian Studies* 5.2 (2000), 211.

9 北部満洲の大きな日本人開拓村への紀行としては徳永直『先遣隊』(改造社、1939) を参照。

10 Louise Young, *Japan's Total Empire* (Berkeley: University of California Press, 1998), 383-385. [邦訳はルイーズ・ヤング『総動員帝国』(加藤陽子ほか訳、岩波書店、2001)]

11 The Manchuria Daily News, *Travel in Manchukuo* (Dairen: The Manchuria Daily News, 1941), 25.

12 「旅順遊覧バス」が訪れた場所については、大連都市交通株式会社、奉天交通株式会社、新京交通株式会社、哈爾浜交通株式会社編『満洲の観光バス案内』(大連都市交通株式会社、1939) を参照。このパンフレットには大連、新京、哈爾浜、奉天、撫順の遊覧バスのルートも掲載されている。

13 高媛「『楽土』を走る観光バス——1930年代の『満洲』都市と帝国のドラマトゥルギー」。所収は吉見俊哉ほか『岩波講座近代日本の文化史6　拡大するモダニティ』(岩波書店、2002) 223ページ。

14 日本旅行協会大連支部『夏は海へ』。正確な日時は不明だが、発行が1945年以前であることはまちがいない。

15 観光客に観光地の印象を刻みつける旅行ガイドの役割について、さらに詳しく当時のことを分析したものとしては、Elizabeth C. Fine and Jean Haskell Speer, "Tour Guide Performances as Sight Sacralization," *Annals of Tourism Research* 12 (1985): 73-95 を参照。

16 関東軍の役割については、高媛「『楽土』を走る観光バス」216－53ページを参照。

17 浜本浩『旅順』(六興商会出版部、1942) 11ページ。

18 同23ページ。

19 竹内正実「北支視察記」。所収は『京電』第2巻第3号 (1938年8月) 33ページ。

20 林富喜子『南満の思ひ出　影壁』(春秋社、1938) 316－17ページ。林の夫は南満洲鉄道に勤務していた。

21 H. W. Wilson, *Japan's Fight for Freedom: The Story of War Between Russia and Japan* vol. 1 (London: The Amalgamated Press, 1904), 274.

22 Cemil Aydin, *The Politics of Anti-Westernism in Asia: Visions of World Order in Pan-Islamic and Pan-Asian Thought* (New York: Columbia University Press, 2007), 194.

23 ラジオ講義のテキストは、満洲と朝鮮の講演旅行にふれた田中の旅行記に含まれている。彼がこの旅行におもむいたのは、旅順攻略三十周年の記念式典に参加した際である。田中智学『渡満行紀』(師子王文庫、1938) 59−66ページを参照。紀行には旅順訪問だけではなく、満洲事変直後から神聖視されるようになった新京の戦跡の記述も含まれている。

24 Chigaku Tanaka, *What is Nippon Kokutai: Introduction to the Nipponese National Principles* (The Shishio Bunko, 1937).

25 私が検討した当時の日本の案内書やパンフレットはすべて、旅順を日露戦争の重要な史跡としている。日清戦争の戦地としている場合でも、その取り上げ方は控えめである。いろいろあるなかで具体的な例として挙げると、1940年に大阪商船から発行されたポケットサイズのパンフレットには、船の時刻表や料金表だけではなく、日露戦争での旅順の重要性を浮き彫りにする興味深い現地の場所が紹介されているのに、旅順が日清戦争で果たした役割についてはひと言も触れられていない。大阪商船株式会社『大連航路案内』(大阪商船株式会社、1940) を参照。

26 日本側による公式の否定については"Japan on Its Behavior: Massacre of the Chinese at Port Arthur Officially Denied," *New York Times*, 18 December 1894を参照。

27 Donald Keene, *Emperor of Japan: Meiji and His World*, 1852-1912 (New York: Columbia University Press, 2002), 492-96. [邦訳はドナルド・キーン『明治天皇』上下 (角地幸男訳、新潮社、2001)]

28 Sandie Holguin, "'National Spain invites You' : Battlefield Tourism during the Spanish Civil War," *American Historical Review* 110.5 (2005),1417.

29 Robert Jam van Pelt, "Bearers of culture, Harbingers of Destruction: The Mythos of the Germans in the East," in *Art, Culture, and Media under the Third Reich*, ed. Richard A. Etlin (Chicago: University of Chicago Press, 2002): 98-135.

30 関内正一『満支視察の旅』(福島、磐城文化協会、1940) 43−45ページ。関内は福島県議会議員で、戦後、衆議院議員となった。

31 東文雄『朝鮮・満洲・支那大陸視察旅行案内』(東学社、1939) 32ページ。

32 1940年3月5日付満洲日日新聞。

33 『満支旅行年鑑』(1941) 368−69ページ。

34 高媛「『楽土』を走る観光バス」239ページ。

35 Gregory P. Guelcher, "Dreams of Empire: The Japanese Agricultural Colonization of Manchuria (1931-1945) in History and Memory," Ph.D. Dissertation, University of Illinois at Urbana-Champaign, 1990, 91.　絵葉書は124ページに収録されている。

36 『満支旅行年鑑』415ページ。

37 おそらくビジュアルとして1930年代の新京の名所を紹介したものとしてすぐれているのは、Li Jong, *Wei "Manzhouguo" Mingxinpian Yanjiu: Wei Manguodu "Xinjing" (jin Changchun) Sheying mingxinpian xilie*（Changchun, 2005）だろう［李重『偽「満洲国」明信片研究——偽満国都「新京」（今長春）撮影明信片系列』（吉林文史出版社）〔明信片は絵葉書のこと〕］。これは満洲国が存在したころの新京の絵葉書を集めたものである。ポートランド州立大学教授のリンダ・ウォルトンに手伝ってもらったおかげで、私はこの中国語の本からの正確な引用をすることができた。

38 オンライン版の次の日記を参照。http://halsema.org/people/JamesJuliusHalsema/JapanDiary.html

39 この絵葉書セットは、満鉄鉄道総局「満洲忠霊塔」（満鉄鉄道総局、1940）。

40 日本人の血が流された満洲のあらゆる戦跡が、満洲事変後、いかに早急に観光地に変えられたかについては、高媛が1932年に満洲を旅行した早稲田大学の学生の記録を分析した次の論考を参照。高媛「中国東北の過去と現在　『楽土』に響く"都の西北"——ある早大生の満洲旅行日記」。所収は西原和海、川俣優『満洲国の文化』（せらび書房、2005）210－25ページ。

41 満洲事情案内所編『満洲戦蹟巡礼』（三省堂、1939）67－69ページ。

42 Miriam Basilio, "A Pilgrimage to the Alcazar of Toledo: Ritual, Tourism and Propaganda in Franco's Spain," in *Architecture and Tourism: Perception, Performance and Place*, eds. D. Medina Lasansky and Brian McLaren（New York: Berg, 2004）: 93-107.

43 溥儀が移る予定だった贅沢な宮殿は、1945年8月に満洲国が崩壊したときにも、まだ完成していなかった。

44 モスクは東京では1938年に設立され、この時点から日本人は内地でもモスクを見られるようになった。しかし、東京のモスクについて書かれた歴史文献はない。東京のモスクについての情報、さらにもっと広く日本がイスラム世界と接触しようとした試みについては、Selcuk Esenbe1,"Japan's Global Claim to Asia and the World of Islam,"*American Historical Review* 109.4（2004）: 1140- 1170 を参照。［東京・渋谷区大山町にあるいわゆる「東京モスク」（あるいは「代々木モスク」）は、もともとロシア出身の亡命タタール人のために建てられたもので、現在の建物は2000年に再建されたもの］

45 新京交通株式会社『国都観光バス案内』（新京、1939）。

46 高媛「『楽土』を走る観光バス」232ページ。

47 http://www.nara-wu.ac.jp/nensi/96.htm を参照。

48 The Manchuria Daily News, *Travel in Manchoukuo*, 60-61.〔原著にある4000万平方マイルはおそらく誤記。40万平方マイル、すなわち113万平方キロで、満洲全土の面積にあたると理解すべきだろう〕

49 後藤朝太郎『最新支那旅行案内』(黄河書院、1938) 192－93ページ。後藤についてさらに詳しく知りたい場合は、Joshua Fogel, *The Literature of Travel in the Japanese Rediscovery of China, 1862-1945* (Stanford: Stanford University Press, 1996), esp. 200-208 を参照。

50 東文雄『朝鮮・満洲・支那大陸視察旅行案内』(東学社、1939) 38ページ。

51 後藤の記述は、したがって正確とは言いがたい。ルイーズ・ヤングは、後藤が中国人の民族感情の欠如を強調していると指摘している。日本軍が大陸で泥沼状態に陥っていくのと同じように、実情がわかっていなかったのである。Louise Young, *Japan's Total Empire*, 98-99 を参照。

52 『文化朝鮮』は東亜旅行社朝鮮支社から発行されていた。

53 「東亜旅行社三越内案内所訪問記」から始まる岡田龍夫の一連の記事を参照。『文化朝鮮』第4巻第2号 (1942年1月) が最初で、同第4巻第3号 (1942年5月)、同第4巻第4号 (1942年12月) に掲載されている。

54 Haruko Taya Cook & Theodore F. Cook, *Japan at War: An Oral History* (New York: The New Press, 1992), 158-167.

第6章

1 250万1546人という数字は、紀元二千六百年奉祝海外同胞東京大会本部『紀元二千六百年奉祝海外同胞東京大会の栞』(紀元二千六百年奉祝海外同胞東京大会本部、1940) 37－38ページにもとづく。1942年版の『朝日年鑑』によると、250万人のうち、およそ100万人が日本の内地出身者ではないとされている。

2 満洲の朝鮮人移民については Hyun Ok Park, *Two Dreams in One Bed: Empire, Social Life, and the Origins of the North Korean Revolution in Manchuria* (Durham, Duke University Press, 2005) ならびに Barbara J. Brooks, "Peopling the Japanese Empire: The Koreans in Manchuria and the Rhetoric of Inclusion," in *Japan's Competing Modernities*, ed. Sharon A. Minichiello (Honolulu: University of Hawai'i Press, 1998): 25-44 を参照。

3 植民地朝鮮の日本人移民社会については Hyung Gu Lynn,"Malthusian Dreams: The Oriental Development Company and Japanese Emigration to Korea," in *Settler Colonialism in the Twentieth Century*, eds. Caroline Elkins and Susan Pedersen (New York: Routledge: 2005): 25-42; Jun Uchida, "Brokers of Empire: Japanese and Korean Business Elites in Colonial Korea," in *Settler Colonialism in the Twentieth Century*, eds. Caroline Elkins and Susan Pedersen (New York: Routledge: 2005): 153-170; 高崎宗司『植民地朝鮮の日本人』(岩波書店、2002); Kenji Kimura, Jun Uchida, and Jae-won Sun (with comment by Louise Young), *Japanese Settler Colonialism and Capitalism in Japan: Ad-*

vancing into Korea, Settling Down, and Returning to Japan, 1905-1950（Harvard University, Edwin O. Reischauer Institute of Japanese Studies Occasional Papers in Japanese Studies, 2002）; Alain Delissen, "Denied and besieged: the Japanese community of Korea, 1876-1945," in *New Frontiers: Imperialism's New Communities in East Asia, 1842-1953*, eds. Robert Bickers and Christian Henriot（New York: Manchester University Press, 2000）: 125-145; Peter Duus, *The Abacus and the Sword*（Berkeley: University of California Press, 1995）; 木村健二『在朝日本人の社会史』（未来社、1989）; Andrew J. Grajdanzev, *Modern Korea: Her Economic and Social Development under the Japanese*（Institute of Pacific Relations, 1944）ならびに Herman Lautensach, *Korea: A Geography Based on the Author's Travels and Literature*, transl. Katherine and Eckart Dege（New York: Springer-Verlag, 1988; 原著は1938年にドイツで出版）を参照。

台湾の日本人移民社会については Joseph Allen, "Taipei Park: Signs of Occupation," *Journal of Asian Studies* 66. 1（2007）: 159- 199; Jeremy Taylor, "Colonial Takao: the making of a southern metropolis," *Urban History* 31. 1（2004）: 48-71 ; Goto Ken'ichi, "Japan's Southward Advance and Colonial Taiwan," *European Journal of East Asian Studies* 3.1（2004）: 15-44; ならびに Andrew J. Grajdanzev, *Formosa Today*（New York: Institute of Pacific Relations, 1 942）を参照。

樺太（とりわけ十分に研究されていない問題だが）の日本人移民社会を知る手がかりとしては Tessa Morris-Suzuki, "Becoming Japanese: Imperial Expansion and Identity Crises in the Early Twentieth Century," in *Japan's Competing Modernities*, ed. Sharon Minichiello（Honolulu: University of Hawai'i Press, 1998）: 157-80 ならびに Tessa Morris-Suzuki, "Northern Lights: The Making and Unmaking of Karafuto Identity," *Journal of Asian Studies* 60.3（2001）: 645-71 を参照。

4 Joshua A. Fogel, "Integrating into Chinese Society: A Comparison of the Japanese Communities of Shanghai and Harbin," in *Japan's Competing Modernities*, ed. Sharon A. Minichiello（Honolulu: University of Hawai'i Press, 1998）: 45-69; 高綱博文「西洋人の上海、日本人の上海」（高橋孝助、古厩忠夫編『上海史——巨大都市の形成と人々の営み』［東方書店、1995］97－132ページ所収）ならびに Christian Henriot, "'Little Japan' in Shanghai: An Insulated Community, 1875-1945," in *New Frontiers: Imperialism's New Communities in East Asia, 1842-1953*, ed. Robert Bickers and Christian Henriot（New York: Manchester University Press, 2000）: 146-169を参照。ほかにも Mark R. Peattie, "Japanese Treaty Port Settlements in China, 1895-1937," in *The Japanese Informal Empire in China, 1895-1937*, eds. Peter Duus, Ramon H. Myers,

and Mark R. Peattie (Princeton: Princeton University Press, 1989): 166-209 を参照。中国にいた日本の植民地臣民については Brooks, "Japanese colonial citizenship in treaty port China: the location of Koreans and Taiwanese in the imperial order," 109-124 を参照。

5 Kazuko Kuramoto, *Manchurian Legacy: Memoirs of a Japanese Colonist* (East Lansing: Michigan State University Press, 1999). ［邦訳は倉本和子『満州の遺産』(倉本和子訳、文芸社、2003)］満洲の日本人移民に関する記録は、急速に拡充されつつある。この章で引用した作品のほかに Gregory P. Guelcher, "Paradise Lost: Japan's Agricultural Colonists in Manchukuo," in *Japanese Diasporas*, ed. Nobuko Adachi (London: Routledge, 2006): 71-84 を参照。［邦訳は足立伸子編著『ジャパニーズ・ディアスポラ――埋もれた過去、闘争の現在、不確かな未来』(吉田正紀、伊藤雅俊訳、新泉社、2008)］

6 Tomiyama lchirõ, "The 'Japanese' of Micronesia: Okinawans in the Nan'yõ Islands," in *The Japanese Diaspora*, ed. Ronald Nakasone (Honolulu: University of Hawai'i Press, 2002): 57-70. ほかに Mark R. Peattie, Nanyõ: *The Rise and Fall of the Japanese in Micronesia, 1885-1945* (Honolulu: University of Hawai'i Press, 1988); David C. Purcell, Jr.,"Japanese Entrepreneurs in the Mariana, Marshall, & Caroline Islands," in *East Across the Pacific*, ed. Hilary Conroy and T. Scott Miyakawa (Santa Barbara: American Bibliographical Center Clio Press, 1972): 56-70 ならびに Williard Price, The South Sea Adventure (Tokyo: The Hokuseido Press, 1936) を参照。

7 たとえば、満洲の日本人移民は、中国人や朝鮮人の農民から力ずくで手にいれた土地にしばしば入植したと伝えられる。Yamamuro Shin'ichi, *Manchuria Under Japanese Domination*, transl. Joshua Fogel (Philadelphia: University of Pennsylvania Press, 2006) ［原書は山室信一『キメラ――満洲国の肖像』(中公新書、2004、増補版)］ならびに Ronald Suleski, "Northeast China under Japanese Control: The Role of the Manchurian Youth Corps, 1934-1945," *Modern China* 7.3 (1981): 351-377 を参照。

8 朝鮮人ディアスポラの全体像は Charles Armstrong, *The Koreas* (New York: Routledge, 2007), 89-129 を参照。

9 Eiichiro Azuma, "Pioneers of Overseas Japanese Development: Japanese American History and the Making of Expansionist Orthodoxy in Imperial Japan," *Journal of Asian Studies* 67.4 (2008), 6.

10 Yusuke Tsurumi, "Present-Day Japan," in Japan Photo Library, *Japan Celebrates Twenty-Six Centuries of Imperial Rule* (Japan Photo Library, 1940), ノンブルはなし。

11 Eiichiro Azuma, "Historical Overview of Japanese Emigration, 1868-2000," in

Encyclopedia of Japanese Descendants in the Americas, ed. Akemi Kikumura-Yano (New York: Altamira Press, 2002): 32-48.

12 当時の100万家族計画を記したものとしては *Immigration of Japanese Farmers Into Manchuria* (South Manchurian Railway Company, 1938) を参照。日本で満洲への移民を奨励した「移民装置」を明快に分析したものとしては Louise Young, *Japan's Total Empire* (Berkeley: University of California Press, 1998), esp. 353-398 を参照。[邦訳はルイーズ・ヤング『総動員帝国』(加藤陽子ほか訳、岩波書店、2001)]

13 Henry Frei, "Japan Discovers Australia: The Emergence of Australia in the Japanese World-View, 1540s-1900," *Monumenta Nipponica* 39.1 (1984), 78に引用がある。[原著は渡辺勘十郎『濠洲探検報告書』(外務省通商局第二課、1894) 283ページ]

14 Marilyn Lake and Henry Reynolds, *Drawing the Global Colour Line: White Men's Countries and the International Challenge of Racial Equality* (Cambridge: Cambridge University Press, 2008).

15 Daniel M. Masterson with Sayaka Funada-Classen, *The Japanese in Latin America* (Urbana: University of Illinois Press, 2004), 118.

16 香山六郎『香山六郎回想録』(サンパウロ、「香山六郎回想録」刊行委員会、1976) 407ページ。

17 紀元二千六百年奉祝海外同胞東京大会本部『紀元二千六百年奉祝海外同胞東京大会の栞』。

18 ここに収録したのは、紀元二千六百年奉祝海外同胞東京大会本部『紀元二千六百年奉祝海外同胞東京大会の栞』の最終ページである。

19 Mori Takemaro, "Colonies and countryside in wartime Japan," in *Farmers and Village Life in Twentieth Century Japan*, eds. Ann Waswo and Nishida Yoshiaki (London: Routledge Curzon, 2003), 188. [西田美昭、アン・ワズオ編『20世紀日本の農民と農村』(東京大学出版会、2006) の森武麿「戦時下日本農村と植民地」に引用。原典は「拓け満蒙」第2巻第11号 (11月号) 所収の富樫直太郎「分村運動の戦塵を浴びつつ」]

20 阪本牙城『開拓三代記』(満洲事情案内所刊、1940) 59－60ページ。

21 満洲日日新聞社『大陸開拓精神叢書第一号――神武天皇と国土開拓』(大連、満洲日日新聞社、1940)。

22 野田良治『南米の核心に奮闘せる同胞を訪ねて』(博文館、1931)。

23 野田良治「八紘一宇と人類平等」。所収は雑誌『海外移住』(1941年1月号) 6ページ。

24 『紀元二千六百年奉祝海外同胞東京大会報告書』31ページ。

25 航路や料金を含め1940年の日本郵船について知りたい場合は、同社が毎月発行していた英語版の *The Travel Bulletin* を参照。1940年に日本郵船はい

わゆる「三姉妹船」のうち、超モダンな豪華客船「新田丸」「八幡丸」を太平洋航路に就航させた［もうひとつの船は「春日丸」だが、就航することなく、海軍の航空母艦「大鷹」に転用、44年にマニラ沖で撃沈された。新田丸、八幡丸もまもなく航空母艦「沖鷹」「雲鷹」に改装され、戦争末期にそれぞれ米潜水艦により撃沈されている］。移民と日本の汽船の発展との関連について、さらに知りたい場合は山田廸生『船にみる日本人移民史』（中央公論社、1998）を参照。

26 紀元二千六百年奉祝海外同胞本部『紀元二千六百年奉祝海外同胞東京大会要項』（紀元二千六百年奉祝海外同胞本部、1940年5月）5ページ。

27 海外の邦字新聞については、蛯原八郎『海外邦字新聞雑誌史』（名著普及会、1980、復刻版［原著は学而書院、1936］）を参照。

28 ここに示した旗の写真は、紀元二千六百年奉祝海外同胞東京大会本部『紀元二千六百年奉祝海外同胞東京大会の栞』の裏カバーから。

29 海外同胞中央会『紀元二千六百年奉祝海外同胞東京大会報告書』冒頭。

30 1942年に米連邦捜査局（ＦＢＩ）は、海外同胞大会であれ、地方の祝宴であれ、いずれにせよ紀元二千六百年記念行事に参加していた米国在住の指導的な日本人居住者の大半を逮捕した。ＦＢＩは大会のときの主な演説を翻訳して、それを拘束者に米国に対する忠誠心がない証拠としたのである。ホーマー・ヤスイのおかげで、オレゴン州フッドリバー郡の有力な在米日本人だった彼の父親マサオに関するＦＢＩの調査ファイルを見せてもらうことができた。彼の父親は、真珠湾攻撃のあと逮捕され、戦争が終わるまで投獄されていた。マサオ・ヤスイは海外同胞東京大会に参加していたわけではない。しかし、紀元二千六百年の記念として、外務大臣から表彰状と木杯を受け取った米国在住日本人約100人のなかに含まれていたのである。マサオ・ヤスイのＦＢＩファイルのなかには、海外同胞中央会に関する Honolulu File No.65-564（日付は1942年7月8日）があり、そこには11月4日の大会でおこなわれた演説の主要部分が英訳されている。その11ページにある近衛首相の発言を参照。その原文は手に入れることができなかった。

31 「大東亜共栄圏」という用語を初めて使ったのは松岡洋右であり、大会からわずか3カ月前の8月1日のことだった。

32 海外同胞中央会『紀元二千六百年奉祝海外同胞東京大会報告書』5－6ページ。

33 同6ページ。

34 山下草園『奉祝紀元二千六百年と海外同胞』（奉祝紀元二千六百年と海外同胞刊行委員会、1941）。

35 脇山甚作の経歴については、『皇紀二千六百年在外同胞代表を迎へて』（日本拓殖協会、1941）113－14ページを参照。

36 開会式の記述に関しては、海外同胞中央会『紀元二千六百年奉祝海外同胞東京大会報告書』4－8ページ、ならびに山下草園『奉祝紀元二千六百年と海外同胞』49－52ページを参照。

37 Seiichi Higashide, *Adios to Tears: The Memoirs of a Japanese-Peruvian Internee in U.S. Concentration Camps*（Seattle: University of Washington Press, 1993), 62-65.〔東出誓一『涙のアディオス――日系ペルー移民、米国強制収容の記』(彩流社、1995)〕東出の場合は、日本の臣民として軍務に就く義務を果たさなかったが、リマの総領事が特別にはからってくれて、処罰を免れることができた。

38 マイケル・ワイナーが指摘するように、日本語では人種と民族の意味がきちんと区分けされていなかった。帝国日本では、人種と民族を、不変の生物学的性格、言い換えれば血統に関連づけて用いる人がいた。一方で、それを血統だけではなく文化的な特性を意味するものとして用いる人もいたし、民族という場合は文化的な特性を示し、人種という場合はまさに人種的特性を示すという場合もあった。私の以下の解釈は、こうした個個人がその一つ、もしくは両方を用いる全体的な文脈に従うものである。それはある意味では人さまざまだといえる。Michael Weiner, "Discourses of race, nation and empire in pre-1945 Japan," *Ethnic and Racial Studies* 18.3（1995）: 433-456 を参照。

39 田中耕太郎『ラテン・アメリカ紀行』(岩波書店、1940)。

40 「南洋」は、ミクロネシアをはじめとして、日本の南に位置する、国境としてまとまりのない地域を指すあいまいな用語である。そこにはミクロネシアが含まれているが、島々の点在する大洋の領域だけにかぎられているわけではない。海外同胞大会の意図として、オランダ領東インド、フィリピン、タイ、その他日本の政治的権限外の地域に住む代表も、南洋にグループ分けされていた。

41 拓務省、外務省『紀元二千六百年奉祝第一回在外同胞代表者会議議事録』(1940年11月) 40－41ページ。これは、北米（現在のハワイを含む)、中南米、および南洋の地域部会の会議における発言を記録したものである。

42 紀元二千六百年祝典事務局『紀元二千六百年祝典記録』第12巻207ページ。ゆまに書房の復刻版では第22巻219ページ。

43 海外の神社については小笠原省三編『海外神社史』上巻（海外神社史編纂会、1953）を参照。予定されていた下巻は出版されなかった。

44 海外同胞中央会『紀元二千六百年奉祝海外同胞東京大会報告書』12ページを参照。

45 Yuji Ichioka, "Dai Nisei Mondai: Changing Japanese Immigrant Conceptions of the Second-Generation Problem, 1902-1941," in *Before Internet: Essays in Prewar Japanese American History*, ed. Gordon H. Chang and Eiichiro Azuma

(Stanford: Stanford University Press, 2006): 10-52.

46 山下草園『奉祝紀元二千六百年と海外同胞』65ページ。

47 『紀元二千六百年奉祝海外同胞東京大会報告書』42－44ページを参照。

48 Sandra Collins, "The 1940 Olympics: Imperial Commemoration and Diplomacy," *International Journal of the History of Sport* 24.8 (2007), 978. この特別記事には、*The 1940 Tokyo Games: The Missing Olympics, Japan, the Asian Olympics, and the Olympic Movement* という見出しもつけられている。

49 拓務省、外務省『紀元二千六百年奉祝第一回在外同胞代表者会議議事録』84ページ。

50 Oguma Eiji, *A Genealogy of' Japanese' self-images*, transl. David Askew (Melbourne: Trans Pacific Press, 2002), esp. 204-216 を参照。［原著は小熊英二『単一民族神話の起源』］

51 紀元二千六百年奉祝海外同胞東京大会本部『紀元二千六百年奉祝海外同胞東京大会の栞』序文を参照。太田長三の経歴については、日本拓殖協会『皇紀二千六百年在外同胞代表を迎へて』（日本拓殖協会、1941）168－169ページを参照。

52 Scott O'Bryan, *The Growth Idea: Purpose and Prosperity, in Postwar Japan* (Honolulu: University of Hawai'i Press, 2009), 44 に引用。原典は稲葉秀三『激動三十年の日本経済――私の経済体験記』（1965、実業之日本社）72ページ。

53 「海外同胞に訊く」。所収は『写真週報』142号（1940年11月13日）10ページ。

54 拓務省、外務省『紀元二千六百年奉祝第一回在外同胞代表者会議議事録』40－41ページ。

55 日本拓殖協会『皇紀二千六百年在外同胞代表を迎へて』71－89ページ。

56 安瀬盛次の経歴については同書173－178ページを参照。

57 賀集九平の経歴については同書94－97ページを参照。

58 日本人アルゼンチン移住史編纂委員会『日本人アルゼンチン移住史』（日本人アルゼンチン移住史編纂委員会、1971）118ページ。賀集はまたアルゼンチンの日本人移民社会の歴史を著しているが、その見識は大会に参加した際には、ほとんど披露されなかった。賀集九平『アルゼンチン同胞五十年史』（誠文堂新光社、1956）。

59 拓務省、外務省『紀元二千六百年奉祝第一回在外同胞代表者会議議事録』118ページ。

60 花月栄吉の経歴については『皇紀二千六百年在外同胞代表を迎へて』164－65ページを参照。

61 拓務省、外務省『紀元二千六百年奉祝第一回在外同胞代表者会議議事録』56ページ。

62 羅府新報『紀元二千六百年奉祝記念大鑑』(ロサンゼルス、羅府新報、1940) 29－54ページ。
63 大会に焦点を合わせた海外放送のスケジュールについては『紀元二千六百年奉祝海外同胞東京大会報告書』76ページを参照。
64 日本人、イタリア人、ドイツ人の学校が正式に閉鎖されたのは1938年のことである。
65 拓務省、外務省『紀元二千六百年奉祝第一回在外同胞代表者会議議事録』106ページ。
66 熊本俊典の経歴については『皇紀二千六百年在外同胞代表を迎へて』158－63ページを参照。
67 拓務省、外務省『紀元二千六百年奉祝第一回在外同胞代表者会議議事録』88ページ。
68 中川安次郎の経歴については『皇紀二千六百年在外同胞代表を迎へて』155－57ページを参照。
69 諸隈弥策の経歴については同126－43ページを参照。
70 Serafin D. Quiason, "The Japanese Colony in Davao, 1904-1941," in *Japan and Southeast Asia Volume 1 From the Meiji Restoration to 1945*, ed. Wolf Mendl (London: Routledge, 2001), 96.
71 山下草園『奉祝紀元二千六百年と海外同胞』189ページ。ルイーズ・ヤングが明らかにしているように、20年以内に満洲に100万世帯を移住させるという1936年から始まった政府の計画によって、1940年には男子だけではなく女子が、全体として開拓者崇拝へと流れていく論議のなかで、中心的なスポットを浴びるようになっていた。とくに当時もてはやされたのが満洲花嫁、言い換えれば、日本人女性が、満洲にいる開拓者のもとに写真花嫁として嫁ぐことだったが、その前に、彼女たちは満洲で新生活を始めるために、何らかの特別訓練を受けた。しかし、日本の国家機関はまた、満洲への移民計画を支援するために、大会に参加した初期女性移民の経験を取り入れ、それを活用しようとしていたのである。
72 同186ページ。
73 入江寅次『邦人海外発展史』(移民問題研究会、1938)。上巻は最初1936年に出版され、上巻と下巻が合わせて1938年に刊行された。さらに1942年に入江の研究は１巻本として井田書店から再刊されている。
74 Eiichiro Azuma, "Pioneers of Overseas Japanese Development: Japanese American History and the Making of Expansionist Orthodoxy in Imperial Japan," 12-13.アズマはこう書いている。「入江は、日本政府が長年の無視と失策の末に、ようやく満洲の植民を国家プロジェクトとしてもちあげるようになった経緯を説明する。入江の記述は、米国における一世の苦難をはじめとする“試練”の物語を数多く取りあげる一方で、1936年以降の満洲では、そ

れと対照的に移民の将来が明るいことを示唆していた」

75 在米日本人会『在米日本人史』(サンフランシスコ、在米日本人会、1940)。

76 Eiichiro Azuma, *Between Two Empires: Race, History, and Transnationalism in Japanese America* (Oxford: Oxford University Press, 2005), 90.

77 青柳郁太郎編『ブラジルに於ける日本人発展史　下巻』(ブラジルに於ける日本人発展史刊行委員会、1942)。

78 『香山六郎回想録』408ページ。

79 青柳郁太郎編『ブラジルに於ける日本人発展史　下巻』591－605ページ。

80 Stewart Lone, *The Japanese Community in Brazil, 1908-1940* (New York: Palgrave, 2001), 142.

81 同149-154.

82 畑中仙次郎の経歴については『皇紀二千六百年在外同胞代表を迎へて』183－93ページを参照。

83 拓務省、外務省『紀元二千六百年奉祝第一回在外同胞代表者会議議事録』123－25ページ。

84 中山訊四郎『加奈陀と日本人』(加奈陀日本人会、1940) の英訳版は『カナダ移民史資料別冊』(不二出版、2001) 189－285ページに含まれている。この部分は281ページから。[引用は原著74ページ]

85 同256ページ。[引用は原著48ページ]

86 同253ページ。[引用は原著45ページ]

87 同285ページ。[引用は原著78ページ。明らかな誤植は訂正した]

88 『紀元二千六百年奉祝海外同胞東京大会報告書』27ページ。

89 日本人移民が第二次世界大戦中に南北米大陸で味わった体験については Akemi Kikumura-Yano, ed., *Encyclopedia of Japanese Descendants in the Americas* (New York: Altamira Press, 2002).

90 大橋与一「南米移民者第二世教育の根本問題」。所収は移民問題研究会編『在外邦人第二世問題』(移民問題研究会、1940) 31ページ。

91 Takeyuki Tsuda, *Strangers in the Ethnic Homeland: Japanese Brazilian Return Migration in Transnational Perspective* (New York: Columbia University Press, 2003), esp. 91-97.

92 Tessa Morris-Suzuki, "Migrants, Subjects, Citizens: Comparative Perspectives on Nationality in the Prewar Japanese Empire," *Japan Focus* (online journal; article posted 28 August 2008) http://www.japanfocus.org/-Tessa_Morris_Suzuki/2862, 6.　日本人による、近代日本の国籍と公民権問題についてのスタンダードな研究としては、田代有嗣『国籍法逐条解説』(日本加除出版、1974) がある。

93 John Dower, *War Without Mercy: Race and Power in the Pacific* (New York: Pantheon Books, 1986), esp. 262-290. [邦訳はジョン・ダワー『容赦なき戦

争』（平凡社、2001）〕

94 ダーク・ホーダーはドイツ語を話す人々のディアスポラが、近代ドイツ国家が形成されるはるか以前から始まっていたことを強調している。Dirk Hoerder, "The German-Language Diasporas: A Survey, Critique, and Interpretation," *Diaspora* 11.1（2002）: 7-44 を参照。

95 「移民国家」イタリアについてのさらに包括的な研究は Mark I. Choate, *Emigrant Nation: The Making of Italy Abroad*（Cambridge: Harvard University Press, 2008）を参照。エイイチロウ・アズマのおかげで、最近出版されたこの本を知ることができた。

96 Friedrich E. Schuler, "Nachwirkende Vorkommnisse. Argentinien als Taetigkeitsfeld fuer Geheimdienst und verdeckte Kriegsaktivitaeten 1915 bis 1922," in *Argentinien und das Dritte Reich*, eds. Holger M. Meding and Georg lsmar（Berlin: Wissenschaftlicher Verlag, 2008）: 75-100.

結び

1 この問題についてさらに知りたい場合は、李洙任、田中宏『グローバル時代の日本社会と国籍』（明石書店、2007）を参照。

2 Ba Maw, *Breakthrough in Burma: Memoirs of a Revolution, 1939-1946*（New Haven: Yale University Press, 1968）, 185.〔邦訳はバー・モウ『ビルマの夜明け』（横堀洋一訳、太陽出版、1973）〕

3 スーザン・ラフは1945年から70年代の期間における米国に関連して、こうした疑問を呈し、次のように論じている（6ページ）。「米国人は家族をバカンスに連れていくことを義務として正当化する。一緒に旅行することが家族のきずなを強め、旅行は子供たちを市民として教育するのに役立つと考えるからである」。彼女によれば、戦後の文脈の特異性は次のような点にある（42ページ）。「教育と民主主義的価値、そして旅行の組み合わせによって、米国人は優越性を再確認するのだ。あたかも自分たちが、冷戦政治という不安定さにうまく対処しているというように」。Susan S. Rugh, *Are We There Yet? The Golden Age of American Family Vacations*（Lawrence, Kansas: University Press of Kansas, 2008）.

4 Yukichi Fukuzawa, *The Autobiography of Yukichi Fukuzawa*, transl. Eiichi Kiyooka（New York: Columbia University Press, 1966）, 246.〔原著は福沢諭吉『福翁自伝』（岩波文庫、233ページ）〕Irokawa Daikichi, The Culture of the Meiji Period, transl. Marius Jansen et al（Princeton: Princeton University Press, 1988）.〔原著は色川大吉『明治の文化』（岩波書店、1997〔初版は1970〕）〕

5 Nanbara Shigeru, President of Tokyo Imperial University, "Creation of New Japanese Civilization: An Address Delivered on the Kigensetsu（Anniversary of

the Founding of Japan)," 11 February 1946, 1-2.［原文は「新日本文化の創造——紀元節における演述」。所収は『南原繁著作集』第7巻（岩波書店、1973）21ページ］

6 Kenneth J. Ruoff, *The People's Emperor: Democracy and the Japanese Monarchy, 1945-1995*（Cambridge: Harvard East Asia Monographs 211; Published by the Harvard University Asia Center and distributed by Harvard University Press, 2001).［邦訳はケネス・ルオフ『国民の天皇——戦後日本の民主主義と天皇制』（高橋紘監修、木村剛久・福島睦男訳、共同通信社、2003〔岩波現代文庫、2009〕）］

7 内閣総理大臣官房審議室『建国記念の日に関する公聴会速記録』（内閣総理大臣官房審議室、1966）。

8 Ruoff, *The People's Emperor* のとくに第5章を参照。

[著者]
ケネス・J・ルオフ
(Kenneth J.Ruoff)

1966年，米国ニューヨーク州生まれ。ハーバード大学卒業後，コロンビア大学で博士号を取得。英語圏における現代天皇制研究の第一人者として知られる。1994–96年，北海道大学法学部助手・講師。現在，米オレゴン州のポートランド州立大学助教授。同日本センター所長。翻訳された著書に『国民の天皇——戦後日本の民主主義と天皇制』がある。

[訳者]
木村剛久
(きむら・ごうきゅう)

翻訳家，編集者。1948年兵庫県高砂市生まれ。早稲田大学政経学部卒業。共同通信社で長年，書籍の編集を担当した。主な訳書・共訳書にウォルター・マクドゥーガル『太平洋世界』，ケネス・ルオフ『国民の天皇——戦後日本の民主主義と天皇制』がある。

朝日選書 872

紀元二千六百年
消費と観光のナショナリズム

2010年12月25日　第1刷発行

著者　ケネス・ルオフ
訳者　木村剛久

発行者　島本脩二

発行所　朝日新聞出版
〒104-8011　東京都中央区築地5-3-2
電話　03-5541-8832（編集）
03-5540-7793（販売）

印刷所　大日本印刷株式会社

Published in Japan by Asahi Shimbun Publications Inc.
ISBN978-4-02-259972-8